国家"211工程"三期重点学科建设项目

"中国—东盟经贸合作与发展研究"资助

国家社会科学基金重大项目阶段性研究成果

广西高校人才小高地"泛北部湾区域经济合作研究创新团队"系列成果

李欣广 ◎ 著

产业对接理论与产业结构优化

广西大学中国—东盟研究院文库

人民出版社

总　序

阳国亮

　　正当中国与东盟各国形成稳定健康的战略伙伴关系之际,我校以经济学、经济管理、国际贸易等经济学科为基础,整合法学、政治学、公共管理学、文学、新闻学、外语、教育学、艺术等学科力量于 2005 年经广西壮族自治区政府批准成立了广西大学中国—东盟研究院。与此同时,又将"中国—东盟经贸合作与发展研究"作为"十一五"时期学校"211 工程"的重点学科来进行建设。这两项行动所要实现的目标,就是要加强中国与东盟合作研究,发挥广西大学智库的作用,为国家和地方的经济、政治、文化、社会建设服务并逐步形成具有鲜明区域特色的高水平的文科科研团队。几年来,围绕中国与东盟的合作关系及东盟各国的国别研究,研究院的学者和专家们投入了大量的精力并取得了丰硕的成果。为了使学者、专家们的智慧结晶得以在更广的范围展示并服务于社会,发挥其更大的作用,我们决定将其中的一些研究成果结集并以《广西大学中国—东盟研究院文库》的形式出版。同时,这也是我院中国—东盟关系研究和"211工程"建设成果的一种汇报和检阅的形式。

　　中国与东盟各国的关系研究是国际关系中区域国别关系的研究。这一研究无论对于国际经济与政治还是对我国对外开放和现代化建设都非常重要。广西在中国与东盟的关系中处于非常特殊的位置。特别是在广西的社会经济跨越发展中,中国与东盟关系的发展状况会给广西带来极大的影响。因此,中国与东盟及各国的关系是非常值得重视的研究课题。

　　中国与东盟各国的关系具有深厚的历史基础。古代中国与东南亚各国的经贸往来自春秋时期始已有两千多年的历史。由于中国与东南亚经贸关系的繁荣,秦汉时期的番禺(今广州)就已成为"珠玑、犀、玳瑁"等海外产品聚集的"都会"(《史记》卷69《货殖列传》)。自汉代以来,中经三国、两晋、南北朝至隋唐,中国与东南亚各国的商贸迅速发展。大约在开元初,唐朝在广州创设了"市舶使",作为专门负责管理对外贸易的官员;宋元时期鼓励海外贸易的政策促使中国与东南亚各国经贸往来出现了前所未有的繁荣;至明朝,郑和下西洋,加强了中国与东南亚各国的联系,把双方的商贸往来推向了新的高潮;自明代始,大批华人移居东南亚,带去了中国先进的生产工具和生产技术。尽管自明末清初,西方殖民者东来,中国几番海禁,16世纪开始,东南亚各国和地区相继沦为殖民地,至1840年中国也沦为半殖民地半封建社会,使中国与东南亚各国的经贸往来呈现复杂局面,但双方的贸易仍然在发展。二战以后,由于受世界格局的影响以及各国不同条件的制约,中国与东南亚各国的经济关系经历了曲折的历程。直到20世纪70年代,国际形势变化,东南亚各国开始调整其对华政策,中国与东南亚各国的国家关系逐渐实现正常化,经济关系得以迅速恢复和发展。20世纪80年代末期冷战结束至90年代初,国际和区域格局发生重大变化,中国与东南亚各国的关系出现了新的转折,双边经济关系进入全面合作与发展的新阶段。总之,中国与东盟各国合作关系历史由来已久,渊源深厚。

总序发展中国家区域经济合作浪潮的兴起和亚洲的觉醒是东盟得以建立起来的主要背景。20世纪60年代至70年代,发展中国家区域经济一体化第一次浪潮兴起,拉美和非洲国家涌现出中美共同市场、安第斯集团、加勒比共同市场等众多的区域经济一体化组织。20世纪90年代,发展中国家区域经济一体化浪潮再次兴起。在两次浪潮的推动下,发展中国家普遍意识到加强区域经济合作的必要性和紧迫性,只有实现区域经济一体化才能顺应经济全球化的世界趋势并减缓经济全球化带来的负面影响。亚洲各国正是在这一背景下觉醒并形成了亚洲意识。战前,亚洲是欧美的殖民地。战后,亚洲各国尽管已经独立但仍未能摆脱大国对亚洲地区事务的干涉和控制。20世纪50年代至60年代,亚洲各国民族主义的意识增强,已经显示出较强烈的政治自主意愿,要求自主处理地区事务,不受大国支配,努力维护本国的独立和主权。亚洲各国都意识到,要实现这种意愿,弱小国家必须组织起来协同合作,由此"亚洲主义"得以产生,东盟就是在东南亚国家这种意愿的推动下,经过艰难曲折的过程而建立起来的。

　　东盟是东南亚国家联盟的简称,在国际关系格局中具有重要的战略地位。东盟的战略地位首先是由其所具有的两大地理区位优势决定的:一是两洋的咽喉门户。东南亚处于太平洋与印度洋间的"十字路口",既是通向亚、非、欧三洲及大洋洲之间的必经之航道,又是南美洲与东亚国家之间物资、文化交流的海上门户。其中,每年世界上50%的船只通过马六甲海峡,这使得东南亚成为远东制海权的战略要地。二是欧亚大陆"岛链"重要组成部分。欧亚大陆有一条战略家非常重视的扼制亚欧国家进入太平洋的新月形的"岛链",北起朝鲜半岛,经日本列岛、琉球群岛、我国的台湾岛,连接菲律宾群岛、印度尼西亚群岛。东南亚是这条"岛链"的重要组成部分,是防卫东亚、南亚大陆的战略要地。其次,东盟的经济实力也决定了其战略地位。1999年4月30日,以柬埔寨加入东盟为标志,东盟已成为代表全部东南亚国家的区域经济合作组织。至此,东盟已拥有10个国家、448万平方公里土地、5亿人口、7370亿美元国内生产总值、7200亿美元外贸总额,其经济实力在国际上已是一支重要的战略力量。再次,东盟在国际关系中还具有重要的政治战略地位,东盟所处的亚太地区是世界大国多方力量交汇之处,中国、美国、俄罗斯、日本、印度等大国有着不同的政治、经济和安全利益追求。东盟的构建在亚太地区的国际政治关系中加入了新的因素,对于促进亚太地区国家特别是大国之间的磋商,制衡大国之间的关系,促进大国之间的合作具有极其重要的作用。

　　在保证了地区安全稳定、推进国家间的合作、增强了国际影响力的同时,东盟也面临一些问题。东盟各国在政治制度等方面存在较大差异,政治多元的状况会严重地影响到合作组织的凝聚力;大多数成员国经济结构相似,各国间的经济利益竞争也会直接影响到东盟纵向的发展进程。长期以来,东盟缺乏代表自身利益的大国核心,不但影响政治经济合作的基础,特别是在发生区域性危机时无法整合内部力量来抵御和克服,在外来不良势力来袭时会呈现群龙无首的状态,对于区域合作组织的抗风险能力的提高极为不利。因此,到区域外寻求稳定的、友好的战略合作伙伴是东盟推进发展要解决的必要而紧迫的问题。中国改革开放以来的发展及其所实行的外交政策,在1992年东亚金融危机中的表现,以及中国加入 WTO,使东盟不断加深了对中国的认识。随着中国与东盟各国的关系的不断改善和发展,进入新世纪后,中国与东盟进入区域经济合作的新阶段。

发展与东盟的战略伙伴关系是中国外交政策的重要组成部分。从地缘上看,东南亚是中国的南大门,是中国通向外部世界的海上通道;从国际政治上看,亚太地区是中、美、日三国的战略均衡区域,而东南亚是亚太地区的"大国",对中、美、日都具有极其重要的战略地位,是中国极为重要的地缘战略区域;从中国的发展战略要求看,东南亚作为中国的重要邻居是中国周边发展环境的一个重要组成部分,推进中国与东盟的关系,还可以有效防止该地区针对中国的军事同盟,是中国稳定周边战略不可缺少的一环;从经济发展的角度看,中国与东盟的合作对促进双方的贸易和投资,促进地区之间的协调发展具有极大的推动作用,同时,这一合作还是以区域经济一体化融入经济全球化的重要步骤。从中国的国际经济战略要求看,加强与东盟的联系直接关系到我国对外贸易世界通道的问题,预计在今后 15 年内,中国制造加工业产值将提高到世界第二位,中国与海外的交流日益增多,东南亚水域尤其是马六甲海峡是中国海上运输的生命线,因此,与东盟的合作具有保护中国与海外联系通道畅通的重要意义。总之,中国与东盟各国山水相连的地理纽带、源远流长的历史交往、共同发展的利益需求,形成了互相合作的坚实基础。经过时代风云变幻的考验,中国与东盟区域合作的关系不断走向成熟。东盟已成为中国外交的重要战略依托,中国也成为与东盟合作关系发展最快、最具活力的国家。

中国—东盟自由贸易区的建立是中国与东盟各国关系发展的里程碑。中国—东盟自由贸易区是一个具有较为严密的制度安排的区域一体化的经济合作形式,这些制度安排、涵盖面广、优惠度高。它涵盖了货物贸易、服务贸易和投资的自由化及知识产权等领域,在贸易与投资等方面实施便利化措施,在农业、信息及通信技术、人力资源开发、投资以及湄公河流域开发等五个方面开展优先合作。同时,中国与东盟的合作还要扩展到金融、旅游、工业、交通、电信、知识产权、中小企业、环境、生物技术、渔业、林业及林产品、矿业、能源及次区域开发等众多的经济领域。中国—东盟自由贸易区的建立既有助于东盟克服自身经济的脆弱性,提高其国际竞争力,又为我国对外经贸提供新的发展空间,对于双边经贸合作向深度和广度发展都具有重要的推动作用。中国—东盟自由贸易区拥有近18亿消费者,人口覆盖全球近30%;GDP近4万亿美元,占世界总额的10%;贸易总量2万亿美元,占世界总额的10%,还拥有全球约40%的外汇;这不仅大大提高了中国和东盟国家的国际地位,而且将对世界经济产生重大影响。

广西在中国—东盟合作关系中具有特殊的地位。广西和云南一样都处于中国与东盟国家的结合部,具有面向东盟开放合作的良好的区位条件。从面向东盟的地理位置看,桂越边界1020公里,海岸线1595公里,与东盟有一片海连接;从背靠国内的区域来看,广西位于西南和华南之间,东邻珠江三角洲和港澳地区,西毗西南经济圈,北靠中南经济腹地。这一独特的地理位置使广西成为我国陆地和海上连接东盟各国的一个"桥头堡",是我国内陆走向东盟的重要交通枢纽。广西与东盟各国在经济结构和出口商品结构上具有互补性。广西从东盟国家进口的商品以木材、矿产品、农副产品等初级产品为主,而出口到东盟国家的主要为建材、轻纺产品、家用电器、生活日用品和成套机械设备等工业制成品。广西与东盟各国的经济技术合作具有很好的前景和很大的空间。广西南宁成为中国—东盟博览会永久承办地,泛北部湾经济合作与中国东盟"一轴两翼"区域经济新格局的构建为广西与东盟各国的合作提供了很好的平台。还有,广西与东南亚各国有很深的历史人文关系,广西的许多民族与东南亚多个民族有亲缘关系,如越南的主体民族越族与广西的京族是同一民族,越南的岱族、侬族与广西壮族是同一民族,泰国的主体民族泰族与广西的壮族有很深的历史文化的渊源关系,这些都是广西与东盟接轨的重要的人文优势。本世纪之初以来,广西成功地承办了自2004年以来每年一届的中国—东盟博览会和商务与投资峰会以及泛北部湾经济合作论坛、中国—东盟自由贸易区论坛、中越青年大联欢等活动,形成了中国—东盟合作"南宁渠道",已经显示了广西在中国—东盟合作中的重要作用。总之,广西在中国—东盟关系发展中占有重要地位。在中国—东盟关系发展中发挥广西的作用,既是双边合作共进的迫切需要,对于推动广西的开放开发,加快广西的发展也具有十分重要的意义。

中国—东盟自由贸易区一建立就取得显著的效果。据统计,2010年

1—8月份,中国对东盟出口同比增幅达40%,对这一地区的出口额占我国出口总值的比重达8.9%。当然,这仅仅是一个良好的开端。要继续深化中国与东盟的合作,使这一合作更为成熟并达到全方位合作的实质性目标,还需要从战略上继续推进,在具体措施上继续努力。无论是总体战略推进还是具体措施的落实都需要理论思考、理论研究作底蕴进行运筹和决策。因此,不断深化中国与东盟及各国关系的研究就显得更加必要了。

加强对东盟及东盟各国的研究是国际区域经济和政治、文化研究学者的一项重要任务。东盟各国及其区域经济一体化的稳定和发展是我国构建良好的周边国际环境和关系的关键。东盟区域经济一体化的发展受到很多因素的制约。东盟各国经济贸易结构的雷同和产品的竞争,在意识形态、宗教历史、文化习俗、发展水平等方面的差异性,合作组织内部缺乏核心力量和危机共同应对机制等因素都会对区域经济一体化的进一步发展带来不利影响。要把握东盟各国及其区域经济一体化的走向,就要加强对东盟各国国别历史、现状、走向的研究,同时也要加强东盟区域经济一体化有利因素和制约因素的走向和趋势的研究。

如何处理我国与东盟各国关系的策略、战略也是需不断思考的重要问题。要从战略上发挥我国在与东盟关系的良性发展中的作用,形成中国—东盟双方共同努力的发展格局;要创新促进双边关系发展的机制体系;要进一步深化和完善作为中国—东盟合作主要平台和机制的中国—东盟自由贸易区,进一步分析中国—东盟自由贸易区的下一步发展趋势和内在要求,从地缘关系、产业特征、经济状况、相互优势等方面充实合作内容,创新合作形式,完善合作机制,拓展合作领域,全面地发挥其积极的作用。所有这些问题都要从战略思想到实施措施上展开全面的研究。

广西在中国—东盟关系发展中如何利用机遇、发挥作用需要从理论和实践的结合上不断深入研究。要在中国—东盟次区域合作中进一步明确广西的战略地位,在对接中国—东盟关系发展中特别是在中国—东盟自由贸易区的建设发展进程中,发挥广西的优势进一步打造好中国—东盟合作的"南宁渠道"。如何使"一轴两翼"的泛北部湾次区域合作的机制创新成为东盟各国的共识和行动,不仅要为中国—东盟关系发展创新形式,拓展领域,也要为广西的开放开发,抓住中国—东盟区域合作的机遇实现自身发展创造条件。如何在中国—东盟区域合作中不断推动北部湾的开放开发,形成热潮滚滚的态势,这些问题都需要不断地深化研究。

综上所述,中国与东盟各国的关系无论从历史现状还是发展趋势都是需要认真研究的重大课题。广西大学作为地处中国与东盟开放合作的前沿区域的"211工程"高校应当以这些研究为己任,应当在这些重大问题的研究上产生丰富的创新成果,为我国与东盟各国关系的发展,为广西在中国—东盟经济合作中发挥作用并使广西跨越发展作出贡献。

在中国与东盟各国关系不断发展的过程中,广西大学中国—东盟研究院的学者、专家们在中国—东盟各项双边关系的研究中进行了不懈地探索。学者、专家们背负着民族、国家的责任,怀揣着对中国—东盟合作发展的热情,积极投入到与中国—东盟各国合作发展相关的各种问题的研究中来。"梅花香自苦寒来,十年一剑宝鞘出。"历经多年的积淀与发展,研究院的组织构架日臻完善,团队建设渐趋成熟,形成了立足本土兼具国际视野的学术队伍。在学术上获得了一些喜人的成果,比较突出的有:取得了"CAFTA进程中我国周边省区产业政策协调与区域分工研究"与"中国—东盟区域经济一体化"两项国家级重大课题;围绕中国与东盟各国关系的历史、现状及其发展从经济、政治、文化、外交等各方面的合作以及广西和北部湾的开放开发等方面开展了大量的研究,形成了一大批研究论文和论著。这些成果为政府及各界了解中国—东盟关系的发展历史,了解东盟各国的文化,把握中国—东盟关系的发展进程提供了极好参考材料,为政府及各界在处理与东盟各国关系中的各项决策中发挥了咨询服务的作用。

这次以《广西大学中国—东盟研究院文库》的形式出版的论著仅仅是学者、专家们的研究成果中的一部分。《文库》的顺利出版,是广西大学中国—东盟研究院的学者们在国家"211工程"建设背景下,通过日夜的不辞辛苦、锲而不舍的研究共同努力所取得的一项重大的成果。《文库》的作者中有一批青年学者,是中国—东盟关系研究的新兴力量,尤为引人注目。青年学者群体是广西大学中国—东盟研究院未来发展的重要战略资源。青年兴则学术兴,青年强则研究强。多年来,广西大学中国—东盟研究院着力于培养优秀拔尖人才和中青年骨干学者,从学习、工作、政策、环境等各方面创造条件,为青年学者的健康成长搭建舞台。同时,众多青年学者们也树立了追求卓越的信念,他们在实践中学会成长,正确对待成长中的困难,不断走向成熟。"多情唯有是春草,年年新绿满芳洲。"学术生涯是一条平凡而又艰难、寂寞而又崎岖的道路,没有鲜花,没有掌声,更多的倒是崇山峻岭、荆棘丛生。但学术又是每一个国家发展建设中不可缺少的,正如水与空气之于人类。整个人类历史文化长河源远流长,其中也包括着一代又一代学者薪火相传的辛勤劳绩。愿研究院的青年学者们,以及所有真正有志献身于学术的人们,都能像春草那样年复一年以自己的新绿铺满大地、装点国家壮丽锦绣的河山。

当前,国际政治经济格局加速调整,亚洲发展孕育着重大机遇。中国同东盟国家的前途命运日益紧密地联系在一起。在新形势下,巩固和加强中国—东盟战略伙伴关系,不断地推进和发展中国—东盟自由贸易区的健康发展是中国与东盟国家的共同要求和共同愿望。广西大学中国—东盟研究院将会继续组织和推进中国与东盟各国关系的研究,从区域经济学的视角出发,采取基础研究与应用研究相结合、专题研究与整体研究相结合的方法,紧密结合当前实际,对中国—东盟自由贸易区建设这一重大战略问题进行全面、深入、系统的思考。在深入研究的基础上提出具有前瞻性、科学性、可行性的对策建议,为政府提供决策咨询,为相关企业提供贸易投资参考。随着研究的深入,我们会陆续将研究成果分批结集出版,以便使《广西大学中国—东盟研究院文库》成为反映我院中国—东盟各国及其关系研究成果的一个重要窗口,同时也希望能为了解东盟、认识东盟、研究东盟、走进东盟的人们提供有益的参考与借鉴。由于时间太紧,本文库错误之处在所难免;敬请各位学者、专家及广大读者不吝赐教,批评指正。

是为序。

(作者系广西大学中国—东盟研究院院长)

2011 年 1 月 11 日

目　录

图表目录

2

产业对接理论与产业结构优化

由于落后国家和地区经济追赶的需要，相比西方产业结构自然演进的模式，发展中国家更倾向于人为调整。为此，基于已有的自然资源、技术、人力，如何调整产业结构，实现产业优化升级，提升综合竞争力自然成为一国或一省区亟待解决的课题。相比我国其他省份，前沿省区滇、桂、琼、粤明显有着无可比拟的优越性。第一，区位条件创造的先天优势使其成为中国-东盟自由贸易区的直接受益者；第二，中国-东盟自由贸易区的建成启动带来的前所未有的机遇；第三，与东盟国家实现产业对接的可能性。那么，如何借助这样优势，利用好这样的资源，则成为滇、桂、琼、粤当前共同面临的关键问题。与此同时，这也为本课题的研究奠定了重大的现实意义。本章首先交代了本课题研究的背景及意义，进而确定了整个课题的研究框架、研究思路与研究方法，并着重点出了本课题研究的重点、难点及主要创新点所在。

第 1 章
导　论

本课题研究基于区域经济一体化条件下,也即 CAFTA 框架下我国广东、广西、海南、云南四省区的产业结构优化升级与产业对接问题。滇、桂、琼、粤作为中国—东盟自由贸易区的直接受益者,四省区共同面临着前所未有的发展机遇与挑战。那么,如何通过产业对接的途径,实现省区内、省区间产业结构的升级换代,提升四省区产业的综合竞争力,进而参与国际分工成为了本课题研究的重点所在。

1.1　研究背景与意义

经济发展的核心在于产业发展。长期以来,无论是在理论研究领域,还是在历史的演变中,都无不证明了产业结构的合理与否决定着一国或一地区经济发展水平的高低。中国—东盟自由贸易区的高速运行,预示着区域经济一体化的强劲势头,同时也意味着中国与东盟,尤其是我国周边省区(包括广东、广西、海南、云南)与东盟之间的区域产业分工与合作,将成为区域经济发展进程中亟待解决的一大关键问题。而这也就为在 CAFTA 框架下,如何推进我国周边四省区间的产业转移与承接,进而实现中国—东盟区域的产业结构协调与优化,保持区域经济长期稳定发展提出了要求。

1.1.1　研究背景

一、CAFTA 背景下周边四省区产业结构优化升级的不确定性因素增多

CAFTA 框架下,我国滇、桂、琼、粤四省区产业结构的更新换代,不可能仅仅考虑本国的产业的政策、本地区的要素禀赋等条件,而是在实现区域经济和谐发展与产业协调发展的大目标下,综合考虑东盟国家与四省

区的各种因素,以形成区域性的合理的产业布局及系统性的产业体系,提升整个区域的产业竞争力。也就是说,在开放经济条件下,由于世界形势的日新月异,我国周边四省区产业结构优化升级的进程将面临着来自外界的诸多不确定因素的影响。

第一,产业政策的动态变化。毋庸置疑,一国或一地区的产业政策均有利于发展本国或本地区的各大产业。然而,由于外界因素的影响,一国或一地区的产业政策又不可避免地处于不断地变化当中。2010年12月7日—18日,哥本哈根联合国气候大会召开。会议上,各国各地区领导人纷纷许下承诺,制定减排目标。中国领导人温家宝总理发言时指出,中国是近年来节能减排力度最大的国家。由此推论,随着环保意识的不断增强,各国出台的产业政策势必会更多考虑各产业发展对一国或一地区周边环境所造成的影响,而这又将增加产业区域转移与承接的难度。东盟成员国缅甸、越南、老挝等国均可作为我国周边四省区,尤其是广东部分产业转移主要考虑的承接地,然而,环保政策的出台不可避免地阻止了部分有一定污染性产业的向外转移,这就使得原本的产业空间布局计划落空。因此,在开放经济条件下,研究我国周边四省区产业结构的升级换代,产业的合理分工与布局是关键,而产业政策的动态变化,不置可否地会影响到产业的顺利转移与承接,进而影响到区域产业布局的调整,这就为产业结构的优化升级提出了更高的要求。

第二,政治关系的复杂多变。近年来,随着中国—东盟自由贸易区进程的不断推进,中国与东盟的经济关系获得长足发展,然而,中国与东盟的政治关系却十分微妙。自改革开放以来,中国经济的迅速崛起起初被看作是对当前国际体系的一种挑战。西方国家,尤其是美国更借此在东盟国家中鼓吹"中国威胁论",使得东盟国家对中国的疑虑难以释怀。其次,为维护自身的安全与利益,东盟国家对内倡导一体化,对外则推行"大国平衡"战略。对于CAFTA框架内唯一的大国——中国,东盟国家始终有着较高的警惕性与防备性。美、日、印等国积极密切与东盟的关系,无不想借此削弱中国在东盟地区的影响,这又对中国与东盟之间深化合作产生一定的消极影响。再者,南海问题与台湾问题一直是横贯在中国与东盟之间的敏感地带与现实矛盾。东盟国家虽不支持"台独",但也从未明确表态支持中国统一,尤其反对中国以非和平方式解决台湾问题。而这并不利于中国与东盟国家建立政治互信,进而影响中国与东盟双边产业深化合作。滇、桂、琼、粤四省区地处中国南向开放的最前沿地带,作为中国—东盟自由贸易区最直接的受益者,中国与东盟国家的政治关系直接影响着该区域内产业的深化合作,进而影响四省区产业结构的优化升级。

二、产业对接将成为我国周边四省区产业结构调整的主要内容

就东盟成员国与我国周边四省区的产业发展现状而言,双边产业均存在着广泛的竞争性与互补性,且区域内产业竞争与合作趋势明显。这为中国—东盟区域分工合作确定了共同的目标。然而,在四省区缺少统一分工与协调机制的现实情况下,如何推进各省区的产业结构优化升级,并实现省区间的合理分工,进而参与国际区域分工的问题成为未来工作的重中之重。

首先,产业对接满足周边四省区产业结构调整的现实需要。从地缘来说,中国—东盟自由贸易区的建立把四省区推到了南向开放的风口浪尖,四省区面临着前所未有的机遇和挑战。在加快与东盟国家合作的过程中,各省区采取了积极的态度和高涨的热情,纷纷推出加强与东盟合作的措施。而四省区之间的政策似乎很不默契的,甚至有不和谐行动。这使得四省区在与东盟的合作中整体实力低下。地方政府之间的利益趋向不同导致内耗的现象早已存在,但面临对外竞争环境的变化,四省区间只有加强产业合作,通过政府引导,发挥市场作用,才能进一步提升四省区的整体竞争力,进而在长期的对内及对外区域合作中获益。

其次,产业对接是中国—东盟区域分工深化的纽带。从最初的市场萌动到区域政府间的政策协调,是一个伟大的跨越。首先,企业的逐利性是市场导向得以发生的依据,但市场的不完全性会导致市场失灵,无法实现帕累托最优;其次,区域政府在地区发展观念上无疑注重自身利益,也导致他方利益的损害而使得合作存在风险。建立在市场互动基础上的区域政府经济互动,交流和信任,统筹规划,避免出现零和博弈。因此,产业对接是建立在区域经济相互信任和经济互动基础上的。国内区域经济发展实践早已证明,没有经济互动或者只是一厢情愿,都不能完成区域合作和产业整合。经济互动为产业对接提供环境、构建平台,而产业对接则是将区域内的国际分工推向深化,增强经济互动不可或缺的纽带。

相比以前,我国周边四省区与东盟之间的产业合作虽已获得较大进展,却始终不够深入。现阶段,所谓的双边对接仅限于项目对接、企业对接,并未形成为一个完整的体系。综上分析可知,产业对接将会是我国周边四省区实现产业结构调整与产业合理布局的最佳途径。

1.1.2 研究目标与意义

一、研究目标

第一,通过本课题的研究,在我国周边四省区不同经济发展水平的基础之上,科学推进产业结构的优化升级,发展产业结构理论。我国周边四省区在资源禀赋、人力成本、经济水平等方面存在较大的差异,但在区域产业协调过程中,每个省区都不能仅仅考虑本省区的最大化利益,而应站在区域整体性发展的战略高度,相互配合,优势互补,以实现"四省共赢"的目标。广东,作为四省区中经济金融等发达地区,其应发挥带头与辐射作用,优化本土产业结构,积极推进一些传统产业向广西、海南与云南的转移。同时,广西等其他三省,应发挥本土的比较优势,在明确本省区承接力的前提下,做好产业转移的承接工作,选择适合本土发展的主导产业。通过产业结构的升级换代,优化我国南向开放前沿地带的区域产业结构,从而参与 CAFTA 框架下与东盟各国的国际分工。

第二,通过本课题的研究,试图通过产业对接的方式,解决两广间的产业梯度转移以及滇桂间产业协调的问题。产业对接是实现区域产业合理分工的需要。两广虽在地理上毗邻,产业层次却相差甚远。随着广东工业化的不断深入,一些传统产业已无法适应该地区,相对而言,广西的基础条件正逐渐完善,承接一部分的传统产业是绰绰有余的。那么,在不同的产业梯度上,如何实现两广的产业转移与承接,此为其一。另外,对于广西与云南而言,其问题在于如何选择各自的主导产业。滇桂两省间的产业结构相似,且产业层次不高。那么,在承接来自发达地区产业之时,两省区必须有所取舍,以避免产业的重复布局与恶性竞争,进而影响区域产业的整体协调性,此为其二。

二、研究意义

1. 理论层面

到目前为止,产业分工与产业结构的相关理论已较为成熟。其中,尤以亚当·斯密、扬格、李嘉图、杨小凯、科林·克拉克、霍夫曼、库兹涅茨、钱纳里、筱原三代平及赤松要等为代表人物。不过,纵观各学者的研究成果,可知国外学者的研究较为深入,但其大多立足于本国国情或基于一定的假设条件。因此,这些理论可用作参考,却不适合直接作为我国产业结构优化升级的理论依据。但国内学者的理论研究尚不够全面完整,尤其对于 CAFTA 框架下中国与东盟产业分工与合理布局、产业结构优化升级问题的探讨甚少。基于此,本课题在借鉴产业分工理论、区域分工理论、产业布局理论、产业梯度转移理论、产业对接理论等诸多理论的基础上,结合开放经济条件下我国周边四省区产业发展的现实情况,提出滇、桂、琼、粤四省区间以及四省区与东盟之间实现双向产业转移与承接的策略。分工是产业发展的基础,决定分工的全部因素将构成一个系统。作为地域分工的两大层次,国际分工与国内分工的基础具有共同性。CAFTA 框架下,我国周边四省区与东盟国家产业均存在明显的合作与竞争趋势,分工理论就为跨国度区域性产业分工合作提供了依据。对于产业梯度转移理论,本课题通过介绍产业转移的相关理论,产业转移的基础、条件、动力与诱因等,在区域经济一体化背景下,运用聚类分析方法进一步对我国周边四省与东盟十国进行了梯度划分,在此基础上,通过双向的产业转移与承接来调整我国周边四省区的产业结构。那么,如何实现产业结构的优化升级成为本课题研究的关键问题,产业对接理论则为周边四省区与东盟之间的产业分工与合作提供了必要的理论依据。

2. 现实层面

在 CAFTA 框架中,我国周边四省区(滇、桂、粤、琼)可谓是我国—东盟自由贸易区的最前沿地带,也是促进我国—东盟全面合作的重要通道与桥梁。产业发展是经济发展的核心,一国或一地区的产业发展与结构优化是资源要素能否合理配置与有效利用的关键。在我国周边四省区前沿地带的经济与协调发展中,如何通过优化产业结构,实现不同梯度上的产业对接,以促进区域经济发展与国际经贸合作,提高资源配置效率是目前亟待研究的问题之一。然而,通过产业对接方式,推进我国周边四省区的产业结构优化,进而参与 CAFTA 框架下与东盟国家的区域分工与合作,实现区域经济稳定发展是一个长期的过程。这一过程会先后经历:产业梯度划分→产业转移→产业承接→四省区产业结构调整与优化→国际区域分工与合作→区域经济增长。理论上,只有当区域内各省区统筹兼顾、优势互补,在统一的产业协调机制下,才可能实现区域内产业的协调发展,进而形成一个和谐的产业结构体系,并为区域经济发展带来最大的合力。就目前 CAFTA 进程与我国周边省区产业发展现状而言,如何突破各省区的主客观条件的局限,发挥各自本土比较优势,摒弃利益最大化的自利行为,通过产业对接实现区域产业结构的升级换代,已成为当前亟待解决的课题。这对于实现区域产业协调发展,参与国际区域分工,有着极大的现实意义与参考价值。

1.2 研究框架与主要内容

1.2.1 研究框架

本课题的研究,基于区域经济一体化的大背景,我国周边四省区(其中包括广东、广西、云南与海南)的国内分工及参与东盟区际分工的现实基础之上,并通过测度双边产业结构协调度,选择产业结构优化升级的最优路径,以使区域产业分工更趋合理化,实现区域产业协调发展的目标。而产业结构的优化升级的过程,需在我国周边四省区产业梯度划分的前提下,通过产业对接方式来实现。与东盟国家相类似,我国周边四省区的产业呈多层次的梯度,产业水平较低,结构各具特色,基于这样的现实与实证结果,本课题提出四省区间、四省区与东盟间相对应的产业对接策略。研究框架及主要内容如下图所示:

1.2.2 主要研究内容

本课题的研究目的,是围绕主题"周边省区产业协调与区域分工",为区域产业分工实践提供新的思路和新的理论支撑。本课题主要分为八个章节,其主要研究内容将以三条主线展开,具体如下:

第一条线着重论述区域经济一体化条件下的分工理论、产业结构理论与产业梯度转移理论及产业对接理论。以此为基础,在中国—东盟自由贸易区建设的进程中,对我国周边四省区与毗邻的东盟成员国之间产

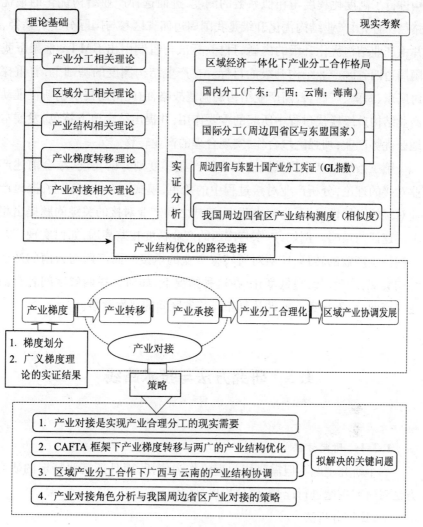

图1-1 本课题的研究框架图

业分工合作状况进行现实的考察,进而深入研究区域经济一体化条件下影响周边四省区产业分工的因素,包括体制、战略与产业结构。基于以上现实考察结果与影响因素分析的基础上,又对我国周边四省区间未来的区域分工格局作出大胆设想。

第二条线则主要基于我国周边四省区产业结构的现实考察,通过对滇、桂、琼、粤四省区产业纵向、横向、内部的现状分析,对四省区的产业结构进行了高度化程度与相似系数的测度,进而选择产业结构优化的最优路径。首先,产业结构优化升级是我国周边四省区参与国际分工的途径,并由产业结构优化升级的内涵、目标、标准与机制引出 CAFTA 框架下我国周边四省区产业结构升级的目标。在产业结构测度的基础上,着重探讨广东、海南、广西、云南产业结构的调整战略,由此得出技术创新在推动产业结构升级换代过程中所起的重要作用,并提出结合地方特色,发展本地区优势产业;加强区域合作,实现合理的产业转移。

第三条线是基于我国周边四省区产业梯度划分的角度,结合前述产业对接的理论,分析产业对接过程中的角色、模式。在此基础上,探讨产业对接的必然性,进而为解决两广、滇桂之间产业对接的关键问题提出相关的建议与策略。例如,广东与广西的产业梯度相差甚远,如何实现广东一些传统产业的转移,广西对所转移产业的承接。而广西与云南的产业结构类似,产业层次呈低度化,在这种情况下,如何选择两省区间各自的主导产业,而不导致产业的重复布局与省区间的恶性竞争。

1.3 研究方法与技术路线

1.3.1 研究方法

一个研究主题不但需要相关理论作为依托,而且还需要特定的研究方法对研究主题进行诠释,使分析更具深度。

一、比较分析法

本课题的研究,一方面需要对 CAFTA 框架内我国周边四省区间、四省区与东盟间的产业分工合作状况进行分析研究;另一方面又需要对四省区的产业发展从时间纬度、空间结构、内部发展进行详细的分析研究。此外,四省区产业结构的优化升级,不仅仅局限于国内条件,而是需要考虑区域经济一体化的大背景,因此,在对四省十国进行梯度划分时又需要对四省十国的经济发展水平、资源禀赋条件、工业发展阶段等进行比较分析,为梯度划分提供必要的现实依据。

二、相关理论的借鉴与运用

在课题研究过程中,我们以产业分工理论、区域分工理论、产业布局理论、产业梯度转移理论、产业对接理论为基础,并结合滇、桂、琼、粤四省区间及与东盟国家已实现的产业分工与合作的现实考察,将理论与实践有机结合起来,为区域经济一体化条件下我国周边四省区产业结构优化升级提供理论依据与现实参考。

三、实证分析与规范分析相结合

本课题将以我国周边四省区产业发展的各项数据为基础,对该区域内四省区的三大产业从纵向、横向、内部三个方面进行定性与定量的描述,并运用贸易专业化指数、显示性比较优势指数、产业结构相似系数、产业高度化程度对我国周边四省区的产业分工合作状况及产业结构进行量化论证。

四、对产业对接策略的研究采取梯度分析方法

本课题对四省区产业对接进行研究时,根据广义梯度的原理,结合双边经济发展水平、工业发展阶段、城市化进程、自然资源禀赋、人均能源耗用等方面的具体情况,利用聚类分析方法,对 CAFTA 框架下我国周边四省区与东盟十国进行梯度划分,并将四省区与东盟十国适当分为四个梯度。在此基础上,本课题进而提出产业对接的相关政策建议。

五、静态考察与动态考察相结合

本课题在研究过程中,采取静态分析与动态分析相结合的方法。静态分析,就是研究我国周边四省区间、四省区与东盟国家间产业分工合作状况。而动态考察则主要从空间纬度、时间纬度、内部构成三方面考察我国周边四省区的产业结构的现实状况,并以产业梯度转移为主线,分析要素禀赋在 CAFTA 框架内的流动,进而实现区域内四省区间、四省区与东盟之间的产业双向转移与承接。

1.3.2 技术路线

整个研究过程中按照"理论分析→实证考察→策略研究"的路线展开(见图 1-2)。

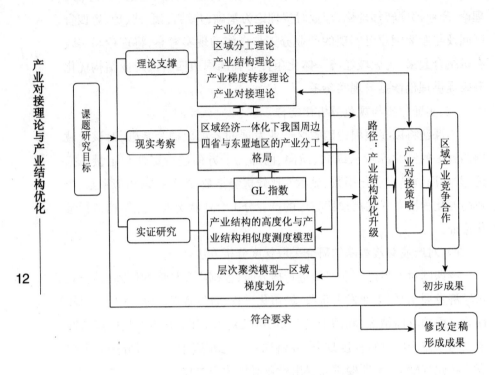

图 1- 2　本课题的技术路线图

1.4　研究的重点、难点及主要创新点

1.4.1　本课题研究的重点与难点

本课题研究的重点是在区域经济一体化的大背景下,从产业对接的角度,探讨如何实现我国周边四省区产业结构的升级换代,推进国内省区间产业的协调发展,进而参与中国—东盟区域分工合作,实现区域经济的长期、稳定增长。其中,拟解决的关键问题在于如何实现两广之间的产业梯度转移与滇桂之间主导产业的选择。本课题在研究过程中,需要解决的主要难点为:

一是基于目前我国周边四省区间的产业分工与产业结构,可发现除

广东外,其他三省的产业结构类似,产业梯度均不高,尤其是广西与云南。那么,同样作为产业梯度转移的承接地,如何使三省区以实现四省区间的产业平衡协调发展为统一目标,在此基础上,自愿放弃利益最大化的自利行为,而选择统筹兼顾,相互协调利益,最终实现区域内要素资源的最优配置,产业的合理分工与合作是本课题提出产业对接策略中需考虑的一大难点。

二是实现我国周边四省区的产业合理分工与合作,为的是提升该区域产业的整体竞争力,以有利于参与 CAFTA 框架下与东盟成员国的产业分工与合作。与我国周边四省区类似,东盟国家的产业也存在明显的多层次性,基于这样的现实,通过产业对接是实现区域国际分工的一大途径。那么,如何实现与东盟国家在产业政策、管理制度和共同条约等方面的合作是本课题需注意的一大难点。

1.4.2 本课题的主要创新点

第一,研究领域的创新。本课题创新性地采用了定性分析与定量分析相结合、理论分析与实证分析相结合的方法,不仅分析了 CAFTA 框架下四省区的产业结构,四省区间、四省区与东盟国家间产业分工合作的现状,还测度了四省区产业结构的高度化与产业结构的相似性,在此基础上,进一步探讨产业结构优化升级的最佳路径——产业对接。本课题详细论述了产业对接理论,对产业对接进行清晰的界定,具体分析政府与企业在产业对接中所扮演的角色,进而提出产业对接的管理理论。为做到理论与实践的有机结合,本课题以中国—东盟自由贸易区为实例,应用上述产业对接管理理论来探讨面向东盟的前沿地区如何在中央政府的管理下实施产业对接、扩大国际经贸关系,以此来检验管理理论的实际应用性,使产业对接理论进一步丰富。也即,通过创新产业对接理论,为区域产业分工实践提供新理论支持。

第二,试图能创新区域产业分工的研究方法。以往的研究往往仅侧重于从国内省区间的产业结构问题,本课题则是以国际分工理论为基点,以中国—东盟区域经济一体化为背景,探讨我国周边四省区产业结构的优化升级问题。按照以往的普遍做法,广义梯度划分一般应用于省区与省区、国家与国家等类似平等主体之间。但考虑广东、广西、海南、云南四省区地处我国南向开放的最前沿地带,同时,中央又赋予了四省区单独与东盟地区进行包括产业在内的多方面合作的权利。基于此,本课题在广义梯度理论的指导下,将梯度划分应用于我国周边四省区与东盟十国之间。这是前所未有的尝试,但所得实证结论仍具有科学性。

站在巨人的肩膀上，不仅能吸取前人的经验及成果，也更能看清自身的不足之处。做学问亦是如此。产业分工理论是产业结构问题研究的基础。纵观国内外关于产业结构问题的现有研究文献，可知国外学者关于产业分工的研究较为充分，并已形成丰富的研究成果。相较而言，国内学者对产业分工及产业结构问题的研究文献数量众多，却未成体系。尤其是，在 CAFTA 框架下研究区域内产业分工研究明显偏少。不仅如此，对于实现产业优化升级的途径而言，国内学者大多侧重于单方面的产业转移或产业承接，未能全方位探讨产业转移地与承接地的双向互动性。考虑到本课题研究的需要，本章立足于国内外两种视野，由产业分工与合作为起点，经分类、归纳并总结了历来诸多专家学者的大量观点，具体包含产业分工与合作、产业结构优化升级、产业转移与承接、产业对接等与本课题息息相关的重要内容，以此为本课题的研究提供参考并借鉴。

第 2 章
文献综述

2.1　关于产业分工的相关研究综述

产业分工是研究产业结构问题的基础。而产业分工与合作理论在经济学上的确立和发展,主要以亚当·斯密、扬格、李嘉图、Deardorff、杨小凯等人物为代表。到目前为止,国内外众多学者已从各国产业发展的实践经验、理论研究与实证分析中,总结了产业分工的形式与产业集群的效应,为产业分工奠定了坚实的理论基础。

亚当·斯密[①](1972)确立了分工在经济学中的首要地位,其分工的经济思想主要体现在以下三个方面:(1)分工是提高劳动生产力,促进经济增长的源泉。"劳动生产力上最大的增进,以及运动劳动时所表现的更大熟练、技巧和判断力,似乎都是分工的结果"。(2)分工起源于人们互通有无的倾向,因而分工受到市场范围的限制。(3)资本是在各间接生产部门发展分工的工具。李嘉图[②](Ricardo,1817)认为,即使一国无绝对优势,仍有可能存在互利贸易。因为一国可以专门生产、出口其绝对劣势相对较小的商品,同时进口其绝对劣势相对较大的商品。这就是比较优势原理,其为国际分工找到了很好的诠释。扬格[③](1928)得出劳动分工取决于市场规模,而市场规模又取决于劳动分工。后人把这概括为"杨格定理"。Deardorff[④](1998)则指出,如生产过程分离化不改变商品价格,那么两国的产出价值都会增加;如生产过程分离化改变商品价格,则一国会因为贸易条件向不利于本国的方向变化而福利恶化;即使一国因为生产过程分离化而受益,该国的某些要素所有者也可能会受损;生产过程分离化是要素价格均等化的推动力。杨小凯、黄有光[⑤](1999)认为,高水平有效率的分工会使一个国家的国内贸易规模无法适应,于是便产生了国际

①　Dominick Salvatore:《国际经济学》,清华大学出版社 2004 年版。
②　Young Allyn. Increasing Returns and Economic Progress. The Economic Journal,1928(38).
③　亚当·斯密:《国民财富的性质和原因的研究》,商务印书馆 1972 年版。
④　Deardorff A. V. 1998. Fragmentation Across Cones. R ISE Discussion Paper. No. 427.
⑤　杨小凯、黄有光:《专业化与经济组织》,经济科学出版社 1999 年版。

贸易。如果交易效率继续提高,则各国介入国际贸易的程度便会提高,即国际分工程度提高。

2.1.1 产业分工的主要形式

杨小凯、黄有光①(2000)认为,在人类社会历史的发展过程中,分工在不断促进劳动生产率增进的同时本身也在不断地向前发展。但是,分工只能是渐进的过程,而不是一下子从自给自足跳到极高的分工水平。杨小凯、张永生②(2003)认为,随着分工的演进,信息将更加分散地分布于不同的专业中,在信息不对称程度与分工一同增长的情况下,竞争将可能被分工的演进强化,其模式也将越来越复杂。李靖③(2009)认为,从分工的发展历程来看,可以归纳为三个主要阶段:第一,人类历史上最早出现的部门分工,也叫产业间分工,它是在农业、工业和商业之间的分工;第二,产业内分工,即不同区域可能选择同一个产业部门,但其产品种类存在差别,也可称为产品间分工;第三,以产业链为主要形式的分工,称为"新型"区域产业分工。从产业间(或部门间)分工、产业内(或产品间)分工向产业链分工的发展,是分工不断深入和细化的过程。

一、新型产业分工

近年来,学者们多侧重于对新型产业分工的科研、调查与分析。其中,魏后凯④(2001)提出,全球化背景下的新型产业分工,特别要重视全球性产业链和地区性产业链对传统分工理论的挑战。卢锋⑤(2004)提到,我国国际贸易领域的学者开始了与新型分工相关的研究,他们主要将其称之为"产品内分工"。同时,他也最早指出产品内分工是一种更为细致深入的国际分工形态。张辉⑥(2004)从产业组织的空间分布角度出发,认为产业链各环节呈现出"大区域分散,小区域集聚"的特征。李靖

———

① 杨小凯、黄有光:《专业化与经济组织——一种新型古典微观经济学框架》,经济科学出版社 2000 年版。

② 杨小凯、张永生:《新兴古典经济学与超边际分析》,社会科学文献出版社 2003 年版。

③ 李靖:《新型区域产业分工研究综述》,《经济经纬》2009 年第 5 期。

④ 魏后凯:《走向可持续协调发展》,广东经济出版社 2001 年版。

⑤ 卢锋:《产品内分工》,《经济学(季刊)》,北京大学出版社 2004 年 4 月第 1 期。

⑥ 张辉:《全球价值链理论与我国产业发展研究》,《中国工业经济》2004 年第 5 期。

（2009）则认为，新型区域产业分工的形成主要源于两方面：一是科学技术发展和区域间流动性加强使产业链环节在技术上和空间上达到了可分离的要求；二是同类工序或环节在特定区域形成规模集聚，使得区域专业化产生的经济效应得以实现，即区域专业化满足了经济可行性要求。新型区域产业分工具有跨产业的特点，其不仅仅局限于同一产品内的纵向分解，而是能跨越不同的产业。

二、产业内分工与其他产业分工形式

对于不同于新型产业分工的传统产业分工，Antràs[①]（2003）提出，企业只有劳动投资在生产中相对更重要时，才会事先选择外包。Spencer[②]（2005）的研究结果显示，跨国企业是从不同产权安排方式下的激励程度、分工合作的交易成本、参与国的制度环境等方面进行组织选择决策的。杨永红[③]（2006）认为，"产业内分工体系"的"外向型"是指区域内产业内分工的领域仍然保持着高度的产业开放，保持着向外部市场强劲出口势头，同时也不断开放进口市场，不但使区域内的 FDI 能自由流动，同时也积极吸收外来的 FDI。

2.1.2 产业分工与区域产业集聚

在产业分工进程不断推进的过程中，逐渐出现了区域集聚和产业集群的现象。克鲁格曼[④]（1991）指出，在低交易成本的情况下，工资成本是决定区位的首要因素，这就要求分散生产厂商来维持低的劳动力成本。温科特桑[⑤]（1992）指出，利用外部资源是保持竞争力的需要而不仅仅是为了赢得更多利润。那些不从国外寻求廉价资源的公司不仅会在世界市场失去竞争力，甚至在国内市场也是如此。瓦尔兹[⑥]（1996）从区域集聚

---

① Antràs, *Contracts, and Trade Structure*, Quarterly Journal of Economics . 2003,118(4).

② Spencer, *International Outsourcing and Incomplete Contracts* 1NBER Working Paper,2005.

③ 杨永红：《中国与东盟主要国家间产业内分工探讨》,《广西大学学报》2006 年第 28 期。

④ Krugman, P. *Increasing Returns and Economic Geography*,Journal of Political Economy,1991,99:483-499.

⑤ R Venkatesen. *Strategy outsourcing:To make or notto make*,Harvard Business Review,1992,11-12.

⑥ U Walz. *Transport Costs, Intermediate Goods, and Localized Growth*, Regional Science and Urban Economics,1996,26:671-695.

的角度研究,认为区域经济一体化会导致规模收益递增的生产和创新产品的区域性集中,而产业部门的地理集中及由此产生的持续的生产率提高反过来又会大大促进区域经济的发展。斯特金①(2003)把90年代末以来,许多制造业的产业价值链呈现出的全球分散、区域集中的格局,描述为价值链模块化(Value Chain Modularity)。范和斯科特②(2003)研究了东亚和中国的产业集群与经济增长的关系,发现两者之间具有很强的正相关性。藤田③(Fujita,2004)把 NEG(新经济地理学(New Economic Geography,简称 NEG)形成于20世纪90年代初)的基本框架概括为:集聚力包括第一自然(first nature,自然条件)、第二自然(second nature,内生的集聚力量)和触媒(catalyzers,历史环境、公共政策、突发事件等)。分散力包括由经济活动集中而导致的要素价格上升(如土地价格、工资水平等)和拥挤成本(交通拥挤、空气污染)。当一个新中心出现时,它通过自我强化不断发展形成扩大规模,起初的区位优势与集聚的自我维持优势相比就显得不那么重要了。乔格·迈耶④(2004)提出,发展中国家需努力为工业企业创造关联网络来获取正的外部性,以便在经济主体的再布局中得到好处。藤田和莫瑞⑤(2005)认为,集聚能从容应对不确定因素,而且集聚又能促进交通运输效率的提高,这不仅能使集聚企业减少运输费用,更能有效降低时间成本。

2.1.3　CAFTA 框架下的产业分工与合作

CAFTA 建成后,各国在比较优势的基础上实施专业化分工,这不仅能使该区域内的资源得到合理优化配置,还能产生一定的规模效应。何

---

①　T. J. Sturgeon. *What Really Goes on in Silicon Valley*? Spatial Clustering and Dispersal in Modular Production Networks. MIT Working Paper,2003.

②　C. C. Fan, A. J. Scott. *Industrial Agglomeration and Development:A Survey of Spatial Economic Issues in East Asia and a Statistical Analysis of Chinese Regions*.

③　M Fujita. *The Development of Regional Integration Ineast Asia:From the Viewpoint of Spatial Economics*,Review of Urban&Regional Development Studies,2007,19:2-20.

④　J Mayer. *Industrialization in Developing Countries:Some Evidence from a New Economic Geography Perspective*. UNCTAD Discussion Paper,2004.

⑤　M Fujita,T Mori. *Frontiers of the New Economic Geography*. IDE Discussion Papers,2005.

帆①(2003)对于中国与 ASEAN₅"产业内分工体系"进行了战略定位:"应更关注统一市场,而统一市场通过中间产品和零部件的分工、异质产品的分工合作来实现的,这种产业内分工合作是外向型的、非歧视性的。"陈建军、肖晨明②(2004)认为,中国与东盟主要国家相似的文化背景和消费习惯对双方的产业内贸易和产业内互补具有重要的影响。白雪洁③(2005)则认为,在充分利用发达国家跨国公司在中国与东盟主要国家的贸易和直接投资带来的产业内贸易和分工的同时,要积极发展中国跨国企业与东盟各主要国家企业之间的产业内分工。黄良波、郭勇等④(2009)提出,在 CAFTA 框架下中国与东盟新成员国合作的思路应该是:实行"走出去"战略,在生产成本更低的东盟新成员国进行投资生产。杨永红(2006)对企业参与到中国与 ASEAN₅"产业内分工体系"的非歧视性做了分析,她认为,它不仅仅是为了给区域内的各成员国企业特殊的优惠,对来自区域外的所有的企业均可以从区域生产性网络中受益。刘曙光、竺彩华认为,在当前国内国际经济形式下,中国应抓住机遇,顺应国内产业扩张和产业内结构调整的需要,稳步增加对东盟主要国家的产业内直接投资。廖少廉、陈雯等认为,中国跨国企业可以对东盟主要国家缺乏的中间产业进行直接投资,形成跨国公司的产业内分工。杨永红(2006)进一步指出,东盟主要国家在与中国建立产业内互补关系问题上拥有以下优势:"第一,ASEAN₅ 的市场规模。第二,ASEAN₅ 国家现有的产业积聚。"中国与东盟一些主要国家在领土上衔接,有着天然的地缘优势。因此,加强国与国之间的交通基础设施建设,能提高交易的效率。黄良波、郭勇等(2009)还认为,CAFTA 有助于中国与东盟在扩大经济贸易和产业分工合作的基础上逐步融合为一体化的大市场。通过削减关税,使生产成本降低,贸易优势增加,从而有助于分工的深化。

---

① 何帆:《关于新型工业化道路的思考》,国家经贸委综合司编:《专家谈走新型工业化道路》,经济科学出版社 2003 年版。

② 陈建军,肖晨明:《中国与东盟主要国家贸易互补性比较研究》,《世界经济研究》2004 年第 8 期。

③ 白雪洁:《日本确立"产业内分工体系"对我国新型工业化道路的影响》,《现代日本经济》2005 年第 1 期。

④ 黄良波,郭勇,王海全:《金融支持中国与东盟新成员国劳动密集型产业分工与合作研究》,《金融理论与实践》2009 年第 8 期。

2.2　关于产业结构优化升级问题的研究综述

　　产业结构优化升级是各国经济发展和工业化过程的一种规律性的表现,它贯穿于经济发展的全部过程。一国经济的发展抑或区域经济的协调合作均离不开产业结构的升级换代。因而,产业结构优化升级问题一直是国内外诸多专家学者重点关注的研究领域。关于产业结构理论的起源与发展,则主要以科林·克拉克、霍夫曼、库兹涅茨、钱纳里、筱原三代平、赤松要等为代表人物。从各国产业发展的实践经验与实证分析中,各国学者探索到产业结构演变的一般规律,其中包括自行发展与人为推进的两种产业结构变化形式。

2.2.1　国外相关研究综述

一、产业结构自行优化的一般规律

　　产业结构变动规律体现于经济增长的过程。早期德国经济学家霍夫曼(W. G. Hoffmann,1931)搜集、整理了二十多个国家自 18 世纪以来的工业历史和统计资料,通过经验分析法对工业内部结构的演变进行了开创性的研究,并在此基础上得出了"霍夫曼定理",其内容为:在工业化发展进程中,消费资料工业净产值与资本资料工业净产值的比值是持续下降的。此定理对后起国家产生了很大影响。依据费希尔(A. G. B. Fisher,1935)提出的第三产业分类法,科林·克拉克(G. Glark,1940)对二十几个国家的总产出与部门劳动投入的时间序列数据进行了统计分析与经验性研究,并提出了著名的"配第—克拉克定理"。即随着人均国民收入的不断提高,劳动力会逐渐转向第三产业;而导致这种结果的原因在于各产业之间收入的相对差异。而此定理在世界各国经济发展过程中产业结构变动的事实所证实。在继承科林·克拉克与霍夫曼两位学者的理论研究成果的基础上,美国经济学家库兹涅茨①(Kuznets,1973)再一次搜集了各国

_____

　　① 西蒙·库兹涅茨:《各国经济增长(中文版)》,商务印书馆 1985 年版。

产业发展的历史资料,并通过现代经济统计方法,使得分析结果更具一般性、广泛性与应用性。在库兹涅茨的研究过程中,为使研究更趋合理,其又增加了劳动力部门分布与各产业国民收入比重的两大指标。他认为,人均收入水平的变动会引起产业重心的转移,而各大产业产值变动与就业构成之间亦存在一定的相关关系。钱纳里、赛尔奎因(1975)则不再将研究领域仅仅局限于现有条件的欧美国家,而是进一步拓展至二战后的新型工业化国家或地区。他们对这些国家的产业结构转变和影响结构转变的多种因素进行了全面、深入的比较分析,并发现了经济发展与结构变动的"标准形式",以及各国、各地区所体现的不同特点。而其中的"标准形式"主要针对人均国民收入从 100 至 1000 美元区间的结构变化,由此得出的结论更具一般意义,对揭示人均国民收入与结构变动之间的关系有更高的参考价值。1986 年,钱纳里、赛尔奎因①(1986)在其合著《工业化和经济增长的比较研究》中又进一步提出了"发展形式"②,并得出以下重要的研究结论:(1)在结构转型时期,劳动力转移主要发生在农业与服务业之间;(2)结构转型一般需经历三个不同的阶段——初级产品生产阶段、工业化阶段与发达经济阶段,而各阶段中各要素、各部门对经济增长的贡献存在明显的差异;(3)准工业国家的发展模式可概括为外向型、中间型与内向型三种类型,对于不同国家所选择的不同的发展战略,其产业结构转变对经济增长的贡献也不一样;(4)受要素禀赋、初始结构及政策等主客观条件的影响,不同国家的产业结构转变不会有一个统一的模式。

二、产业结构的人为调整

如前所述,基于欧美国家现有条件与经济制度相似的现实,各学者在经验与实证的基础上,得出了产业结构自然转变的一般性规律。然而,相对于后起的新型工业化国家,比如日本,由于先天自然地理、要素禀赋等客观条件的制约,一步步实现产业结构的自行优化,这个过程将会十分漫长。因此,日本更期待以主动作为的方式,人为开辟一条产业结构优化升级的路径。其中,以日本学者筱原三代平、赤松要、小岛清为典型代表,他

---

① H. 钱纳里等:《工业化和经济增长的经济学(中文版)》,四川人民出版社 1988 年版。

② H. 钱纳里等:《发展的形式 1950—1970(中文版)》,中国财政经济出版社 1989 年版。

们开创了富有日本特色的产业结构理论。

筱原三代平可谓是日本产业结构理论研究的第一人,其提出的"动态比较费用论"对日本的汽车制造业有着极大的现实意义与指导价值。他认为,产业发展是一个持续的、长期的过程,即使某一时点上有些产品在国际贸易中处于劣势,但只要给予积极有力的扶持,这些产品极有可能转化为优势产品,即产品的比较优势是可以转化的。在动态费用论的基础上,赤松要则进一步提出了"雁行形态论",为动态费用论的实现开辟了一条可行的路径。赤松要(1936)在研究当时日本棉纺工业史时有重大发现,即日本的棉线与棉织品的产业发展经历以下三个阶段:国外进口——国内加工生产——向国外出口,其将这一过程称为"雁行形态"。[①]根据20世纪60年代末日本对外直接投资的现象,小岛清(1978)提出了"边际产转移论",他认为,对外直接投资应从一国已经处于或即将处于比较劣势的产业(即"边际产业")依次进行。在此基础上,佐贯利雄[②](1987)、小宫隆太郎[③](1988)、埃兹拉·沃格尔[④](1985)等人继续以战后日本的发展为研究出发点,指出后起国家可借鉴先行国家的成功经验,发挥"后发优势",通过政府积极干预(即制定产业政策等手段)主动推进产业结构的调整与升级。

2.2.2 国内相关研究综述

国内关于产业结构优化升级问题的研究起步较晚。直至20世纪90年代,上海科学院周振华(1992)在其出版的《产业结构优化论》一书中,对产业结构优化的内涵、主要内容、产业结构合理化与高级化等进行了系统性的研究。到目前为止,国内学术界大多侧重于产业结构变动与经济增长之间的关系、产业结构优化升级内涵、判别标准与路径选择等多方面的理论与实证研究。遗憾的是,始终未形成一个完整的理论体系。

---

① 胡琦:《产业结构变动的经济增长效应——产业结构理论演进与发展》,《湖北经济学院学报》2004年第3期。

② 佐贯利雄:《日本经济的结构分析》,辽宁人民出版社1987年版。

③ 小宫隆太郎:《日本的产业政策》,国际文化翻译出版公司1988年版。

④ 埃兹拉·沃格尔:《日本的成功与美国的复兴》,三联书店1985年版。

一、产业结构变动与经济增长之间的关系

各国或各地区之所以积极推进产业结构的优化升级,关键在于产业结构优化升级与经济发展之间存在正相关关系,即当产业结构不断优化,经济便得到发展;当经济不断发展,反之推动产业结构的再次优化。然而,产业结构变动与经济增长之间存在互动关系的结论,并非一蹴而就,而是在经历了较长时间的研究之后得出的。崔玉泉、王儒智、孙建安[1](2000)认为,合理的产业结构为经济发展提供了基础,同时适度稳定的经济增长又促进产业结构的及时调整,即产业结构与经济增长之间是相互依赖、相互促进的关系。胡树林[2](2001)明确指出,产业结构与经济增长之间存在一种互动关系,产业结构调整能促进经济增长,反之经济增长又能使产业结构更趋合理化,并向更高级发展。刘伟、李绍荣[3](2002)则是通过产业结构对经济增长的贡献率以及对经济规模和要素效率的影响两个方面探讨产业结构与经济增长之间的关系。他指出,过去中国经济的增长依赖于制度改革,主要由第三产业拉动,但第三产业的结构扩张往往会降低第一产业与第二产业所产生的对经济规模的正效应,因此保持稳定的经济增长,关键在于改造农业与工业的生产方式,加大技术创新的投入。毛健[4](2003)从发展经济学理论与德、日、美等国的实践中得出,经济增长与产业结构优化之间的密切联系。他认为,经济增长与产业结构优化其实是一个过程的两个方面,二者缺一不可,而经济增长方式转变的关键就在于产业结构的优化。朱慧明、韩玉启[5](2003),管丹萍、范恒君等[6](2007)都通过构建格兰杰(Granger)因果关系模型,研究中国与地方的产业结构与经济增长问题,并得出产业结构演变与经济增长之间存

---

① 崔玉泉,王儒智,孙建安:《产业结构变动对经济增长的影响》,《中国管理科学》2000年第3期。

② 胡树林:《论产业结构与经济增长的关系》,《当代经济》2001年第8期。

③ 刘伟,李绍荣:《产业结构与经济增长》,《中国工业经济》2002年第5期。

④ 毛健:《经济增长中的产业结构优化》,《产业经济研究》2003年第2期。

⑤ 朱慧明,韩玉启:《产业结构与经济增长关系的实证分析》,《运筹与管理》2003年第2期。

⑥ 管丹萍,范恒君,杨从平:《广西产业结构与经济增长关系的实证研究》,《发展改革》2007年第4期。

在互动关系的相同结论。涂岩①(2010)以珠江三角洲地区为例,研究产业结构调整与区域经济发展之间的互动问题,并指出,在现代经济增长的历史进程中,产业结构合理调整能力的高低在很大程度上决定着各国的盛衰荣辱。

二、产业结构优化升级的内涵及判别标准研究

早在 20 世纪 80 年代后期,钱纳里就已得出不同国家产业结构转变不会存在统一模式的结论。因此,基于不同的环境,学者们对产业结构优化升级内涵的理解也各不相同。周振华(1992)在其著作《产业结构优化论》中指出,产业结构优化包含产业结构的高度化和合理化,其中产业结构的合理化是指提高产业之间有机联系的聚合质量,即产业间相互作用所产生的一种不同于各产业能力之和的合力;产业结构高度化则是指产业结构从较低水准向高度水准的发展过程,一般可以用第二、三产业的比重、资金与技术知识密集型产业的比重或者中间产品与最终产品比重来测度。苏东水②(2000)、张立厚等③(2000)、胡荣涛④(2007)等人均同意以上观点,在此基础上,他们又结合我国产业发展的现实情况,进一步丰富了产业结构优化的内涵。当然,对于产业结构优化升级问题的研究并不仅仅停留在理论方面,国内学者继续在理论的基础上进行了大量的实证研究,以判别产业结构优化升级的程度。最为常用的判别标准包括钱纳里的"产业结构标准模式"、库兹涅茨的"标准结构"、"钱纳里—赛尔奎因模型"等,而当前用得最广泛的当属"标准结构法",即将一国或地区的产业结构与世界上其他国家产业结构进行比较,以确定本国产业结构的优化程度⑤(杨公仆,2005)。此外,国内学者薛声家⑥(2003)借助投入产

---

① 涂岩:《产业结构调整与区域经济发展互动研究——以珠江三角洲地区为例》,《经济与社会发展》2010 年第 3 期。

② 苏东水主编:《产业经济学》,高等教育出版社 2000 年版。

③ 张立厚,陈鸣中,张玲:《石龙镇产业结构优化的系统仿真分析》,《工业工程》2000 年第 3 期。

④ 胡荣涛:《产业结构优化升级的区域差异性分析》,《经济经纬》2007 年第 2 期。

⑤ 杨公仆:《产业经济学》,复旦大学出版社 2005 年版。

⑥ 薛声家:《基于投入产出模型的产业结构优化》,《暨南学报(哲学社会科学版)》2003 年第 1 期。

出和目标规划技术,建立了产业结构调整的多目标优化决策模型。刘春山[1](2006)在充分研究产业结构演变内在机理的基础上,改进了里昂惕夫动态投入产业模型与哈罗德模型,构建了产业结构动态优化模型,模拟了消费与净输出需求拉动下的供求均衡增长过程,并优化了各时期的投资结构与产业结构。而张建华、李博[2](2008)则开创性地以 KLEMS(资本、劳动、能源、原材料和服务)方法和数据库为核心,构建了产业结构优化升级评测体系,对不同国家的要素禀赋特点及其对产业结构演变的影响等问题进行深入的研究。

三、产业结构优化升级的路径研究

产业结构优化升级路径的选择无疑是产业结构优化问题研究的重中之重。之所以耗费如此多的人力、财力和物力主动推进产业结构优化升级,根本的目的在于通过科学的理论研究寻找最优路径,从而实现产业结构优化升级的目标,促进经济的健康、快速发展。针对我国产业结构的现状,温国才[3](2002)提出要加强基础工业,振兴支柱产业,发展优势产业,实施科教兴农战略,进而推进农业科技进步与农业产业化经营,推进第三产业的改革与开放。岳军[4](2003)从制度创新的角度出发,认为必须在宏观管理制度、生产经营单位的组织和经营管理形式、市场规划等方面进行制度创新,以此推动产业结构优化。宋天松、淳悦峻[5](2007)在其研究中提出,推进产业结构优化升级可通过以下措施:(1)提高自主创新能力;(2)增强以我为主,综合利用全球技术资源的能力;(3)加强重要基础产业和基础设施建设;(4)加快第三产业的发展。胡荣涛[6](2007)结合我国各地区资源禀赋等现实条件,指出"十一五"时期,经济较为发达的东

---

① 刘春山:《六部门动态优化模型在吉林老工业基地产业结构优化升级中的运用》,《东北亚论坛》2006 年第 5 期。

② 张建华、李博:《KLEMS 核算体系与产业结构优化升级研究》,《当代经济研究》2008 年第 4 期。

③ 温国才:《我国产业结构调整与优化的对策初探》,《暨南学报(哲学社会科学版)》2002 年第 2 期。

④ 岳军:《制度创新:中国产业结构优化的出路所在》,《山东大学学报》2003 年第 5 期。

⑤ 宋天松,淳悦峻:《关于推进产业结构优化升级的思考》,《安徽农业科学》2007 年第 35 期。

⑥ 胡荣涛:《产业结构优化升级的区域差异性分析》,《经济经纬》2007 年第 2 期。

部产业结构优化升级的重点是要大力发展高新技术产业,而欠发达中西部地区则重点用高新技术与先进适用技术改造提升传统产业。其中,最为关键的是要进行观念创新、制度创新、技术创新、产品创新、市场创新与管理创新,与此同时,还必须正确处理发展高新技术产业与改造传统产业的关系。王亚平[1](2008)则立足于产业政策,指出在新阶段需从总体上确定我国产业结构优化升级的基本方向,并通过增强制造能力进而带动结构优化升级。苏勇、杨小玲[2](2010)则同意通过发展高新技术产业的途径,改造传统产业系统,转变传统生产方式,促进产业结构升级,构建现代产业体系。

综上可见,在综合考虑不同产业发展基础及条件下,创新、技术、政策扶持等是实现产业结构优化升级目标不可或缺的重要因素。而不同地区之间的产业转移则是实现产业结构优化的一大途径。

2.3 关于产业转移的相关研究综述

早期的产业转移理论的研究建立于产业发展与产业经济的基础上,诸如日本的赤松要、美国的弗农等,他们通过产业长期发展的历史分析来解释产业转移的一般规律。直至 20 世纪 70 年代,产业经济理论、新古典经济学理论、国际经营学的跨国公司理论等才逐渐融入到产业转移理论中。

2.3.1 国外的相关研究综述

20 世纪 30 年代,日本经济学家赤松要(1962)在研究日本棉纺工业发展史的基础上就提出了"雁行发展模式"。[3]但直至 60 年代以后,该理

---

① 王亚平:《新阶段产业结构优化升级的方向与政策》,《宏观经济管理》2008 年第 7 期。

② 苏勇,杨小玲:《资本市场与产业结构优化升级关系探讨》,《上海财经大学学报》2010 年第 4 期。

③ Akamatus Kaname:A Historical Pattern of Economic Growth in Developing Countries, The Developing Economies, Preliminary Lssue, No11, 1962.

论才逐渐被应用于一国到另一国产业转移的研究。即用三只雁(进口、国内生产与出口)形象地说明了后起国家通过承接发达国家的产业转移,走上工业化的发展道路,随之再转移至欠发达国家的梯度转移的全过程。美国经济学家弗农①(1966)针对美国跨国公司对外投资的基础上提出了"产品生命周期理论",他指出,产品的生命周期一般可分为三个阶段:新产品阶段、成熟阶段与标准化阶段。产品技术在不同国家间的转让是国际贸易发生的一大主因,而这也间接阐释了产业在国家间的梯度转移,即由产品发明国逐渐转移至其他发达国家,再到发展中国家。小岛清②(1973)则是从后起新兴工业化国家的角度出发,在 H–O–S 模型的基础上,综合了"雁行模式"与"产品周期理论",并提出了创新性的"追赶型产业周期论"。

关于产业转移动因问题的研究,史密斯(D. M. Smith,1971)创立的企业赢利空间界限理论中从企业区位迁移的微观角度,探讨了产业转移的动机。阿瑟·刘易斯③(W. Arthur Lewis,1984)是首位从发展经济学的角度,分析不同国家间产业转移的学者。在他看来,20 世纪 60 年代,许多非熟练劳动密集型产业由发达国家转至发展中国家的主要成因在于二战后发达国家人口的"零增长",而非其他因素的影响。邓宁④(1988)在研究企业对外直接投资与跨国经营时,得出产业组织决定所有权优势,交易成本决定内部化优势以及区域要素禀赋结构决定区位优势的结论。劳尔·普雷维什⑤(Raul Prebisch,1990)则以发展中国家为视角考察产业转移。他认为,发展中国家迫于发展的压力而实行的进口替代战略,这是产业转移产生的根源所在。

---

① Raymond Vernon. *International Investment and International Trade in the Product Cycle.* Quarterly Journal of Economics, 1966, 5.

② Kojima K. *Reorganizational of North-South Trade: Japan's Foreign Economic Policy* for the 1970's. Hitotsubashi Journal of Economics, 13: 2,1973.

③ [美]阿瑟·刘易斯著,乔依德译:《国际经济秩序的演变》,商务印书馆 1984 年版。

④ Dunning J H. *The Paradigm of international production.* Journal of International Business Studies,1988,1—31.

⑤ [阿根廷]劳尔·普雷维什:《外围资本主义:危机与改造》,商务印书馆 1990 年版。

此外,Helpman[①](1984)立足于国际贸易的角度,强调产业国际转移的影响因素与关税、运输成本、投资壁垒的存在着较大的相关性。Glickman and Woodward [②](1988)在研究美国外国直接投资的定位模式与决定因素时,发现美国的制造业主要服务于区域市场,而非国内市场。Wheeler and Mody[③](1992)、迪肯[④](Dicken P.,1992)、关满博[⑤](1997)等国外学者从不同角度探讨了产业转移问题,并从中得出影响产业转移的多种因素,包括对外直接投资、集聚经济与市场规模、规模效益或规模经济等等。

2.3.2 国内的相关研究综述

国内学者在引入国外产业结构理论的基础上,积极探索适合我国国情的产业发展道路,而且更注重结合开放经济的大背景,进而探讨地区之间的产业转移问题。

关于产业转移的动因研究,卢根鑫[⑥](1994)从国际产业转移的角度提出,发达国家产业转移的经济动因在于发达国家产品技术构成相似而价值构成相异的重合产业的游离竞争,这种竞争使得发达国家的产业难以立足而转移到低成本的发展中国家。邹篮、王永庆[⑦](2000)指出,区域产业差异给区域间产业转移创造了客观条件,而我国东部地区产业主动或被迫向中西部地区转移的成因主要在于工资、租金、原材料等成本方面

---

① Helpman, *A Simple Theory of International Trade with Multinational Corporation*, Journal of Political Economy,1984(92):451—471.

② Glickman, N. and D. P. Woodward. *The Location of Foreign Direct Investment in the United States: Patterns and Determinants*, International Regional Science Review. 1988(11):137—154.

③ Wheeler, D and A. Mody. *International Investment Location Decision: The Case of U. S. Fims*. Journal of International Economics. 1992(33):57—76.

④ Dicken P. *Global Transfer: The Internationalization of Economic activity*. 2nd Ed. New York: Guilford Press, 1992.

⑤ [日]关满博:《东亚新时代的日本经济——超越"全套型"产业结构》,上海译文出版社1997年版。

⑥ 卢根鑫:《试论国际产业转移的经济动因及其效应》,《学术季刊》1994年第4期。

⑦ 邹篮,王永庆:《产业转移:东西部合作方式和政策研究》,《特区理论与实践》2000年第3期。

的差异。李国平[①](2000)通过外商对华直接投资数据的分析,得出不同区域间要素成本的相对变化时决定外来企业转入的一大主因,而各国产业政策的差异也是其中不可小觑的因素。汪斌[②](2001)从国际产业结构的互动机制对东亚区域内产业转移现象的分析,认为世界产业结构的调整是二战后四次国家产业转移的主要动力源泉。陈刚、张解放[③](2001)等人则表示,区域产业竞争优势的消长变化才是发达地区衰退性产业实现空间移动的内在根源和基本动机。陈建军[④](2002)针对东亚地区产业转移相对活跃的现象,指出经济发展水平的差距与文化的相近性是两大主要原因。魏后凯[⑤](2003)从企业的角度,认为现有区位的推力与目标市场的拉力才是决定企业迁移的关键所在。陈刚、陈红儿[⑥](2001),潘伟志[⑦](2004),吴晓军、赵海东[⑧](2004)根据产业转移主体的性质和动机的差别,认为产业转移可分为扩张性转移和撤退性转移,前者是区域成长性产业出于占领外部市场、扩大产业规模的动机而主动实施的;后者是区域衰退产业迫于结构调整的压力,出于优势再生的目的而被迫实施的。石奇[⑨](2004)则提出,产业转移是企业实现市场集成的手段,其中,所谓的集成经济即是指企业通过市场重组和集成的方式对产业链中不同价值环节的最优利用而实现的经济。邓旭敏[⑩](2007)认为,产业转移的根本动因在于市场的力量,而产业转移的顺利实现则取决于转出地区的吸附力、

---

① 李国平:《外商对华直接投资的产业与空间转移特征及其机制研究》,《地理科学》2000年第 4 期。

② 汪斌:《国际区域产业结构分析导论—— 一个一般理论及其对中国的应用分析》,上海三联书店,上海人民出版社 2001 年版。

③ 陈刚、张解放:《区际产业转移的效应分析及相应政策建议》,《华东经济管理》2001 年第 2 期。

④ 陈建军:《区域产业转移与东扩西进战略》,中华书局 2002 年版。

⑤ 魏后凯:《产业转移的发展趋势及其对竞争力的影响》,《福建论坛(社会经济版)》2003年第 4 期。

⑥ 陈刚,陈红儿:《区际产业转移理论探微》,《贵州社会科学》2001 年第 4 期。

⑦ 潘伟志:《产业转移内涵机制探析》,《生产力研究》2004 年第 10 期。

⑧ 吴晓军,赵海东:《产业转移与次发达地区经济发展》,《当代财经》2004 年第 6 期。

⑨ 石奇:《集成经济原理与产业转移》,《中国工业经济》2004 年第 10 期。

⑩ 邓旭敏:《西部地区承接产业梯度转移困境的思考》,《企业家天地》2007 年 9 月号。

转入地区的吸引力与产业对原产地的吸附力之间的对比。翁乾麟[①] (2007)指出,产业转移的动力来自于经济的合理性,核心动力则来自于转出地区与转入地区双方的利益。

基于不同的产业转移的动机分析基础,各学者对产业转移实质的理解也存在不同的见解。陈计旺[②](1999)将产业转移视为经济发展过程中区域间比较优势转化的必然结果,是发达地区向落后地区不断转移已经丧失优势的产业。郑燕伟[③](2000)对此的观点则是,产业转移是发达区域的部分企业顺应区域比较优势的变化,通过跨区域的直接投资,将部分产业的生产转移至发展中区域进行,从而在产业的空间分布上表现出该产业由发达区域向发展中区域转移的现象。陈刚、陈红儿(2001)从产业发展的角度,认为产业转移是区域间产业竞争优势消长转换而导致的产业区位重新选择的结果,是产业发展过程在空间上的表现形式,即产业演化的空间形态。而在陈建军(2002)看来,产业转移往往以相关国家或地区间的投资、贸易以及技术转移活动等形式表现出来,因此,很难将产业转移与国际间或地区间的投资、贸易及技术转移活动截然区分。顾朝林[④](2003)则认为,产业转移是一个兼具时间长度与空间维度的动态过程,它既是不同产业部门发展轨迹的梳理,同时也是生产要素空间移动的体现。王文成、杨树旺[⑤](2004)认为,这样的理解不够全面,在他们看来,产业转移应该是一个资源流动与资源优化配置的综合过程。邹积亮[⑥] (2004)则给出了更为具体的解释,他认为,产业转移是指某一国家或地区从促进自身经济发展的角度出发,在资源供给或产品需求条件发生变化后,本国或本地区的企业按照区域比较优势的原则,通过跨区域直接投资、国际贸易、技术转移、建立营销网点或加工点等方式,将处于创新阶段

① 翁乾麟:《产业转移理论与区域经济发展——兼论贺州市产业转移问题》,《学术论坛》2007年第12期(总第203期)。

② 陈计旺:《区际产业转移与要素流动的比较研究》,《生产力研究》1999年第1期。

③ 郑燕伟:《产业转移理论初探》,《中共浙江省委党校学报》2000年第3期。

④ 顾朝林:《产业结构重构与转移——长江三角地区及主要城市比较研究》,江苏人民出版社2003年版。

⑤ 王文成、杨树旺:《中国产业转移问题研究:基于产业集聚效应》,《中国经济评论》2004年第8期。

⑥ 邹积亮:《产业地区转移的理论研究与实证分析》,武汉大学硕士学位论文,2004年。

的少数产业、产品,处于成长阶段和成熟阶段的大部分产业、行业、产品以及处于衰退阶段的绝大部分产业、行业和产品的生产、销售、研究开发甚至企业总部转移到另一国家或地区的一种经济过程。而许新宇[①](2005)从产业梯度转移发源地的角度出发,认为产业转移应该是一种资产重组现象,其主要内容是依赖于资金与技术基础上的产业的水平分工。翁乾麟(2007)认为,产业转移的实质是技术扩散与结构升级,产业转移的最终结果应该是使得区域间各产业与所在地区资源禀赋、要素价格及经济发展水平相适应。而李松志、杨杰[②](2008)对产业转移的理解是,实现一国或一地区产业结构调整与升级的重要途径,它是以企业为主导,通过生产要素的跨区域流动的一种经济行为与过程。

综上所述,可知产业结构变动与产业转移之间有着密切的联系,产业结构优化升级是目标,产业转移是途径。产业转移是产业结构调整与升级的契机,适时的产业转移,可以转变地区的产业结构与产业链,使转移地获得自身增长的动力,实现产业结构的调整,促进产业的升级换代(邹积亮,2004)。王辉堂、王琦[③](2008)对此也持有相同的看法,他认为,产业转移是产业转移地与产业承接地产业结构调整与升级的重要途径,其在客观上表现为产业在空间上的移动,目的就是实现资源的最优配置,促进分工结构的优化。因此,产业结构优化升级与产业转移是不可分割的。然而,随着研究的不断深入,国内学者对产业转移赋予了更多的新意。从产业转移基础上衍生而来的"产业对接"一词逐渐走进人们的视野。

2.3.3 产业对接模式的相关研究综述

在近年来的区域经济研究中,"产业对接"一词被频繁提及并运用。所谓的产业对接,具体指的是在开放经济条件下,贯彻转移地区与承接地区双赢的原则,人为推进产业结构空间调整的行为。相比产业转移,产业对接的内涵更为广泛,其更能体现转移地区与承接地区双边的产业分工与协调。虽然,产业对接的概念提出不久,但其正逐渐被越来越多的学者

---

① 许新宇:《新经济下的我国产业梯度转移》,《科技创业月刊》2005 年第 7 期。
② 李松志,杨杰:《国内产业转移研究综述》,《商业研究》2008 年第 2 期(总第 370 期)。
③ 王辉堂,王琦:《产业转移理论述评及其发展趋向》,《经济问题探索》2008 年第 1 期。

所接受,并积极运用于实践。

关于产业对接,不同学者从不同的研究角度提出了多种可行模式。谈文琦[1](2006)基于我国东西部之间产业发展的现状,从产业转移与产业对接的角度,分别提出了不同的产业对接模式。从产业转移的角度来看,产业对接的几种比较典型的模式为:一是适合于重工业领域中技术含量较高的产业对接合作的产业梯度转移模式;二是适用于建筑业以及高新技术产业等产业对接合作的产业反梯度转移模式;三是适用于西部地区本身的特色产业合作的产业聚集模式。而从产业对接的角度,则可分为产业垂直合作对接模式与产业水平分工合作对接模式,前者以产业链延伸模式、销地产地合作模式以及委托加工模式为主;后者以品牌移植模式以及联合兼并模式等为主。除前所述,黄秀香[2](2006)又另提出了两种产业对接模式:聚集型对接模式与劳动密集型产业对接模式。

就目前已有的学术成果而言,产业对接的研究主要集中于区域经济发展领域,而国内则主要侧重于泛珠三角地区其他地区与珠三角的产业对接、长三角地区与上海的产业对接、京津唐产业对接、闽台及粤港产业对接等等[3](信虎强,2008)。周亚明[4](2006)在研究分析湖南与港澳珠三角服务业的梯度差异和对接优势时,提出发挥政府战略规划的引导作用、促进区域间服务业市场开放、在积极承接制造业产业转移中引导现代生产性服务业跟进等措施。而严正[5](2006)在研究闽台两地产业对接问题时,指出闽台两地产业发展各具优势,又有明显的经济时间落差,因而具有很强的互补性,应以经贸往来、交通联系、双向旅游、文化交流、农业合作、构建两岸交流等六个方面为载体和舞台,加快两地在三大产业上的对接。何文[6](2006)在探讨广西融入泛珠三角经济圈的产业对接问题

① 谈文琦:《中国东西部经济合作的产业对接模式研究——GIS 和统计分析视角》,硕士论文,2006 年。

② 黄秀香:《东西部产业合作模式探讨》,《福建金融管理干部学院学报》2006 年第 3 期。

③ 信虎强:《产业对接理论及其在 CAFTA 进程中我国前沿省区的应用》,广西大学硕士论文,2008 年。

④ 周亚明:《湖南与港澳珠三角现代化服务业对接研究》,《湖南社会科学》2006 年第 4 期。

⑤ 严正:《闽台产业对接与海峡西岸经济区建设》,《中共福建省委党校学报》2006 年第 7 期。

⑥ 何文:《广西融入泛珠三角经济圈的"五个对接"》,《改革与战略》2006 年第 4 期。

时,提出应抓好三大产业的对接,把发展工业作为重点,加强与珠三角在农业开发上的技术合作和对接,加强与珠三角服务业的全面对接。

随着中国—东盟自由贸易区的推进建成,CAFTA 框架下的产业对接问题逐渐成为研究热点。但从文献数量上来看,成果明显偏少,而且研究的广度与深入尚远远不够。辛慧祎①(2009)认为,通过国际分工与协作,促进广西与中国"三南"(西南、华南和中南)地区与东盟各国的产业对接,有利于发挥各自的比较优势,促进生产要素的合理流动,优化资源配置,实现合作各方的互利共赢,并实现区域内结构优化升级,提高产业的国际竞争力,促进区域经济社会的协调发展。孟懿靖、袁涛②(2009)则立足于物流的角度,提出广西与东盟物流产业对接的路径选择包括:一是建设物流通道,实现物流通道的对接;二是打通物流的关节点,实现双方"通关便利化"管理对接;三是实现交通往来对接,加强与东盟的海运、港口合作;四是实现广西与东盟双方物流管理体制与机制上的对接;五是实现广西与东盟的物流园区对接;六是实现广西与东盟双方物流管理体制与机制上的对接;七是通过企业实体发展国际物流对接业务;八是物流专业人才对接。李世泽③(2010)指出,国际产业对接其实是国际产业转移的产物,转移地区可借此促进产业结构优化升级,实现国际化经营战略目标,而承接地区可借此提高产业的国际竞争力,促进区域经济发展。

2.4 现有研究的不足与本文努力的方向

综上所述,可以看到,产业结构与产业分工的相关理论已较成熟,其中尤以国外学者的研究成果为主。相对而言,国内学者对于地区间通过

---

① 辛慧祎:《广西北部湾经济区与东盟产业对接的战略与对策》,《东南亚纵横》2009 年 11 月。

② 孟懿靖、袁涛:《CAFTA 进程中广西与东盟物流产业对接研究》,《东南亚纵横》2009 年 12 月。

③ 李世泽:《发挥广西在中国—东盟产业对接中的核心带动作用》,《当代广西》2010 年 5 月上半月号第 9 期。

产业转移的方式,促进产业的合理化分工,进而实现产业结构优化升级的相关问题虽有研究,却未成体系。特别是,在 CAFTA 框架下的区域内产业分工,虽有少数学者研究该领域,但总体而言,文献的数量仍明显偏少。而产业对接更是作为近年来学术界出现的新名词,才逐渐被接受。区域经济社会的协调发展,在很大程度上依赖于整个区域产业结构的升级换代,整个区域产业实力的不断提升。CAFTA 框架下,我国南向开放的滇、桂、琼、粤四省区与东盟地区国家有着天然的地缘优势,研究中国—东盟区域内四省区的产业结构问题,不仅能实现区域内要素的合理流动,还能实现资源的优化配置,进而参与中国—东盟区域产业的合理分工与合作。这对于推进区域经济一体化进程,有着极大的现实意义。但就目前现有的文献来看,国内大部分学者研究的视角均侧重于探讨我国东西部之间或者毗邻省区间的产业转移,未能对产业转移地与产业承接地进行双向全面研究。因此,进一步研究开放经济条件下产业结构升级换代与产业对接具有重要的理论与实践意义。本课题将通过对该前沿地带现有的产业分工格局进行考察,并结合我国周边四省区产业结构动态演进与协调机制实证研究的基础上,探讨我国周边四省区产业结构优化升级的最优路径,并将四省区的产业结构优化放置于 CAFTA 的框架内,与东盟地区实现双向对接,不仅解决四省区间产业转移与承接,主导产业选择等关键问题,更以实现中国—东盟区域产业的合理分工,提升区域产业综合实力,促进区域经济协调发展的目标。

任何研究都离不开坚实的理论基础。在区域经济一体化背景下,研究我国前沿省区滇、桂、琼、粤产业结构优化升级与产业对接的问题,不仅有着重大的现实意义,而且存在充分的理论依据。在实践中,产业结构优化升级的过程伴随着产业分工的逐渐合理化,即产业分工的合理化其实是产业结构优化升级的伴生现象。不仅如此,在理论层面,早期产业分工与合作理论的确立与发展,也为后来产业结构问题的研究提供了大量有价值的参考与借鉴。其中,亚当·斯密、杨格、李嘉图、Deardorff、杨小凯等人则是产业分工与合作理论的奠基人。为此,本章以产业分工理论与产业结构理论的两条基线,为课题的后来研究提供了充分的理论支撑。其中,分工理论主要是以产业内与产业外为分界点,以产业分工与区域分工来进行阐述;而产业结构理论则以产业布局、产业结构、产业梯度转移、产业对接等方面相关理论进行论述。

第 *3* 章
开放经济条件下区域产业结构优化与协调的理论支撑

产业结构是指在社会生产过程中,国民经济各个产业的构成状况以及相互制约的生产技术之间的经济联系和数量的比例关系,一国或地区经济的发展必然是以产业结构的优化为前提的。但是从目前我国区域经济发展的态势分析,我国区域产业结构的失衡已经造成了产业结构的不合理,产业结构呈现出"同构化"和"低度化"并存的现象,这种现象会带来微观经济和宏观经济的不良发展。中国—东盟自由贸易区的建立和发展,为我国前沿省区经济发展提供了平台。前沿省区应借此东风充分发挥各自优势,通过区域间的分工与合作,公平竞争,促进各省区的经济发展;通过区域间的产业对接来优化产业结构,实现产业结构"质"的升级。

3.1 分工理论与区域产业分工合作

区域经济一体化的发展,极大地密切了成员国之间的经贸关系,由此产生了推进国际分工与推进国际合作两大效果。对经济规模较大的成员国来说,国际分工与国际合作还会促进国内分工与国内合作。这两大效果是互相交叉的,分工中有合作,合作中有分工,而分工是主要的一面。在这个领域的深入探讨,对于加入中国—东盟自由贸易区的中国来说,可以增强发展与其他成员国经贸关系的自觉性,增强国际经济与区域经济政策的指导性。

3.1.1 产业分工的相关理论

分工的基础是最基本的。在此基础上,决定分工的全部因素构成一个系统。国际分工与国内分工是地域分工的两大层次,其分工基础具有共同性,为更好地探讨地域分工问题,本文先从论述国际分工入手,其原理在很大程度上适用于国内分工。

一、国际分工

两国之间的国际分工由三方面的因素决定:国际分工总体格局,两国之间的分工基础,两国之间经贸关系的外在条件。

1. 国际分工的总体格局

两国之间的国际分工,不仅有两国之间的优势对比,还取决于该国市场上其他国家的优势对比。这一对比是国际市场整体分工的反映。国际分工具有静态的一面,但更多的是动态的一面。动态的一面不仅说明一个国家在国际分工中的地位不断上升,而且可以展示世界经济总体上的国际分工格局——过去、现在、未来的格局。把握这一格局,我们可以在分析本国的国际分工走向时心中有数。

国际分工最早的总体格局是农业国与工业国的分工,西方发达国家成为工业国,亚非拉国家都处于农业国的地位。之后,总体格局大致沿着这样的趋势发展:由于部分发展中国家有效地推进工业化,建立了有国际竞争力的产业,在工业内部出现了新的总体国际分工格局。发达国家与开展工业化的发展中国家出现按资本有机构成高低的国际分工。发达国家占据资本有机构成高的产业的竞争优势,发展中国家占据资本有机构成低的产业的竞争优势。由于生产国际化趋势的加强,由于国际服务业的发展,又出现生产型产业与服务型产业的国际分工。进而出现按技术知识含量高低的国际分工。发达国家占据服务型、技术知识含量高产业的国际竞争优势,一大部分开展工业化的发展中国家占据相反的优势。再之后,预期发展中国家将继续进行产业升级,最终趋势将是产业内分工、水平型分工占据主导地位。即使在工业化发展趋势与产业升级长期不成功、不到位的发展中国家,也可以在旅游产业或特色农业上占据国际分工的一席之地。

当前国际分工总体格局,是从整个世界市场来看,不同经济发展水平的国家在国际市场上各自发挥其各类产业的竞争优势,占领各国商品(或劳务)市场。例如,经济发达国家在高端产品上最有优势,能够占领最大份额的各国市场;次发达国家也许在许多工业制成品上有竞争力,能够广泛占领相应的各国市场;在工业化方面取得初步成就的发展中国家,也许在低端工业制成品方面有竞争优势,拥有很大的国际市场份额;低收入国家在工业制成品方面没有什么竞争优势,只能在有自然资源禀赋基础上依靠初级产品来占领世界市场。这一整体格局,由于各种具体原因,在不同程度上都将普遍发生于每个国家的国别市场上。

2. 国际分工的基础

理论一般性地指出：两国之间的国际分工基础是比较优势，实际上优势都是直接针对生产要素而言。于一个产业的比较优势，乃是各个要素的优劣势的综合。具体衡量一个产业，需要设定一个变量——"综合优势强度"，前提是假定每个产业的比较优势都由资源、劳动、资本、知识这四个要素的优势强度综合构成，按一国的产业分为资源、劳动、资本、知识密集型四类产业来计算，各产业的综合优势强度就是这四个要素的优势强度的加权和。各个要素的优势强度具有十分不相同的内容，总的来说是由要素的数量丰裕程度与质量两方面组成。

3. 两国之间经贸关系的外在条件

两国之间经贸关系的外在条件，包括区位条件、物流成本、交易成本、信息交流条件、市场适应性等。这五个因素都可以转化为便利度，并可综合成一个集成的指标——"贸易便利度"。

4. 国际分工三方面因素的数量表现

上述三方面因素的数量表现可以借助于三个经济变量，其前提是确定计量口径。为具体计算的简化，可以不从具体产品类别来确定，而是如前所述，按一国的产业分为资源、劳动、资本、知识密集型四类产业来分类。

（1）显性比较优势指数

显性比较优势指数 RCA_i 某国某一产业（或产品）在某地区或另一国市场上的总出口中的比例，与该国这种产业（或产品）在世界市场上商品总出口中的比例之比。其公式为：

$RCA_i = (X / X) / (W / W)$，其中 X、W 分别表示某国计算对象出口额和世界市场上商品出口总额，i 表示某一产业（或产品）。从经济学含义看，显性比较优势指数直接表示某国某一产业（或产品）在某一市场上的比较优势。

（2）贸易竞争力指数

贸易竞争力指数是 NTB_i 某国某一产业（或产品）的进出口抵消额与进出口总额之比，其公式为：$NTB_i = (X - M) / (X + M)$

其中 X、M 分别表示计算对象的出口额与进口额，W 表示世界市场上商品总出口，i 表示某一产业或产品。该指标如果是正值，表明某国对该类产业是出口专业化;如果是负值,表明是进口专业化。这一公式可应用于不同范围,如果是在整个世界市场上发生的进出口额,就表示某国某一产业(或产品)在世界市场上的分工地位:是出口还是进口专业化,专业化水平如何。如果是对某一地区、或对另一国家市场上发生的进出口额,就表示某国某一产业(或产品)在这个范围的市场上的分工地位。

从经济学含义看,贸易竞争力指数表示某国某一产业(或产品)对他国的竞争优势。

综上所述,贸易竞争力指数与显形比较优势指数分别从不同角度来表现了作为两国之间国际分工基础的比较优势。同时,只要圈定考察范围,就能用两个指标共同说明国际分工的结果,显示不同国家在不同范围中的国际分工状况。

各国在国际分工总格局中的地位可以通过计算贸易竞争力指数与显形比较优势指数的加权综合来体现。方法是:分别用贸易竞争力指数和显性比较优势指数来计算各国四类产业的相关数值,计算出来后,再设定相应的权数进行相加。权数通过因子分析方法来确定,首先对二个指数通过累计贡献率确定出公共因子 $F_1,\cdots,F_m$(其中 $m \leqslant 2$),通过普通最小二乘法得到 F_i 与 NTB_i 和 RCA_i 的相关的模型:$F_i = a_{i1}RCA + a_{i2}NTB$。然后构造出综合评价模型:$F = b_1F_1 + \cdots + b_mF_M$,此模型算出每个国家某个密集型产业的综合得分,得分越高则该产业的国际分工中的优势就越强。这样可清楚地看出每个国家的这类产业在国际分工中的强弱排序状态。

体现两国之间经贸关系外在条件的贸易便利度,很难直接计算,但可以从市场结果来间接体现,这就是两国之间的贸易结合度。它的计算公式为:

$$I^{ij} = (X^{ij} / X^i) / (M^j / M^w)$$

其中 I^{ij} 为贸易结合度,X^{ij} 为 I 国对 J 国的出口额,X^i 为 I 国的出口总额,X^{ij} / X^i 表示 I 国对 J 国的出口占 I 国出口总额的比重;M^j 表示 J 国的进口额,M^w 表示世界的进口额,M^j / M^w 表示 J 国的进口额占世界进口总额的比重。

需要指出,贸易结合度并不仅仅体现两国之间经贸关系的外在条件,还包括体现着两国之间的分工基础。这只能算是一个可接受的替代数量。

5. 国际分工决定因素系统的综合

在两国之间国际分工的三方面决定因素（国际分工总体格局，两国之间的分工基础，两国之间经贸关系的外在条件）当中，后两个因素是客观与主观的统一体，每个因素的客观面是基本的，主观面反映为改善客观状况而进行的努力。从改善分工基础的努力来看，为推进两个成员国之间的国际分工，就要发挥比较优势、培育竞争优势，以增强其分工基础，包括增加互补性、化解竞争性。在此基础上，分别提升两国在国际市场总体格局中的地位，以便分别在对方市场上减少被第三国产品挤出去的可能性。

我们通过图3-1说明以上分析的结果：

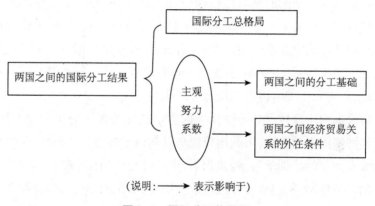

（说明：——➤ 表示影响于）

图3-1　国际分工格局图

二、地域分工

1. 地域分工的基础

地域分工的基础也是比较优势，地域间比较优势的客观存在和有效利用是地域分工效益产生的基础。某一地区与其他相关地区比较，具有生产某种产品的相对丰裕的生产要素，可以在生产这种产品的生产上产生成本低、质量高的优势，这种比较优势可促使该地区对生产该产品更有专业性的必要。各地区都本着充分发挥比较优势的原则选择生产品种并进行交换，就会使各地区取得有利的地域分工利益，由此形成合理的地域分工格局,促进区域的发展。

作为地域分工一般基础的比较优势是双重意义上的,静态比较优势是当时展开分工的基础,动态比较优势是长远展开分工的基础。对比较优势双重意义如何作为分工基础这个问题十分复杂,这里仅仅提出,存而不论。

2. 地域分工的理论

区域经济一体化条件下,地域分工的作用对前沿地带的经济发展影响更大,这里从影响地域分工体系的要素方面分析地域间的分工。

(1)内生比较优势

内生比较优势是指由于选择不同专业方向的决策造成的生产率的差别,是影响区域产业分工的关键因素,决定着企业自身生产的效率和区域内产业分工的形成,因而是区域产业分工的基础[①]。最早的内生比较优势理论是亚当·斯密的绝对比较理论,亚当·斯密的内生比较优势是说地区自身都具有的生产某种商品的绝对有利条件,然后各地区就根据各自的有利条件确定专业化生产方向,简言之就是,地域本身的绝对优势决定其分工情况。后来一些西方学者的新贸易理论还有杨小凯的新兴古典贸易论,完善和发展了内生比较优势理论。

后来的内生比较优势理论认为内生比较优势源于分工和专业化,受规模经济等因素的影响,因此比较优势既具内生性也具动态性,是可以通过后天专业化的培训学习、经验积累、生产过程中的技术创新等途径创造出来的。蒂格利茨、迪克希特已经研究证实,如果两个地区的原始条件完全相同,既没有亚当·斯密的绝对优势也没有李嘉图的比较优势,专业化和规模经济能够使厂商的生产率得到提高,证明如下:

假定区域内生产厂商生产 X、Y 两种产品,用 l_i 表示投入到产品 i 中的劳动份额,生产函数分别为:

$$Y^p \equiv X + X^s = l_X^a$$

$$Y^p \equiv Y + Y^s = l_Y^a$$

其中 X^p 和 Y^p 是两种产品的产量,X、Y 分别表示两种商品自己消费

---

① 杨小凯、黄有光著,张玉刚译:《专业化与经济组织——一种新兴古典微观经济学框架》,经济科学出版社 1999 年版。

的数量, X^s 和 Y^s 分别是两种产品在市场上的售卖量,参数 $a > 1$ 代表专业化经济程度。生产厂商的要素禀赋为 1,即 $l_X + l_Y = 1$。

可得出:

$$dX^p / dl_X = a l_X^{a-1} > 0$$

$$d^2 X^p / dl_X^2 = a(a-1) l_X^{a-2} > 0$$

$$dY^p / dl_Y = a l_Y^{a-1} > 0$$

$$d^2 Y^p / dl_Y^2 = a(a-1) l_Y^{a-2} > 0$$

不难看出每种商品的产出对其专业化水平的二阶导数是大于 0 的,也就是说每种商品的边际劳动劳动生产率 dX^p / dl_x、dY^p / dl_y 会随着专业化水平 l_i 的提高而提高。因此规模经济的前提下,两国可以选择各自的专业,形成自己的内生绝对优势,从而深化地区之间的分工。分工的深化又会带来专业化水平的提高和规模经济……

(2)外生比较优势理论

外生比较优势理论是基于比较优势视角下的另一个区域产业分工理论。该理论指出,比较优势(如要素禀赋、外生的技术等)的存在促进区域产业分工的形成,从而形成产业的分布格局。大卫·李嘉图的比较优势理论是典型的外生比较优势理论,他认为只要存在相对比较优势,就可以进行区域产业分工,从而交易双方的福利水平都会提高。赫克歇尔、俄林的要素禀赋理论是从要素禀赋的角度解释区域分工、区域贸易的产生。地区初始的分工都是区域内的经济主体根据区域生产要素禀赋的比较优势进行的,各地区应选择专业化生产需要大量使用其具有比较优势的生产要素的商品,通过贸易可使双方的效益获得帕累托改进。

外生比较优势一定程度上在我国区域产业的分工体系中,发挥着指向性的作用,在分工的开始,各地区根据其比较优势进行合理的分工。同时,根据各地区所处的不同的产业发展阶段和不同的要素禀赋,确定各自的产业发展路径,构建地域合理分工体系。在 CAFTA 框架下,我国周边四省区在技术、资本、劳动、自然资源等方面各具有其独特的比较优势,四省区依托其比较优势,从产业间、产业内以及产品内等多个角度参与区域分工。

3.1.2 区域分工理论基础

一、现代竞争理论

现代竞争理论完全打破了把完全竞争作为现实竞争状态的传统模式,这里的竞争是一个动态的、演化的变化过程。现代竞争理论阐述了如何在现代市场竞争过程中实现竞争要素的组合问题以及什么样的竞争形式有利于实现技术进步和科技创新。

1. 动态竞争理论

回顾现代竞争理论的发展过程,1912 年,熊彼特首先在《经济发展理论》中提出了动态竞争的观点。熊彼特认为研究在完全竞争市场中如何实现产量最大化的问题,几乎是没有意义的。完全竞争不符合现实常规,它仅仅是一个特殊状态,而且在这种状态下,竞争者没有动力、没有能力而且也没有必要创新。而现实的竞争是一个动态过程,推动着创新和技术进步,能够承担这一功能的往往是生产规模较大的企业。在 20 世纪的五六十年代克拉克在熊彼特创新和动态竞争理论的影响下,提出了有效竞争理论。他认为有效竞争是由"突进行动"和"追踪反应"两个阶段构成的循环交替、连续不断的动态竞争的过程。"突进行动"阶段是由具备创新能力的企业首先进行技术、产品、制度以及组织形式的创新,开拓新市场,从而优先获得经济利益。其他企业受到创新企业"优先利润"的诱惑,随后就会进行模仿追随,争取分得利润从而行业利润平均化。

2. 产业组织论的建立与发展

产业组织理论是二战以后发展起来的,它与反托拉斯政策紧密相连。其基本分析框架是 20 世纪 60 年代哈佛学派创立的,后经芝加哥学派修改。

哈佛学派从市场结构、市场行为、市场成果的因果关系出发分析市场价格机制的运行。不同的生产部门,市场结构、市场行为是不同的,以致市场成果也是不同的,市场结构和市场行为对市场成果有直接的影响作用。市场结构对市场成果的直接影响:第一,适当竞争的寡头市场和带有某些原子市场的市场结构,可以实现按竞争要求期望的市场成果。第二,要获得有效的市场成果,就必须消除市场进入的限制。第三,有效竞争要求的是适当的产品差异①。至于市场行为对市场成果的影响作用是不能统一而论的,因为统一市场行为可导致不同的市场成果。所以竞争政策的目标就是保证竞争过程的市场成果最有效。进入 70 年代以后,芝加哥学派严厉批判了哈佛学派的 S—C—P 体系,该学派认为,市场竞争过程是一个市场力量自由发挥作用的过程,不存在政府的干预。国家对竞争过程的干预应限定在仅仅为竞争过程制定制度框架上。竞争的唯一目标是实现消费者福利的最大化,而竞争政策就是保证市场竞争目标的实现,特别是市场机制对国民经济资源最佳配置的作用。

3. 竞争理论的新发展

20 世纪 70 年代以后,另外一个学派—新奥地利学派同样对反托拉斯政策产生了深远的影响。该学派主张自由主义经济,相信市场的调节作用,而对政府的干预持强烈的不信任态度。他们认为,在自由市场中,垄断大企业是在激烈的竞争中保留下来的最有效率的企业,强调只有"竞争和垄断并存时,竞争才能达到最佳状态;自由市场中,资源的获得又不具排他性,只要政府对进入不进行管制,垄断就只是暂时的。因此从长期来看,市场仍然处于竞争状态"②。新奥地利学派不认为反托拉斯政策具有必要性,对垄断应完全自由放任。

进入 80 年代,美国鲍莫尔等又提出了以多元厂商为分析对象的可竞争市场理论,可竞争市场指进出绝对自由、不存在特别的进出成本的市场。所以潜在竞争者可以随时进入具有高额利润的市场,也可以随时撤出一个无利可图的市场,在这种竞争条件下,任何一个部门的利润都只能保持在正常标准。另外鲍莫尔等人还指出垄断厂商价格确定的依据是厂商范围经济、规模经济以及成本弱增性的综合考虑,这样使得市场中厂商的数目是有限的但规模是扩大的,而市场的规模是既定的,这就推动生产多种商品的厂商不断进行兼并和开发新的市场,但这种兼并是不会降低市场的可竞争性的,不会降低市场机制的效率。可竞争市场理论强调政府在制定竞争政策时应最大限度的消除市场限制,扶植市场中的潜在竞争,制定有利于资本流动和推动且兼并、改组的政策,来确保生产多种产

①② 吴小丁:《现代竞争理论的发展与流派》,《吉林大学社会科学学报》2007 年第 5 期。

品的厂商获得稳定收益以及市场的可竞争性。

　　交易成本论是以科斯、威廉姆斯为代表的经济学家提出的以降低"交易成本"为主要目标的现代竞争理论。科斯指出,交易成本是利用"价格机制的成本"[①]。从区域分工的角度看,交易成本一般包括分工前的决策成本和谈判成本、分工后的协调成本和监督成本,具体说包括情报的成本、谈判成本、为避免信用违约而产生的签约和维护交易履约的成本、产权的界定及实施成本、监督管理成本、防范风险的成本等等。交易成本是影响区域产业分工的重要因素,在双方互惠互利的合作基础都完备时只有当分工带来的经济利益大于分工的交易成本时,分工才会顺利的展开。在区域分工中,交易成本不仅从企业等微观主体影响着分工,而且还从区域间的政策、文化、投资环境等宏观方面制约着分工的进行。

　　同时交易成本又要取决于博弈次数、契约机制的选择、产品的复杂程度、产品的可获得性以及资产专用性等的影响,下图描绘的交易成本与契约选择之间的关系。假定其他条件不变,似乎可以认为,TC_1 与契约的完备程度成正比,TC_2 则与契约的完备程度成反比。TC 代表总交易成本。TC_1 和 TC_2 相交于 e 点时,TC 达到最低点。因此,与 e 点对应的 E 点的契约形式就是能够带来最小交易成本的契约形式。

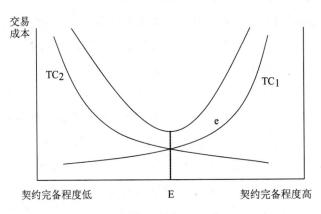

图 3-2　交易成本与契约机制的选择

---

　　① ［英］科斯:《企业的性质》,盛洪编:《现代制度经济学(上卷)》,北京大学出版社 2003年版。

二、产业协同理论

产业协同是指集群内的企业通过生产、管理、营销、技术、资本等方面的相互协作，达到高度的一致性、和谐性，它是伴随着区域分工而产生的。产业协同包括行业协同和区域全面协同，行业协同是指区域内或区域间的同一部门或几个部门的相关企业按一定方式和协定的原则互相结合，互补优势，共享优势，从而共同发展。区域全面协同是指区域间在政府的推动作用下，开展多方面的经济合作。产业的相互协同会产生协同效应，一个行业或一个地区通过相互协同获得了更高的经济效益，即产生了1+1>2的效果，也就是协同效应。

如今随着区域分工日益深化和细化，地区间的竞争也越来越激烈，一方面，这对各地区经济发展有一定的推动作用；另一方面，在市场机制的作用下，这种竞争关系也可能会导致地区间经济差距的增大以及区域经济的不协调发展。因此，在区域间的产业分工要顾及竞争和产业协同两个方面，区域经济才会产生"1+1>2"的效果。在 CAFTA 框架下，我国前沿各省都想借此平台来发展各自经济，各省区之间的竞争势必非常激烈，因此，各省区在强化分工的同时，也应制定产业协同的相关政策，避免恶性竞争现象的发生。

3.2　产业结构理论与区域产业结构优化

产业结构优化问题是各国或地区经济发展的主要矛盾之一，它不仅意味着产业结构本身的优化，也意味着区域之间在产业发展上的合理分工。产业结构的地区协调优化可以促进区域经济的协调发展，就目前在中国—东盟自由贸易区建立的形势下，我国周边四省区的产业结构区际矛盾非常突出，具体表现在地区产业结构趋同以及由此引起的产品过剩与短缺并存、地方保护主义严重、利益分歧严重、产业过度竞争等，这严重影响了各地区资源配置的"帕累托最优"，因此研究产业区位、产业结构的理论来促进产业结构的协调优化，具有重大的理论和现实意义。

3.2.1 产业布局理论

一、区位理论与最优区位选择

区位理论是关于产业活动的空间选址以及空间配置的问题的理论,该理论以完全竞争市场机制下的价格机制作为基础,为各部门或企业确定最优生产区位以便使他们的利润最大化或成本最小化。产业布局的区位理论由杜能奠基,后经韦伯等的研究,在十九世纪末初步建立。

1. 农业区位论

德国经济学家杜能在其著作《孤立国》一书中,阐述了农业区位理论,该理论的实质是指出在城市的周围农业区位布局的原则。该理论是基于以下假定的前提:(1)草原的中央只有一个城市;(2)马车是唯一的交通工具;(3)孤立国土地均质;(4)孤立国与外部隔绝;(5)周围平原为中心城市供应全部食物,而中心城市供应全部的人工产品;(6)矿山和食盐矿都在城市的附近。他分析了如何布局农作物才能从一单位土地上获得最大利润。在此之后,杜能认为,地区与中心城市的距离→运费→纯收益,从而纯收益就是市场距离的函数。每个地方都会选择能够带来纯收益最高的农产品,这样农产品的分布呈现出以城市为中心以某种农作物为主呈环状的圆环结构,如图3-3所示:

2. 工业区位论

韦伯继承了杜能的思想,提出了工业区位理论,他着重分析了运输费用、劳动费用、集聚和扩散等因素对工业区位选择的影响。工业区位理论的中心思想是区位因子决定生产场所,企业的生产场所应该是工业产品成本最低、利润最大的位置。他将区位因子具体分为了运输费用、劳动费用、集聚和分散三个,在三个假设前提下,将工业区位论的构建分为三个阶段,即运输费用指向论阶段、劳动费用指向论阶段、集聚指向论阶段。

第一个阶段运输费用指向论,劳动费用、集聚和分散这两个区位因子暂不考虑,运输费用是影响工业区位的唯一因素。这里假设铁路是唯一的运输手段,并以吨公里数计算运费,A 为消费地,B 为原料包括燃料的产地,C 为生产地,这个地点是根据运输费用选择的,就是要在生产—销售的全过程选择吨公里数最小的地点。他还研究了两个变量原料指数 i 和区位重量 w,i=原料重量/产品单位重量,w=每单位产品所需要运送

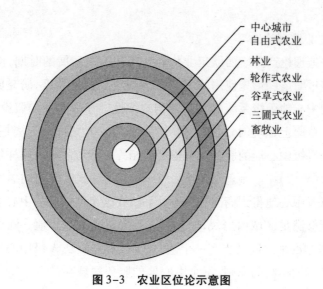

中心城市
自由式农业
林业
轮作式农业
谷草式农业
三圃式农业
畜牧业

图3-3 农业区位论示意图

的总重量(最终产品与原料重量之和)。韦伯得出的一般规律如下:

(1)当 $i>1$、$w>2$ 时,C 多设于 A;

(2)当 $i<1$、$w<2$ 时,C 多设于 B;

(3)当 $i=1$、$w=2$ 时,C 设于 A、B 均可。

第二个阶段劳动费用指向论,劳动费用不会随着空间距离的变化而呈现出一定的空间规律性,它具有地区差异性,能使运费形成的区位格局变形。韦伯指出,如果运输费用最小的地点不同于劳动费用最小的地点,那么只有当劳动费用的节约额大于运输费用的增加额时,生产地才会从运费最小点转移到劳动费用最小点。

第三个阶段集聚指向论,集聚效应也可以改变运输费用和劳动费用形成的区位格局。集聚因子可以分为两类:经营规模扩大产生的生产集聚,多个企业在空间上集中产生的集聚。只有当集聚带来的经济效益大于或等于工业区位转移所要追加的费用时,集聚因子才可能改变运输费用和劳动费用指向的区位格局。

韦伯的工业区位理论体系为以后工业区位论的发展奠定了基础,但是随着技术和交通运输的发展,运费、劳动费用以及原料的使用都大大减少,地域对工业布局的束缚作用也大打折扣,这样工业区位又出现了新的指向类型。

3. 中心地理论

中心地理论产生于西欧工业化和城市化迅速发展的时期,由德国地理学家克里斯塔勒最先使用的,该理论从区位选择的角度,研究城市和其他级别的中心地等级系统的空间结构规律性。在一系列的假设前提下,中心地在草原上是均匀分布的,同一等级的中心地之间的距离是相等的,并且同一等级中心地的服务区域是半径相等的圆形区域。这样每三个相邻的一级(B级)中心地就会形成一个空白区域,该区域内的居民无法从这三个以及中心地得到商品和服务,因此,在这个空白区的中心必然会产生一个能够满足区域内居民消费的次一级(K级)中心地。同样三个相邻的K级中心地之间又会有一个空白区域,其中心是A级中心地……基于消费者就近购物的原则,每个中心地的服务区域都是一个稳定的正六边形结构,六边形的顶点是次一级的中心地,这样就形成了呈六边形网络结构的中心地空间分布的均衡模式。克里斯塔勒通过大量调查研究发现中心地体系的形成受市场、交通、行政三个条件或原则的支配,不同的原则支配,中心地的网络结构就不同。

一是市场原则模式。在市场作用明显的地区,中心地分布的原则是便于提供商品和服务。根据如图所示的均衡模式,低一级的K级中心地位于3个高一级的B级中心地形成的正三角形的中央,每个B级中心地的周围有6个K级中心地,所以有每个K级中心地同时有3个B级中心地为其提供商品和服务。而每个B级中心地的服务量为6/3+1=3,也就是说每个B级中心地有3个K级中心地市场,其中包括两个K级中心地和自身一个B级中心地。因此,市场原则形成不同等级的空间中心地系统是一个K=3的系统,市场区的等级序列为1,3,9,27,81,…,各级中心地的从属序列为1,2,6,18,54,…

二是交通原则与中心地系统。在交通影响明显的地区,交通原则影响着中心地的等级系统,B级中心地并不是随机分布而是分布在交通线上,K级中心地都位于B级中心地之间的交通线上。克氏把六边形6个顶点的各级中心地都布局在六边形六条边的中点上,这样每个B级中心地提供给周围6个K级中心地的总服务量为6/2+1=4,也就是说每个B级中心地有四个K级中心地市场,其中包括三个K级中心地和一个自身

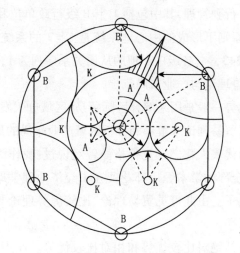

图3-4　市场原则下的中心地系统图

B级中心地。因此,交通原则下形成的不同等级的中心地系统是 K = 4 的系统,市场区的等级序列为 1,4,16,64,…,各级中心地的从属关系序列为 1,3,12,48,…

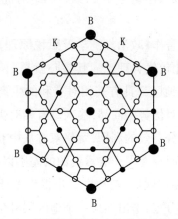

图3-5　交通原则下的中心地系统示意图

　　三是行政原则与中心地系统。在行政职能作用明显的地区,行政原则制约着中心地的等级系统。克氏认为行政原则不能像市场原则和交通原则那样每个 K 级中心地同时受两个或三个 B 级中心地的影响,它接受一个 B 级中心地行政单位的管理。因此,在一个 B 级中心地的行政单位对七个行政单位行驶管理,其中包括 1 个 B 级行政单位和 6 个 K 级行政单位,从而行政原则下形成的中心地系统是 K=7 的系统,行政区的等级序列为 1,7,49,343,…,各级中心地的从属关系序列为 1,6,42,294,…

二、比较优势理论与产业布局

区域比较优势一般是用来解释区际贸易、区域分工发生的概念,同时人们也习惯于用贸易理论来解释和分析区域产业布局的形成和演变。其中新贸易理论的代表人物之一克鲁格曼曾经说过:我作为一名国际经济学家,实际上把全部的学术经历都花费在了经济地理学即生产在空间上的分配的思考上了。由此可见贸易理论、比较优势理论与产业布局之间的关系。

比较优势包括绝对比较优势和相对比较优势。亚当·斯密在《国富论》一书中提出了绝对比较优势理论,他认为,任何国家和地区都有生产某种商品的绝对有利条件或绝对优势,如果每个国家或地区都按各自的绝对优势进行专业化的生产,然后进行交换,这样各国的生产要素都能得到有效利用,劳动生产率得到提高,国民财富增加。但如果一个区域没有任何绝对优势,那他该怎样参与分工,斯密的绝对优势理论无法回答这个问题。

大卫·李嘉图在著作《政治经济学及赋税原理》中继承、发展了绝对优势理论,提出相对比较优势理论。其核心就是"两利相权取其重,两弊相衡取其轻",即任何地区都具有其相对有利的生产条件,各地区应专业化生产并输出具有相对优势的商品,输入具有相对劣势的商品,这样各地区的资源就会得到充分有效的利用,贸易双方从中获利。

基于国家或区域间存在生产要素资源的差别以及不同产品投入生产要素的差别的事实,赫克歇尔、俄林进一步提出了要素禀赋理论,该理论从要素禀赋角度阐述分工,指出如果一个地区某种生产要素相对丰裕、价格便宜,那么该地区专业化生产需要大量使用这种生产要素的商品,并进行出口;对那些需大量使用本地要素稀缺、价格昂贵的生产要素生产的商品,则进口。换言之就是,劳动密集型国家出口劳动密集型的产品,资本密集型的国家则出口资本密集型产品。赫克歇尔、俄林在李嘉图比较优势理论的基础上回答了比较优势产生的原因——相对要素丰裕度也就是要素禀赋的差异。

总之,各地区应根据区域比较优势的客观存在情况,应大力发展其比较优势产业,放弃那些没有比较优势的产业,推进产业区域专业化,提高资源的空间配置效益。具体到我国在 CAFTA 框架下的前沿省区而言,各地区的比较优势还是比较明显的,例如,广东的资本优势,广西的劳动力和资源优势,云南的资源优势等等,这些比较优势对各省区的产业布局的形成有着指向性的作用。

3.2.2 产业结构相关理论与产业结构协调

产业结构协调问题始终与经济发展相伴,产业结构协调是经济发展、提高经济效率、实现资源优化配置的需要。下面用产业结构相关理论为产业结构协调提供理论指导。

一、不平衡增长理论

1958 年,美国经济学家赫希曼在《经济发展战略》一书中提出了不平衡增长理论,该理论主张由于发展中国家资源稀缺,将有限的资源投入到所有的生产部门是不可能的,只能有选择地集中投入到某些经济效应大的行业,然后通过外部经济效应带动其他行业的发展。同样,地区的发展也具有一定的次序性,一些存在初始优势的地区经济率先得到发展,形成技术和资本高度集中、规模经济、自身迅速增长并能通过辐射或扩散效应带动其他地区的"发展极"。但在市场机制作用下,这种优先发展在带来扩散效应的同时,还会带来回波效应,就是说,由于收入的差异,滞后地区的劳动力、技术、资本等要素大量流向发达地区,遏制落后地区的经济发展,两类地区的经济发展差距进一步扩大。而且经济发达地区由于技术先进,它会选择性的吸引那些技术熟练的、接受教育程度比较高的劳动力,这样的移动会产生两方面的后果:一方面发达地区的劳动生产率进一步提高,经济增速快;另一方面落后地区由于高素质的劳动力外流,劳动生产率进一步降低,经济发展更加缓慢。这样的积累因果循环最终会导致两类地区经济的不平衡增长。

学术界很多学者认为不平衡增长理论的积累因果循环的终极是两类地区都会向更高层次的共同富裕不平衡发展,因为即使在不平衡的发展中,平衡的力量还是会发生作用的,其主要表现为:发达地区和不发达地区互为市场;经济扩散,最终也会促进地区平衡;区域间的产业转移和产

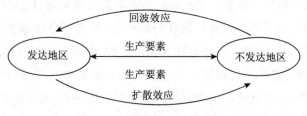

图3-6 扩散效应与回波效应

业结构的调整有助于地区平衡发展等。

二、二元结构演进理论

瑞典经济学家 G. Myrdal（1957）在《经济理论和不发达地区》中提出了"循环累积因果论"来说明地理上的二元经济产生的原因。该理论认为，经济发展过程在时空上不是同时产生，表现出非均匀扩散特征，即从条件较好的地区开始。这些存在初始优势的地区经济率先得到发展，由于存在着累积竞争既得优势，在市场机制作用下，先发展区域通过累积因果过程，不断累积有利因素继续快速发展，并进一步抑制滞后地区的经济发展，从而滞后地区不利于经济发展的因素越积累越多，加速扩大了地区经济发展的不平衡。在此种非均衡的状态下，又会产生回流效应和扩散效应。回流效应表现为各生产要素从不发达（滞后）区域向发达（增长）区域流动，使得区域经济差异不断扩大，产生极化效应。扩散效应表现为各生产要素从发达区域向不发达区域流动，使区域发展差异缩小。在市场机制作用的情况下，通常回流效应远大于扩散效应。增长地区由于经济法制健全、市场机制发育成熟、劳动力素质高、要素生产率都要普遍高于滞后地区，对资本等要素具有很强的吸引力，不仅使得增长地区自身的大部分资本仍留在该地区进行投资，而且滞后地区的资本、劳动力、技术等要素大量地流向发达地区，遏制滞后地区的经济起飞，形成极化效应。

三、增长极理论

法国经济学家弗朗索瓦·佩鲁首次提出的增长极概念，认为增长极是规模大、创新能力高、增长快、居支配地位的主导产业部门，能促进其他部门发展的推进型单元即强调产业间的关联推动效应。佩鲁认为，增长并不是同时出现在所有地方，而是以不同的强度首先出现于一些增长点或增长极上,接着以不同方式和渠道向外扩散,最后对整个经济产生不同的影响程度。之后,布戴维尔又把增长极概念的经济空间推广到地理空间,认为经济空间不仅包含经济变量之间的结构关系,而且包括了经济现象的地理结构关系。他认为,经济发展存在地理空间上的非均衡性,表现出不同的强度,呈点状分布,某些主导部门、企业或行业在地域上聚集并且产生规模经济效益,突显其外部经济效益的吸引和扩散作用,从而形成增长极。据此,增长极理论从更广义的角度是指经济产业发展和地理区位优势下的"点—轴"开发动态增长氛围。

以上三个理论都指出优先发展地区对落后地区的经济发展会产生极化效应和扩散效应两种机制。极化效应会对区域经济发展产生影响深远的二元刻画,使增长极与周围腹地的差距越来越大。但是企业内部经济规模适度的要求以及增长极地区自身发展规模适度的要求决定了极化效应不能持续进行,所以极化效应并不是可以无限制发挥的。为了摆脱这些规模经济的限制,各国或地区必须扩散部分生产要素到增长极的腹地,扩散效应会加快腹地的经济发展速度,地区差距也会慢慢缩小。增长极的作用在初级阶段表现为极化效应,当发展到一定阶段后则表现为扩散效应,推动区域经济向更高层次平衡发展。

四、主导部门理论

罗斯托的主导部门理论按照技术标准将经济成长阶段划分为 5 个阶段——传统阶段、为起飞创造阶段、起飞阶段、成熟高额群众消费阶段、追求生活质量阶段[①]。每一个阶段都有对经济发展起主导作用的产业部门即主导产业部门,阶段的演进伴随着主导部门的更替,主导部门不仅自身有较高的生产增长率、先进的科学技术,而且具备较强的扩散效应,能够带动其他部门的经济增长,这种带动作用是通过回顾、前瞻和旁侧效应来实现的。回顾效应是指主导部门在保持自身经济快速增长的同时带动其他非主导部门的发展;前瞻效应是指主导部门能够诱发新能源、新技术、新兴产业的出现;旁侧效应是说主导产业部门的发展带动周围地区的经济发展。罗斯托还指出主导部门的序列是不能随意更改的,任何地区、国

---

① 罗斯托:《从起飞进入持续增长的经济学》,四川人民出版社 1988 年版。

家的发展过程都是由低级到高级的。

罗斯托的主导部门论指出了主导产业对经济发展的带动作用，正确的选择和培养主导产业是实现地区经济发展的重要前提。如今，随着科技进步和区域分工的日益深化，能够带动地区发展的已不再是单个的主导部门，而是"主导部门综合体"。

五、两基准理论

两基准理论由日本经济学家筱原三代平提出，所谓的"两基准"是指收入弹性基准和生产率上升基准。这里的收入弹性是指需求的收入弹性，某国或地区某产品的收入弹性＝该产品的需求增长率／该国或地区的国民收入增长率。收入弹性大于1，表示需求增加比收入增加的快；收入弹性小于1，表示需求增加不及收入增加的快。按照收入弹性基准应该把资本投到需求收入弹性大的行业或部门，因为这里的市场需求广阔，能够带来较高的利润率。而生产率上升基准要求把积累投到全要素生产率上升最快的行业或部门，这些部门生产率上升最快，单位生产成本下降最快，利润率上升亦最快。

两基准理论实质上为主导部门的选择提供了依据，主导产业的选择可以根据收入弹性基准和生产率上升基准分别从市场需求角度和生产供给角度来进行，并通过政府的产业政策推动其发展，从而带动整个地区国民经济的发展。

3.2.3 产业梯度转移理论

产业转移是区域产业结构调整的一种手段。产业转移是产业在空间上的移动现象，由于经济的发展和产业链的不断细化，产业转移也不仅局限于整体产业的转移，而且包括产业链的转移。一般而言，产业转移需要一个基础条件——产业梯度，即地区间产业发展的差异。现在国内很多地区都通过产业转移来调整产业结构，同时地区间进行产业转移也顺应产业发展规律。

一、产业转移的相关理论

1. 劳动密集型产业转移论

阿瑟·刘易斯最早从发展经济学的角度分析了第二次世界大战结束后劳动密集型行业从一些发达国家向部分发展中国家转移的现象。刘易斯认为，由于人口自然增长率的下降，导致非熟练劳动力的不足，引起劳动力成本上升，发达国家自20世纪50年代逐步丧失了劳动密集型产业的比较优势。于是，他们开始把劳动密集型产业转移到发展中国家，并从发展中国家进口劳动密集型产品，同时加快国内产业结构的升级，从而引发了战后国际经济秩序的调整。

刘易斯将国际产业转移的动机因敏锐地锁定在决定各国产业发展状况的要素供给的变化上，但是，他并没有建立起关于国际产业转移的完整理论，他对劳动密集型产业在国际间转移的解释也较为简单。

2. 雁行模式论

雁行模式由日本经济学家赤松要等人，他们从日本的基本国情出发，立足东亚国际经济区域的研究提出的，它反映了区域产业转移的规律，同时也从侧面反映了国际贸易在国际产业转移中的重要作用。产业转移实际上就是先行国在区域内进行产业结构调整的一种手段。在东亚产业结构的发展和调整的过程中，日本起到了领头雁的作用，将其一些低附加值的、劳动密集型的产业渐次向发展中国家和欠发达地区转移，带动了整个东亚区域的经济发展。该理论可以为中国—东盟自由贸易区内地区间进行产业转移提供了理论依据。

赤松要把日本的产业发展分成了三个阶段—进口阶段、进口替代又称国内生产阶段、出口阶段。下图为雁行形态发展的三个阶段图。其中A部分表示产业发展过程中国内生产和消费情况，B部分表示产业发展过程中国内进口情况，C图表示该产业国内生产和国内需求的比值。进口阶段国内生产趋于零，消费完全依靠进口，进口量随消费量的增加而增加。消费量的增加会刺激产业的国内生产，从而进口会减少，这是进口替代阶段。出口阶段进口停止，出口增长，一段时间后，出口又会减少，然后进行新一轮的进口。雁行模式的三个阶段周期性的循环，这一循环在一国产业发展中往往表现为从初级产品开始，然后转向生产资料产业，最后在整个制造业的产业格局中都会出现雁行变化格局[①]。

---

① 胡俊文：《"雁行模式"理论与日本产业结构优化升级》，《亚太经济》2003年第4期。

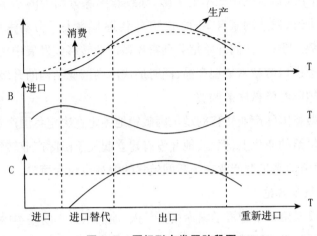

图 3-7　雁行形态发展阶段图

在国际直接投资和跨国公司介入之前,后期国家的多数制造业都是这样在进口贸易的冲击下逐步发展、扩大的,进而通过出口贸易在国际贸易市场上拓展开的。"雁行模式"主要着眼于后起国家的产业发展,不发达地区首先通过承接发达地区的产业转移,逐步实现工业化,然后再梯次转移到其他不发达地区。这样连续不断的产业梯次转移会使地区产业结构得到优化。它为发展中国家进行产业升级提供了理论依据,可以作为中国—东盟自由贸易区内我国前沿省区实现产业转移的一种理论指导,通过政府协调,由高技术地区向低技术地区转移相应产业,从而促进自由贸易区内前沿地区的产业结构的优化升级。

3. 产品周期理论

美国经济学家弗农在 20 世纪 60 年代初提出产品生命周期理论,该理论为产业在不同国家竞争优势的变化问题提供了答案,是从产品生命周期的微观层面来解释产业转移的最为直接的动因。弗农认为,产业转移是企业为了规避由于产品周期变化带来生产上的比较劣势而做出的决策。该理论指出,一种新开发的产品要经历几个阶段:新产品阶段、成熟产品阶段、标准化阶段,不同的阶段产品的特性差别是很大的。第一阶段新产品阶段,生产者首先根据国内市场和消费者的需求情况,推出一种新产品,但此时新产品还没有进行标准化的生产,厂商以最大限度的满足消费者的需求为导向不断完善产品性能。在这一阶段,生产成本对企业区位的选择的影响作用不大,生产对技术要素以及劳动者的技术水平要求比较高,因此生产的产品属于技术密集型的。第二阶段成熟产品阶段,这时技术成熟,生产也标准化,价格需求弹性升高,价格竞争开始成为主要竞争手段。国内市场和生产规模都在迅速扩大,而且产品出口到国外。在产品输出的同时技术也随之输出,进口国往往能够迅速掌握该产品的生产技术并投入生产。这一阶段需要投入大量资本,因此生产的产品属于资本密集型的。第三阶段标准化阶段,这个阶段生产技术定型,产品达到高度标准化,这是的产品属于资本密集型或者劳动密集型。这时影响生产布局的主要因素是生产成本,在这种情况下,生产就会向劳动成本低的不发达国家转移。随着产品的进一步衰退,该产业就会转移到更不发达地区。

产品以及生产技术的周期性变动导致产品生产区位的转移,从而影响产品进口国和出口国位置的变动,产品、生产技术以及各地区比较优势的动态变化决定了发达国家出口—对外直接投资—进口的发展过程。目前,我国周边四省区的产业发展差距较大,经济水平比较好的省区在某些产品的生产上已经丧失比较优势,为了增大经济效益和更好的研究与开发其他产品,应当进行产品生产区位转移。

4. 梯度转移理论

梯度转移理论是从美国经济学家弗农的"工业生命周期理论"发展来的,该理论是把生命周期理论运用于区域经济学中,认为不同国家或地区的经济技术发展的是不平衡的,表现为产业梯度或经济梯度,这是地区间生产力转移的动力。世界上每一个国家或地区都处在一定的经济发展梯度上,世界上每出现一种新产品、新技术、新行业,随着时间的推移都会由处在高梯度上的地区向处在低梯度上的地区转移,经济的发展趋势由发达地区向次发达地区,再向落后地区推进,处于高梯度地区的产业自发地向处于较低梯度的地区转移。从而经济发展呈现出不同梯度发展态势。

根据梯度转移理论,区域间的梯度差异是产业转移的基础。CAFTA进程中,各地区的经济存在着梯度差距,根据梯度转移理论,各国或地区按互补性原则,通过区际产业转移,将在本地区失去比较优势的产业转移到具有比较优势的地区,这样既可以摆脱负担又可以为本地区其他优势产业提供发展空间,有助于产业结构的升级。这样的结果是各地区的产业类型、发展水平与其自身的要素禀赋、价格水平相适应。在此过程中,各地区政府适当干预,支持高梯度地区的产品创新、技术创新、制度创新等,同时鼓励低梯度地区主动承接高梯度地区成熟产业的转移。

5. 边际产业扩张论

小岛清把产品生命周期理论和雁行模式理论综合起来,提出了边际产业扩张论,它是解释发达国家对外直接投资问题的理论。小岛清把在国内已经不存在或即将不存在比较优势的产业称为边际产业,他认为,从投资主体上讲,对外直接投资应从边际产业依次进行,这样对投资国和投资对象国都有利。

小岛清用卜图说明他的理论。图中Ⅰ-Ⅰ表示投资国的商品成本线,假定这条线上商品的成本是相同的,Ⅱ-Ⅱ虚线表示投资对象国商品成本线,这条线上商品价格从低到高排序。两线的交点M表示按汇率计算的两个国家M商品的成本相等。M点左侧的产品,投资国处于比较劣势,而投资对象国处于比较优势,投资国应将这些边际产业转移到投资对象国,投资的结果是投资对象国A、B、C三种商品的价格降至A″、B″、C″,在A、B、C三种商品上的比较优势更大,而投资国就能以更低的价格从对象国进口这三种产品,对双方都有利。

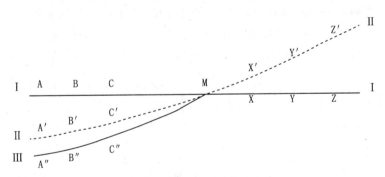

图3-8　小岛清边际产业扩张论

产品生命周期理论和边际产业扩张论都得出了这样一个结论:产业转移的直接原因是不同地区间比较优势的差异性。也就是说如果产品在本地生产的经济利益低于在其他地区生产的经济利益时,这时生产就会以对外直接投资的方式由本地转移到其他地区。具体到中国—东盟自由贸易区框架下,根据边际产业扩张论,经济发达地区通过投资手段将其边际产业转移到欠发达的地区,并为这些地区注入资本、技术等,再利用其自身的劳动力比较优势,就可以重新塑造该产业的比较优势。

6. 国际生产折中理论

20世纪70年代后期,在对以往跨国公司投资理论的总结归纳基础上,邓宁提出了国际生产折中理论。该理论指出,跨国公司对直接投资的动因可归纳为三方面因素:所有权优势、内部化优势和区位优势。所有权优势是企业拥有或掌握某种财产权和无形资产的优势,包括专利、专有技术、管理技术、创新能力、企业规模、获取和利用各种资源的能力、市场控制能力等。所有权优势是企业对外投资的前提条件;内部化优势是指企业将其资产或所有权内部化过程中所拥有的特定优势。内部化能够有效克服外部市场不完全对企业经营的不利影响,它对企业国际生产具有重要意义;区位优势是指企业在投资区位上具有的选择优势,它包括东道国的自然资源、劳动力等要素禀赋,东道国的市场条件,经济、政治、文化和社会环境,政治经济制度以及相关政策等。区位优势的存在是东道国引资的前提,也是跨国公司对外投资的充分条件。

作为跨国公司理论的综合,邓宁的国际生产折中理论为产业转移提供了微观层面上的理论视角。该理论不仅讨论了跨国公司直接投资的动力,而且指出了跨国公司投资的方向,它不仅是国际产业转移的理论指导,同时也对于把握地区生产力布局的调整具有重要意义,为产业移入区创造区位优势以吸引直接投资、承接地区产业转移提供了理论依据。

7. 国际投资发展周期论

从国际生产折中理论出发,邓宁的国际投资发展周期论进一步探讨了一国经济发展水平与对外投资的关系。按照这个理论,在经济发展初期,一国基本上处于国际产业单向移入阶段,只有外资进入而没有对外投资。随着经济的发展、人均GDP的增长、产业结构的调整以及企业国际竞争力的提高,该国逐渐走上国际化道路,不仅有外资不断流入,而且有对外直接投资,对外直接投资的发展不仅意味着原先国际产业单向移入局面的改变,而且表明该国已经能够主动地通过产业对外转移实现产业结构的调整和升级。

国际投资发展周期论诠释了一国或一地区经济发展水平与利用产业

转移实现产业升级能力的关系,为解释发展中国家或地区,特别是一些新兴工业化国家和地区在产业转移发展历程中的地位转变问题提供了一定的理论依据。但是,仅以人均 GDP 这个单一指标来反映各国的经济发展阶段并据此来判断各国的优势状态和对外投资规模,难免会使结论与实际产生一定程度的背离。

8. 发展中国家技术创新产业升级理论

20 世纪 80 年代中期以后,发展中国家对外直接投资迅速崛起,以此为研究对象的理论也随之相继出现。其中,威尔士提出的小规模技术理论、拉奥提出的技术地方化理论从发展中国家企业技术的相对优势的角度回答了它们对外直接投资的动因问题,而坎特威尔和托兰惕诺则进一步将发展中国家的技术能力提高与直接投资的累积增长相关联,提出了技术创新产业升级理论。该理论认为,发展中国家技术能力的存在和积累是他们实施对外投资并且投资不断增长的重要决定因素。发展中国家通常首先在周边国家投资,积累海外投资经验,然后从周边向其他国家扩展直接投资,最后在经验积累的基础上为获得更加复杂的技术,开始向发达国家投资。

坎特威尔和托兰惕诺的技术创新产业升级理论构造了一个以技术创新为动力、技术积累为基础,发展中国家产业结构与对外投资结构在相互促动中不断升级的动态过程。这一理论诠释了 20 世纪 80 年代以来发展中国家尤其是东亚新兴工业化经济体对外投资由发展中国家向发达国家、由传统产业向高技术产业流动的轨迹,对于发展中国家通过对外投资来加强技术创新与积累,进而提升产业结构和加强国际竞争力具有重要的指导意义。

9. 小泽辉智的一体化国际投资发展理论

小泽辉智的一体化国际投资发展理论把经济发展、比较优势与对外投资作为相互作用的三种因素结合于一体,阐明当经济发展到一定阶段时,发展中国家如何通过对外投资来促进经济转型。小泽辉智认为,不断地增强本国比较优势从而保持经济竞争力的动机是发展中国家从纯吸收外资进入的国家转变为向海外投资的国家的基本动机,而物质资本和人力资本的不断积累、劳动力比较优势的减弱等要素禀赋的变化引发的比较优势的动态转化,是发展中国家由直接投资输入国向输出国、由劳动力导向的直接投资向技术导向的直接投资转变的主要原因。国与国之间经济发展阶段的差异性和动态比较优势的互补性为发展中国家通过直接投资实现经济转型和赶超创造了机会。为此,发展中国家应以增强比较优势为基准,以出口导向战略为条件实施对外投资。

小泽辉智理论的分析框架从动态角度诠释了由资源禀赋变化导致的比较优势变化与直接投资的产业结构变化之间的关系,为发展中国家在工业化进程中利用直接投资推动比较优势动态演进、促进产业结构升级换代提供了较为充分的理论依据。

10. 小结

综上所述,以直接投资理论为主的相关理论研究从不同视角揭示了产业转移的一系列客观规律。

首先,技术创新和经济增长使得一国或地区要素禀赋优势不断发生变化,产业在地区间转移的动力正是来自于这种要素禀赋优势变动导致的产业升级转化的内在要求。因而,产业转移是各国或地区经济发展的必然结果。产业转移建立在各国或地区经济发展水平决定的产业级差上,按照劳动密集型、资本密集型和技术密集型的顺序,一次从发达国家或地区向次发达、发展中国家或地区转移。

其次,对外贸易和对外投资是产业转移的主要载体。通过对外贸易,后起国家引进了新兴产业发展所必需而自身难以生产的较高技术含量的生产设备、原辅材料和中间产品,逐步扩大产能,提升产业技术水平;通过对外投资,现行国家或地区将资本、技术和营销渠道直接向后起国家转移,这些生产要素与后起国家或地区的低成本要素相结合,使位于后起国家或地区的产业拥有了更高的生产效率和盈利空间,最终导致了产业由先行地区向后起地区的转移。

最后,对于欠发达国家或地区而言,承接产业转移的先决条件在于积极创造有利于吸引直接投资的区位优势,同时,随着经济的增长和劳动力比较优势的减弱,欠发达国家或地区需要以技术创新为动力、技术积累为基础,通过对外投资来促进产业升级和结构转型。

二、产业转移的动力机制

产业转移在空间上表现为发达地区和不发达地区之间的产业转移。随着经济的发展,两类地区的需求结构、要素禀赋以及要素价格不同,不同产业的要素配置的结构也不同,这些不同推动了产业在两类地区间的空间转移。具体从以下几个方面分析产业转移的动力。

1. 产业转移的基础

产业转移的基础是产业级差。从经济发展普遍经验来看,产业演进的一般规律是经历劳动密集型→资本密集型→技术密集型→知识密集型的过程。各地区的技术水平存在很大差异,发达地区和欠发达地区之间存在着明显的产业级差。产业级差的存在导致地区间产业转移的发生。

2. 产业转移的条件

产业转移的条件是要素流动和产业竞争。不同地区间存在着产业级差,但这并不表示产业转移就一定会发生,产业级差仅仅为产业转移提供了可能,它还需要其他条件。一般来说发达地区把在本地区失去比较优势的产业通过对外直接投资的方式将该产业转移到欠发达地区,同时伴随着资本、技术、劳动力等生产要素的跨地区流动。因此,要素能否自由流动,决定着产业转移能否顺利进行,而要素能否自由流动取决于经济制度。另一方面,产业竞争也影响着产业转移。如果某一产业在区域内形成垄断,那么该产业是不会发生转移的,只有在竞争状态下,产业转移才成为可能。

3. 产业转移的动力

产业转移的动力是比较利益。在产业转移基础以及产业转移的条件都具备的情况下,产业转移到哪个区域,取决于产业转移带来的比较利益。因为产业转移的主体追求自身利益的最大化,不同地区,产业转移带来的产业利益是不同的。

4. 产业转移的诱因

产业转移的诱因是成本压力和市场需求。比较利益是产业转移的动力,而成本压力和市场拉力是比较利益的产生的诱导因素。一是成本压力,区域间由于经济发展水平的差异,要素价格存在着差异,这就导致了产业转移后,经营成本的不同,进一步形成不同成本的比较优势。二是市场需求。市场需求是产业形成和发展的根本动力。由于各地区间贸易壁垒的存在,一般的产业贸易难以实现市场扩展,而对外直接投资形式的产业转移则很容易绕开壁垒。

3.2.4 区域经济一体化下产业对接的相关理论

产业对接是在市场规律的前提下,通过政府之间的政策引导和协调机制,以特定的投资和贸易方式来进行地区间合理化的产业分工。近几年国内很多地区对产业对接的呼声很高,尤其是欠发达地区表现非常积极,期望通过与发达地区的产业对接来实现产业结构的优化升级以及产业发展。

一、协议分工理论

在区域经济一体化条件下,要使区域内集团获得规模经济效益,和谐扩大成员方之间的分工和贸易,单纯依靠传统的基于比较优势的地域分工理论是不够的。在经济一体化组织内,如果单纯依靠比较优势的力量进行分工,有可能会造成企业的集中和垄断。如果不同地区之间达成协议,某一地区放弃生产某种产品,把区内市场让给另一地区,同时另一地区也放弃生产另一种产品,为对方提供市场,这样两个地区就可以共同分享规模经济效益。该理论不同于传统的区域分工理论,传统的区域分工理论是比较优势的作用,而协议性分工是通过政府协议进行分工的,这样即便是那些产业结构相似、要素禀赋差别不大、经济发展水平相当的地区之间也可以进行分工。

协议分工理论阐述了今天我们所说的产业对接的内容,或者说产业对接是协议分工理论的实践。政府的力量对推进区域产业的分工与合作是必不可少的,政府在制定政策时,应有意识地依据各地的现实条件向不同的产业倾斜。在中国—东盟自由贸易区的背景下,我国前沿省区都面临着难得的机遇,各地区在地区利益的诱惑下,难免会出现地区之间的不良竞争,这不利于区域产业结构的协调和升级。在 CAFTA 背景下,四省区共同面对东盟这个大市场,其中还是有很大的互补互惠空间的,产业政策应向良好的协作方向倾斜,为四省区的产业对接提供良好、有序、高效的制度平台。

二、开放产业政策理论

1999 年,日本学者细谷佑和深尾京司从产业协调促进国际合作的角度提出"新"国际产业政策,中国学者汪斌将该国际产业政策界定为"国际协调性产业政策"。他认为,在各国产业结构互联互动的前提下制定产业政策时,需考虑本国政策出台后,国内产业运行情况和外国政府的可能反应。因此要探索如何制定国际协调型的产业政策。汪斌在其专著中说:产业政策的国际协调是指各国在充分考虑了产业活动的国际联系的条件下,有意以互利的方式调整产业政策的过程。这里,产业政策的国际协调包含了产业对接的意思。

三、贸易方面的产业对接

巴拉萨和波温斯曾得出这样一个论断:产业内贸易与加入区域性经济组织是正相关的。区域经济组织的建立使得区域内产业分工更加深化、细化,随着产业内分工的发展,产业内贸易也得以扩大,这实际上就是产业对接的实现方式。

贸易方面的产业对接是在自由贸易区建立之后贸易格局的改变,各地区及时调整贸易对象和贸易方向,顺应自由贸易区发展方向,正确对待贸易转移和贸易创造。面对成员国的贸易变化调整本国的产业结构和贸易政策,合理对待成员国重整产业和商品的竞争,在保持原有产业优势和国际贸易份额的基础上调整产业结构,促进产业升级和贸易的顺利实现,谋求本国进口替代产业和出口竞争产业的发展,达到促进产业发展和经济增长的根本目的。

1. 贸易对接对区域内成员国产业发展的推动作用

自由贸易区建立后,由于关税政策的调整,贸易转移和贸易创造效应应运而生。关税的变化使商品的流动发生了变化,区域内成员国之间的商品流动更加自由,而区域外的商品流动受到限制,这就导致区域外的贸易转移商品被区域内成员国之间的替代商品取代的现象的发生。而产业对接就是要在保证贸易顺利发展扩大贸易的基础上,减少贸易转移中高成本商品替代低成本商品造成的社会福利的减少,同时在贸易创造中尽量扩大伴随着商品流动产生的生产效应和消费效应,因为商品成本差别,表现的竞争力的大小也不同,这些最终都会体现在成员国产业结构的调整和发展方向的转变上。为实现产业对接所进行的产业结构的调整表现在进口替代产业和出口竞争产业发展方向的改变,而二者都是围绕商品成本和竞争优势展开的。

无论是进口替代产业还是出口竞争产业,其建立和发展的目的都是为了改善本地区的贸易条件、贸易格局,实现工业化。自由贸易区建立后,原来的贸易方向发生了变化,商品由原来的区域外供给转成区域内成员国供给,这就给区域内成员国的产业发展提供了市场和契机。自由贸易区的关税政策为进口替代产业的发展提供了更加广阔的市场,扫清了区域外的竞争对手,有利于实现产业的边际效应递增,这样增强了商品的国际竞争力,扩大出口并摆脱进口替代对保护的依赖。

2. 贸易对接中的产业发展适用调整战略

在贸易自由化程度提高后,区域间的经济互动出现了两种情况:一是贸易自由化程度提高后,对方本来比自己有优势的产品可以自由进入本国市场,这些产品在本地区市场上受到冲击。二是伙伴国优势增强、产业壮大、经济迅速发展,在这种情况下,原来能够顺利占领对方市场的商品也不再风光。这两种情况都要求我们去调整产业结构,或者继续增强原有的优势,或者另开自己的新优势,也就是对产业结构进行竞争性调整或创造性调整。

商品的成本决定着市场的占有结果、产业优势和产业竞争力,自由贸易区建立后,由于贸易转移和贸易创造的发生,地区间商品的流动更加自由,区域内贸易得到快速发展。同时市场的扩大和区域外商品受到高关税限制造成的暂时的市场空白,导致区域内贸易转移和贸易创造竞争变得更加激烈。成员国为降低商品成本和形成产业竞争优势必然要进行相应的生产结构的调整。当竞争达到均衡后,各国厂商的生产达到最优状态。在这一过程中,产业对接的效果是很明显的,自由贸易区建立后,进口替代产业和出口竞争产业采取正确的对接,扬长避短,形成新的竞争优势。原来不具有优势的进口替代和出口竞争可以因贸易转移进行竞争性调整或创造性调整,加强原有优势或形成新的优势,垄断区域内的市场,同时扩大国际市场的份额。在贸易创造方面生产效应表现的更加突出,产业对接使生产更加专业化,资源配置得到优化的同时,生产效率也得以提高,竞争力增强,工业化水平提高,实现进口替代向出口竞争的转变。同时产业对接还能够带来消费效应的扩大,区域内各国福利增加。产业对接后伙伴国低成本商品的自由流动和直接进口,也可以是成员国的福利增加。再次,产业对接避免了成员国同一产业之间的恶性竞争带来的高成本和各国利益的损失,使成员国的福利增加。一体化条件下,产业对接对市场扩大、生产扩张、贸易增长、产业发展、工业化的实现等发挥积极

69

的作用,从而促进各国贸易条件改善、产业结构优化以及经济增长。

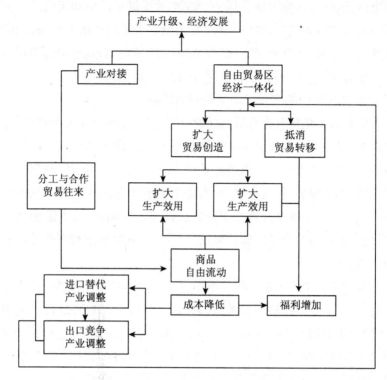

图 3-9　产业对接理论贸易静态示意图

产业转移的静态效应主要体现在以下几个方面:

(1)产业对接通过商品流动,影响产业结构的调整。通过对接促进成员国贸易的发展,随着商品竞争的又会引起相关产业结构的变化,主要是出口竞争产业和进口替代产业的调整,增强竞争力,有利于贸易创造效应的实现和扩大。

(2)竞争性调整和创造性调整。二者调整的目的都是为了在竞争中保持自己的优势。前者主要保持原有的市场份额,后者注重培养新的优势,从而在竞争中保持有利地位。

(3)产业对接通过竞争性调整和创造性调整后对一体化的贸易创造效应增强,从而生产效应和消费效应扩大,而贸易转移效应被抵消。

(4)产业转移后贸易创造扩大,引起生产效应和消费效应的扩大,从而弥补了贸易转移引起的福利损失,区域内各国福利增加。另外产业对接后商品的低成本带来各国福利的增加。此外还有产业对接避免了成员国重合产业之间的恶性竞争带来的成本增加和福利的损失。产业对接从三方面带来了成员国福利的增加,从而带来一体化总体效应的加强。

四、投资方面的产业对接

投资方面的产业对接主要有以下几种形式:对方市场需求引起的投资;市场作用下要素流动引起的投资;产业发展阶段的推移决定的投资。以下将对这三种具体的产业对接形式进行分析:

1. 对方市场需求引起的投资

这种对接是本地区优势产业和其他地区自然资源和市场的对接,是将本地区产业直接对接到对方市场上。但这种对接是有前提条件的,本地区的产业具有对方不具备的比较优势,产业转移后能够满足对方的市场需求,能够带动对方产业结构的升级。对接产业一般选择在本地区丧失比较优势,而被投资地区具备发展该产业的比较优势或潜在比较优势的产业。并且投资产业能够迅速带动被投资地区的产业升级、产业发展,能够满足被投资地区无法满足的市场需求。另外,被投资地区还具有对接产业的比较优势条件,如价格较低的生产要素、一定的相关产业基础等,这样对接产业才能迅速发挥比较优势,从而占领市场获得规模效益。总之,这种对接主要发生在双方优势互补的产业上,通过协议安排来开展的。

2. 市场作用下要素流动引起的投资

这种产业对接主要是由市场变动引起的要素流动配置引起的,市场上要素价格的差异引起产业区域对接,希望达到降低要素成本和提高要素效率的目的,提高对接产业的竞争力。这种产业对接的作用可以使产业生产直接临近要素供给地,通过获得廉价要素降低企业的生产成本,重新确立产业的比较优势,增强其国际竞争力。

3. 产业发展阶段的推移决定的投资

这里产业对接投资主要是由于产业发展阶段的规律和参与分工的需要产生的,主要是根据产业发展的需要,对不同阶段的产业通过投资协调产业内和产业间的分工与合作,这里主要是那些双方的重合产业。产业的发展具有一定的规律性,当产业发展到一定阶段后,由于本地区生产条件的改变,如自然资源的限制、劳动成本的提高等,比较优势逐渐丧失,要使该产业继续存在和发展,就必须进行转移对接,重塑比较优势,参与分工,谋求产业的升级和发展。

对产业发展阶段的论述,产品生命周期理论、主导产业论以及边际产业扩张论都从不同角度论述了在产业发展阶段中进行产业投资转移,在产业对接合作中,只要存在产业发展需要的条件和市场,就可以通过合理的投资形式实行地区间的产业对接转移。这里需要双方经济贸易发展的关系作为平台,其形式可以是政府政策也可以是企业协议。

本章小结

综上所述,以分工和产业结构为主的相关理论从不同角度研究了开放经济条件下区域产业结构的协调与优化,对在 CAFTA 框架下,我国周边四省区实现产业结构的协调与优化具有理论和现实的指导意义。一方面,协调好国内分工与国际分工。各省区应切实从自身的比较优势出发,在国内合理展开分工,进行专业化的生产,提高资源利用效率,降低生产成本,从而使各省福利增加;各省区根据区位以及要素禀赋等方面的优势,培养各自的主导产业,以便带动其他产业的发展。另一方面,促进产业结构的协调与优化。广东、广西、云南、海南四省在要素禀赋、技术创新、经济增长等方面存在很大差异,产业发展不平衡,梯度明显,这些都为产业的转移提供了动力。像广东这种经济发达省份可以将其丧失比较优势或已经丧失比较优势的产业转移到经济欠发达的广西、云南、海南,这样既为自身其他产业的发展提供了发展空间,又为欠发达的地区提供技术、设备、资金等,提升欠发达地区的产业水平。同时欠发达的省区也要主动做好承接产业的准备,积极吸引发达地区的产业对接。另外在协调国内产业结构的同时,也进一步加强了中国与东盟其他国家的分工与合作关系,创建中国与东盟"强强联合"的局面,提高贸易区整体的竞争实力。

产业分工合理化与产业结构优化升级其实是不可分割的伴生现象。因而,在研究产业结构问题时,产业的分工与合作是不能避免的。而任何的研究皆具备"两翼":一是理论支撑;二是现实依据。只有基于一定的现实基础,研究才可能更加饱满,更具现实意义。在 CAFTA 框架下,滇、桂、琼、粤四省区产业结构优化升级的研究离不开四省区的外围环境(四省区与东盟)与内部格局(四省区内部及四省区之间)。因而,本章立足于 CAFTA 的框架,首先考察了滇、桂、琼、粤四省区已形成的分工合作格局,在此基础上,提出了体制、战略、产业结构是影响四省区产业分工合理化的关键因素,进而大胆设想了四省区未来的区域分工格局。另外,为使四省区最终能与东盟国家通过产业对接的方式,在 CAFTA 框架内实现区域产业结构优化升级的更高级目标,本章对四省区与东盟国家间已形成的产业分工与合作的现状进行了考察,并依托于现实条件,进一步探讨了未来双边产业合作的空间。

第 4 章
四省区产业分工格局的现实考察

区域资源配置效率的提高与区域产业综合实力的提升,是区域经济实现和谐发展的关键所在。对于中国南向开放的滇、桂、琼、粤周边四省区而言,中国—东盟自由贸易区的建成既是机遇又是挑战。如何把握此次机会发挥各自的优势,优化产业结构,实现对内区域合作,提升区域产业竞争力,进而参与对外区域分工,引起了四省区的共同关注。本章从四省区省际间产业分工以及与东盟形成的产业分工合作格局两个角度出发,考察 CAFTA 框架下中国周边四省区产业结构及产业分工情况,进而分析四省区与东盟开展产业分工合作的现实条件、现状以及未来合作领域。

4.1　我国周边四省区间分工合作的现状分析

随着区域经济一体化的推进,区域经济合作日渐加强,特别是毗邻省区之间的分工合作全面展开。长江三角洲经济实力的骤增,已证实了区域合作的力量与结果。而相邻省份能否走向一体化,关键取决于省份之间产业的差异性与互补性的强弱。滇、桂、琼、粤四省区具有各自不同的产业优势与劣势,这就为四省区实现分工合作提供了现实基础与可行条件,进而形成各种生产要素的经常性对流与辐射。

4.1.1　广西与广东的分工合作概况

CAFTA 框架下,粤、桂同属华南经济圈、西南经济圈与中国—东盟自由贸易区的二级核心地带,并且粤、桂在三次产业之间和同一产业内部都同样存在着较强的差异性与互补性。相比之下,广东的第二产业具有明显的优势,广西在第一产业上具有相对优势。因此,两省区可在第一、二产业上实现互补合作,而两省的第三产业则各有所长,如广东的贸易、金融服务行业较发达,而广西的旅游服务业具有广阔的发展前景。自改革开放以来,广西兼有沿海和西部两大区域政策优势,是我国区域上绝无仅有的"政策高地"。尤其是1996年中央指定广东对口帮扶广西后,两广的合作项目逐渐增加,合作范围日益拓宽,不断从商贸、运输、加工业等传统领域向三大产业全面发展。

一、政府间的合作举措

在区域协调的发展战略上,尤其是"泛珠三角经济区"的构想提出之后,两广政府层面和企业层面的合作积极性被激发。2004年6月9日,广西壮族自治区商务厅与广东省对外贸易经济合作厅共同签订了《广西壮族自治区商务厅与广东省对外贸易经济合作厅关于落实〈泛珠三角区域合作框架协议〉合作备忘录》,此外,两省区政府还共同签署了《广东省人民政府、广西壮族自治区人民政府关于全面加强两省区合作的协议》等一系列协议,其中,提出"五大联手"合作战略,即联手推进市场开拓、联手推进产业对接、联手推进资源开发、联手推进资产重组、联手推进发展现代流通业的合作思路。2004年至2008年两广合作项目达5289个,项目总投资2979亿元,其中2008年两广合作项目新签合同745个,合同投资总额911.07亿元,实际到位资金497.2亿元。① 随着中国—东盟自由贸易区的建成,2010年9月,在第六届泛珠大会期间,两广本着"政府引导、企业参与、全面交流、合作共赢"的宗旨,再次联手并签署了两地《关于建立桂粤更紧密合作关系的框架协议》。该《协议》中,两广还就如何全面深化双方的产业合作制定了六条合作条款,其中涵盖了矿产资源、工业、农业、旅游、现代服务业等方面。

二、以广西作为走向东盟的跳板

面对中国—东盟自由贸易区建成启动的重大机遇,两广就如何紧握发展机遇的问题,寻求着具体的产业合作。就企业层面而言,广东许多企业签下的投资项目或多或少都带有与东盟市场接轨的色彩,企图在离东盟距离最近的广西建立产销基地。如湛江中容有限公司在广西凭祥市对越边境贸易点浦寨镇和友谊关之间选点的"中国—东盟产品集散中心",

---

① 《粤桂共同签署更紧密合作关系框架协议》,南海网2010年9月17日,http://www.dayoo.com/roll/201009/17/10000307_103530414.htm。

2004年下半年已正式动工,并与凭祥市人民政府签订了3亿元的投资合同。粤桂经济发展投资有限公司将投资开发的"广东工业园",深圳市悦控实业有限公司将投资3亿元在毗邻越南的凭祥市建设"凭祥工业园",都是将重点发展面向东盟市场的产业项目等等。

三、参与广西北部湾经济区的建设

近些年来,粤桂两地产业合作的规模不断增大,合作的领域不断拓宽,合作的深度不断扩展。尤其是广西北部湾经济的开放开发,更是为粤桂两地提供了全新的合作机遇。珠海杰力集团公司在北海投资16亿元,进行旅游开发、基础设施建设、高科技电子产品研发、农业生态科技园等一系列的投资项目;深圳赛格集团在广西钦州投资4亿元建商业广场;佛山高明宏源纸厂在广西防城投资3亿元建竹木蔗渣混合纸浆厂等。

四、广西承接广东产业转移

以前,仅有小型加工企业陆陆续续进入广西,而今随着粤桂产业合作领域的不断扩展,一些知名大集团都纷纷入驻广西。如2003年进驻广西的广州药业、深圳航空、深圳万基、佛塑股份、珠海中富等大都是知名的上市公司。广东梅雁集团投资30多亿元在广西柳州建设3个水电站;广西梧州市将国有龙山酒厂95%的股份权转让深圳万基集团;东莞东糖集团投资14.5亿元与广西来宾市合作生产蔗糖综合利用产品等,广东企业纷纷在广西落户,广东与广西的经贸合作可以说是不断升温。从产业分工合作的角度看,可见两广的角色定位明晰。广西主要是作为广东产业转移的承接地,其承接的产业多为资源、资本密集型,比如造纸、制糖、电力等等,其中也有少部分是属于技术密集型产业。

虽然,广东与广西在产业合作方面已有了突飞猛进的发展。但总的说来,两广之间的合作仍存在较多障碍。一方面,就广西目前的发展现状而言,其承接产业转移的整体竞争力不强,比如产业配套设施尚不够健全、区域行政壁垒、转移产业带来成本过高等等。另一方面,广东一直以来更注重外向型发展,因而在一定程度上不可避免地忽略了国内的拓展。而且,即使粤桂两地在地理上毗邻,但作为南疆地区最为发达的省份,广东产业转移的方向并不必然就是广西,因此,种种原因导致了两广间产业合作出现"雷声大、雨点小"的局面。自2003年到2008年8月,粤、桂共签订的经济合作项目2253个,合同总金额1416.82亿元,广东投资

1312.79 亿元,到位资金 501.5 亿元。据保守估计,自 2003 年以来,每年广东转移出来的产值至少有 300—400 多亿元。显然,在广东产业转移过程中,广西承接的产值所占比例相当小。由此可知,随着广东的产业转移,广西并未实现人们所预期的那样"近水楼台先得月"。在 CAFTA 的框架下,面对着东盟如此之大的潜在市场,加强粤桂之间的产业分工合作更具战略性意义。

4.1.2 广西与云南的分工合作概况

滇桂两省山水相连,地缘相近,人文相通,双方交流合作历史悠久、源远流长。自 1984 年以来,广西、云南两省区不断加强贸易合作,疏通商品流通渠道,开展多形式、多层次、多渠道的商品物资协作。作为通往东南亚市场的两大窗口,广西和云南有着其他省份不可比拟的区位优势。借助中国—东盟自由贸易区、大湄公河次区域合作、泛珠三角区域经济合作的东风,2008 年 3 月 29 日,云南、广西两省在昆明举行了深化合作座谈会,并签署了《云南省人民政府广西壮族自治区人民政府关于深化滇桂合作的会谈纪要》(以下简称《会谈纪要》),双方就深化滇桂全面合作、促进泛珠三角区域经济共同发展交换了意见,以期抓住机遇,实现共赢。滇桂两省产业合作主要集中在交通、旅游业、能源等领域。

一、通道建设和物流合作

相比其他省区,广西与云南有着天然的区位优势。云南有河流连通东盟,广西有西南地区最便捷的出海通道。"两条腿走路总比一条腿走路好"。加强滇桂两省的通道建设与物流合作,对开拓东盟市场有着重大的战略意义。2009 年 4 月,为携手云南合作开发广西北部湾经济区,广西经贸代表团主动赴滇,向其推荐了 251 个适合跨省开发、省际合作的重点投资项目,交通就是其中所涵盖的重要项目之一。① 2010 年 9 月 2 日,滇、桂、黔、川、渝五省区市共同签署了铁路运输战略合作协议,约定将加强大西南区域内政府、铁路、企业在铁路运输方面的合作,以推进区域铁路统一市场的建设。可见,随着中国—东盟自由贸易区的不断深化发展,

---

① 新华网 http://www.yn.xinhuanet.com/topic/2009-04/24/content_16344356.htm,2009 年 4 月 24 日。

滇桂逐渐意识到不仅要增强自身实力,更应提升区域综合竞争力。"全面加强公路、铁路、港口、航空建设等方面的合作,加快建设通往东盟的国际大通道,建设完善西南出海大通道,加快省际间高等级公路建设,共同推进新南昆铁路前期工作,共同推动道路运输一体化市场体系建设,共同加强运输合作和'绿色通道'建设,推动双方现代物流体系建设,联手建设面向东南亚、南亚的重要物流基地。"已成为当前滇桂两省共同努力的目标。广州—南宁—昆明、汕头—桂林—昆明、富宁—靖西等高速公路云南和广西段建设正如火如荼地进行。

二、旅游业合作

云南特殊的地理气候环境、众多的民族、悠久的历史以及灿烂的文化,造就了云南得天独厚的旅游资源。但广西也不逊色,"桂林山水甲天下"的盛名早已传至世界各地。丰富的旅游资源为滇桂两省的旅游业合作奠定了坚实的基础。早在 1995 年,广西和云南两省的有关城市就联合推出了广州—桂林—昆明、香港—桂林—贵阳—昆明、新加坡—昆明—桂林等 16 条旅游路线,大大增加了旅游人数与旅游收入。双方围绕旅游资源开发、旅游产品开发、旅游线路开发等开展合作。双方开展滇黔桂喀斯特地貌生态旅游区建设,共同打造南昆铁路奇山秀水生态文化精品线路,加快旅游建设管理等方面的合作,建立旅游合作保障机制,共同开拓东盟旅游市场。2010 年 3 月 11 日,广西和云南还共同参与并签订了泛珠九省区红色旅游合作发展协议。

三、联合开发锌矿、磷矿资源

早在 1998 年,广西与云南两省间就重点选择发展云南高浓度磷复合肥工程、广西鹿寨磷胺工程建设,进而增强了两省区的磷化工业生产能力。

其实,在 20 世纪 90 年代,广西、云南与贵州三省就有联手构筑"南宁—贵阳—昆明经济区"的设想。2001 年,三省区经探讨并签订了《加强经济技术合作协议书》,其中,三方商定重点在交通、通讯为主的基础设施建设;旅游、生物制药、生态农业为主的产业发展;以水能、有色金属、磷矿石为主的资源开发与保护等十个方面开展联合协作。自该框架制定以来,中国—东盟自由贸易区与泛珠三角经济合作不断推进,外部环境起了重大变化,但该经济区仍存在独立的意义。它一方面承接六省区市七方西南经济协作的成果;另一方面则通过泛珠三角经济区的合作增添新的内容。滇、桂、黔三省区出省、出海、出边的立体交通通讯网络建设进展迅速,连通中心省会城市间的通道逐渐完善。三省区在交通通信能源开发、旅游等方面成功地进行了一大批标志性的重大合作项目,如南昆铁路、黔桂铁路、西南出海公路、盘县火电厂、天生桥一级水电站、龙滩水电站等。昆明、贵阳、南宁、北海等城市之间实现了数字微波通讯连接。各方还将进一步加强和促进"南贵昆经济区"在基础设施、能源、旅游、生态、"西电东送"等方面的合作。这类合作机制可以概括为:政府牵线、企业选择、以项目为合作载体,实现取长补短。

由于地理位置、气候条件、资源禀赋等客观条件的相似性,滇桂之间产业的竞争性大于互补性。因此,地方行政壁垒、地方利益保护主义等因素均会影响到滇桂两省间的合作。为共同促进泛珠三角区域合作,广西与云南必须在遵循"优势互补、合作共赢、共同发展"的原则下,以更加开放的理念、更加开阔的视野、更加务实的精神,加强两省区的全面合作,拓展更广阔的空间。

按照"优势互补、合作共赢、共同发展"的原则,以更加开放的理念、更加开阔的视野、更加务实的精神,加强2省区全面合作,拓展共同发展的更广阔空间。

4.1.3 广西与海南的分工合作概况

广西与海南省有着长期的相互支持、合作发展的良好基础,有着面向东南亚的沿海优势,特别是对接越南、泰国、柬埔寨等东盟国家的经贸交流与合作方面,有着很多共同特点和发展前景。

比起广东、云南两省区,广西和海南之间的产业合作相对较少,且都停留在比较浅的层次,几乎没有专业化分工。而且,合作进程多为政府主导。比如,2007年6月,在琼桂两省政府的推动下,广西与海南以"珠洽会"为平台,开展全面旅游合作以及国际联程航班合作。

2008年,随着《广西北部湾经济区发展规划》的实施,广西与海南按照"优势互补、市场主导、互利互惠、共同发展"的原则,围绕建立中国—东盟自由贸易区,推进泛北部湾区域经济合作和泛珠三角区域合作,进一步扩大和深化海南、广西两省的交流与合作,将两省区的合作提高到一个新的水平。而海南洋浦保税区的设立、广西北部湾经济区的获批更是为泛北部湾经济的发展开创了良好的机遇。广西与海南主要在以下三方面加强合作：

一是优势互补，加强农业经济合作。广西与海南都是热带水果产地，农产品富有浓厚的当地特色，如海南的无公害蔬菜，广西的羊、鸡、鸭、猪苗等农副产品。而且两省之间的农业存在较大的互补性，例如海南的香蕉在每年3月至7月上市，但广西的香蕉则在每年9月至12月上市，两省区香蕉的成熟期正好错开。2010年9月15日，海南与广西根据两省区农业资源的互补性，在《泛珠三角区域农业合作协议》的框架下，签署了两省区农业合作协议书，共同推进农业产业的发展，打造国家热带农业基地。①

二是开发旅游资源，加强旅游交流合作。广西与海南有着丰富的旅游资源，桂林山水甲天下，万泉河、五指山美不胜收。2005年6月，海南与广西的旅游部门签订了旅游交流与合作协议书，一起促进两地旅游产品的互补和旅游市场的互动，并决定共同打造和推广5条跨省区旅游精品线路：南宁—海口—万泉河—博鳌—兴隆—三亚；海口—北海—南宁—柳州—桂林；桂林—三亚—兴隆—博鳌—海口；海口—北海—防城港—越南下龙；红色旅游和民族文化旅游线。2009年6月9日，在广西召开的珠洽会上，广西与海南签订了第一批7项合作协议，其中就包括《环北部湾区域旅游合作框架协议》、《关于精品旅游景区为对方散客实行优惠的协议》等等，该7项协议将推动琼桂两省环北部湾旅游合作。

三是合作共赢，加快物流业。广西与海南具有出海通道的优势，广西正在加快建设中国—东盟开放合作的物流基地、商贸基地、加工制造基地和信息交流中心。物流业的发展已经成为促进两省区经济发展的重要纽带，是大有可为的合作领域。尤其是海南洋浦保税区和广西钦州保税港区的设立。海南省商务厅官员将洋浦与广西沿海的关系比喻为是"咽喉"与"胃"的关系。他们认为："洋浦的发展离不开中国大西南的市场，而广西沿海港口是洋浦和海口等海南省大港口联系大西南的最佳捷径。"

① 《琼桂签署农业合作协议共同打造国家热带农业基地》，http://www.foods1.com/content/993941/，2010年9月16日。

洋浦要想依靠"两头在外"做强做大,就离不开大陆的广大腹地,尤其是大西南。只要广西沿海港口成为大西南出海终端,广西沿海的发展与洋浦的发展就有相互战略依托的意义。洋浦的产品(如石化产品)可通过广西沿海进入西南和中南进行"消化",西南的产品(如原料)也可通过广西沿海从洋浦进入海南。对于广西沿海来说,可考虑加强包括洋浦在内的沿海各大港口的互动,寻求区域合作的最佳途径,优势互补,方能做强做大。

4.1.4 广东与海南的分工合作概况

海南北邻广东,地处泛珠三角最前沿,有着十分有利的区位优势。广东是海南最佳的内陆依托,其为海南的经济发展提供了良好的周边环境;海南是广东产业转移的主要承接地之一,为广东提供了丰富的资源,创造了旅游观光的良好条件。此外,广东与海南两省区相近的地缘,相亲的人缘,更是为两省的合作奠定了基础。

在首届"珠洽会"上,海南省共签约 52 个项目,项目金额为 206.54 亿元。其中,就与广东省签约 26 个项目,项目金额 140.59 亿元。2005 年,琼粤两省签署了《关于加强粤琼科技合作的协议》,其中包括推进琼粤高新技术产业的转移和发展,加强区域科技发展战略的合作研究等,还签署了电力、商务、劳务、农业、旅游、交通等领域的合作与发展框架协议,以共同推进琼粤合作向更广阔领域及更高层次迈进。为实现互利共赢的经济发展目标,琼粤两省积极推进琼州海峡交通运输合作。2010 年 8 月 30 日,双方借第六届泛珠大会的平台,在福州签署了合作备忘录,表示将共同推进琼州海峡交通运输发展,完善进出海南岛交通基础设施条件,推进琼州海峡跨海通道工程前期工作,加快海口至广州、至南宁的高速公路建设。

随着琼粤两地合作进程的不断加快,海南当前主要在以下四个领域与广东开展合作:即以天然气开采和加工为龙头的"透明产业";以海洋捕捞和加工为重点的"蓝色产业";以农副产品加工为基础的"绿色产业";以丰富的南药资源和优良的制药环境为特色的"医药产业"。但由于海南尚处于工业化初始阶段,工业基础薄弱,产业结构不尽合理,因此与广东的合作还不是很多。

4.1.5　广东与云南的分工合作概况

广东与云南虽没有地缘上的亲近性,但两省却有着非比寻常的维系——珠江。云南与广东分居珠江的"龙头"与"龙尾"。相较而言,腹地狭小是广东经济高速发展的"软肋";云南恰好有着广阔的土地面积、丰富的资源藏量、廉价的劳动力、有利的区位优势。因此,两省的产业及其结构均存在较大的互补性,这就为滇粤合作提供了良好的条件。

自2001—2004年,广东省在云南实施合作项目316项,协议到位资金203亿元,广东方实际到位资金33.6亿元。"十五"期间,"云电送粤"216亿千瓦时。截至2005年5月底,双方初步达成项目意向55个,金额178.36亿元。① 2005年6月10日,云南省政府、广东省政府、中国南方电网有限责任公司三方签署了"'十一五'云电送粤框架协议",到2010年,确保实现"云电送粤"最大电力580万千瓦时目标;"十一五"期间"云电送粤"将累计送电1110—1183亿千瓦时(不含小湾水电站)。此外,两省还组织了经贸、科技、劳保、交通、农业、文化、旅游等8个部门签订对口合作协议。其中,文化旅游产业是两省合作的重头戏。截止到2006年底,滇粤合作项目已涉及烟草、电力、冶金、旅游、商贸、石化、机电、纺织、农业和基础设施建设等多个领域,广东企业的投资已涵盖了云南全省16个州市,累计投资总额已超过200亿元,位列省外在云南投资的前列。

2009年12月13日在深圳召开的云南省招商引资项目推介会上,云南省公布了其十大产业发展规划纲要,其中烟草及配套、能源、有色金属、黑色金属、石化、生物、文化旅游、商贸流通、装备制造、光电子等十大产业被列为特色产业。会后,滇粤两省共签订了合作项目12个,协议总投资33.3亿元,云南协议引进资金28.4亿元。大木(云南)高新产业中小企业投资基金、漾濞桑不老水电站和200万吨褐煤提质等4个经济合作项目,以及勐海县勐遮镇中心小学教学楼建设等社会合作项目等直接在场内实现签约。

当然,除政府组织下促成的合作项目外,劳务合作亦是云南与广东产

---

① 宣宇才:《加强泛珠三角区域合作 拓展中国—东盟共同市场》,《人民日报》2005年6月11日。

业合作的一大亮点。

4.1.6 海南与云南的分工合作概况

"泛珠三角区域经济合作"构想的提出,将海南与云南这两个相隔甚远的省份维系在一起。在泛珠三角合作框架下,海南与云南凭借各自的资源、区位优势,两省的产业合作获得了较大发展。2006 年 6 月 6 日,海南省旅游局与云南省旅游局签订了旅游合作协议书,双方协议在两省间推行无障碍旅游,并为对方企业在本地的旅游开发提供最优惠的便利条件。

总而言之,区域协同、竞相发展已是大势所趋。滇、桂、琼、粤同属泛珠三角区域,现又面临中国—东盟自由贸易区的重大机遇与挑战。所谓的机遇,是指在 CAFTA 框架下,四省区产业合作更具合作的前景与空间,尤其是在物流、旅游、贸易、特色农业等方面。所谓的挑战则是指区域产业合作并不是把财富直接赋予或公平分配给各区域,而是通过省际间沟通交流提供更多的合作机会,关键在于各省区能够及时地实现自身的产业结构优化,提升区域产业竞争力,在更高空间层次竞争中占据有利地位。机遇与挑战并存,更加要求滇、桂、琼、粤四省区加快产业合作步伐、研究合作机制、寻求合作路径、探讨合作策略,才能更好更快地促进四省区经济的飞腾。

4.2 影响周边四省区产业分工的因素:体制、战略、产业结构

我国周边四省区大力推进产业结构优化升级的目的就是为了促进产业分工的科学化、合理化。从产业分工的角度全面分析,影响我国周边四省区产业分工的因素主要有现行体制、产业结构、主体战略。

4.2.1 体制影响区域合作

一个地区的体制是根据它的实际区域情况来制定的,具有一定的独

特性。体制的不同决定了利益趋向程度、行政管理制度、法律政策的侧重等的不同,从而对区域经济合作存在一定的影响。

一、国内区域分工问题

从目前我国区域经济发展态势来看,区域产业结构失衡造成了产业结构的不合理,产业结构"同构化"和"低度化"并存。这种情况,在微观层面上,直接造成生产能力过剩和企业规模不经济;使得各区域无法形成自己的特色优势产业;更导致了宏观产业经济的经济效益低下和资源浪费。究其根本原因,是地区利益障碍诱发的政府之间博弈行为造成的。

各个区域都明白自己在产业发展中的行为必然导致后果是区域产业结构的趋同和不合理,但谁都不愿放弃自己的区域利益。在缺乏区域间利益关系的合理制度安排和采取有效的协调之前,如果谁先放弃,谁就会丧失地区发展的机会。特别是在中国,由于地域广阔和制度因素,中央政府无法也不能对各区域的产业政策的制定起到决定性的作用。不仅中央政府在没有产业政策时,各地区产业结构的"同构化"与"低度化"现象难以避免,而且中央政府在产业结构调整中仅有产业政策是不够的,还需要建立具体的产业协调模式和利益分享、补偿机制,并进行一系列的制度创新才能提高产业政策的有效性,实现产业结构调整与优化的目标。

中央政府机构协调机制的缺失,使得区域间产业结构的不合理状况日益严峻;在开放大潮中,中国的大国效应不但没有得到发挥,还严重的削弱了各产业的整体竞争力和国家竞争力。

1. 现行体制的影响

从逻辑上讲,有了地区,就有了地区利益从而就有了地方的保护主义。地方的保护主义使得行政区除政治功能外,还担当一定的经济功能,每一个行政区几乎就是一个政治经济实体。就地方而言,他们更注重对地区利益的追求和实现,因此产生了区域间的利益分化问题。由于现行的干部考核体制仍然是以其所辖地区的经济总量、发展收入、财政收入等为主要内容,这样的制度安排,必然导致地方政府之间相互博弈,难以实现资源的合理配置。各地区与企业在利润、税收、就业上有很密切的关系,因此地区政府就给予当地企业优惠政策和保护措施,甚至对区外商品设置贸易壁垒以及繁琐的程序,这无疑人为增加了交易成本。

云南、广西地处中国西南边陲,是中国与东南亚地区仅有的有陆路接壤的地区,为了指望通过树立自己"桥头堡"地位从而得到更多的优惠政策,广西和云南的竞争最为激烈。双方都抱着只可能存在一个"桥头堡"的观点,大力为自己造势,抬高自己的战略地位,这样的做法是否存在一些过激和不妥呢? 在加入世界贸易组织后,我国政府总的原则是创造符合国际规则的政策体制环境,中央政府对各地的政策趋于一致,如果仅仅通过提高自己的战略地位获得优惠政策的倾斜,是不切实际的。而且,广西、广东、云南都会从中国与东盟间的双边物流中受益,都会成为其他省份与东盟物流往来的通道,都可以算是中国通往东盟的"桥头堡"。

需要着重指出的是,有条件、动态、有选择性的地方保护在特定情况下也有可能是区域分工条件下的一种理性选择,其本身并不与区域自由贸易截然对立。实际上,中央政府与地方政府奉行的许多区域经济政策、产业政策乃至于许多一般经济政策都在一定程度上带有区域保护的色彩。例如,任何一个国家中央政府所制订的产业政策都会规定重点发展的产业,而这些主导产业在空间分布上不可能是均匀分布的,对这些产业的重点支持与保护从空间角度上就是一种区域保护。这种保护无疑具有其必然性与合理性。因此,掌握好地方保护的度是关键,过则导致地方封闭守旧无法获得发展,不及也可能会不利于区域的发展。事实证明,四省之间的自我保护则是有些过了,在安排大项目时,老怕对方借光,生怕肥水流入外人田。在商品和生产要素的自由流动上也存在着不足。就拿物流的首要条件交通基础设施来说吧,广西先后修起了两条高速公路是南宁至桂林、南宁至北海的高速公路,但据调查,这两条高速路的使用率并不高,而用发展的眼光来看,如果首先开通的是南宁—广州的高速公路,广西接受广东经济辐射的时机就会更早来临。

2. 行政地区利益的分化

在地区政府为了地区利益而进行的一系列博弈行列中,也包括地方政府之间的博弈行为 。地区经济发展的不平衡使各地方政府在经济体制转轨中,越来越重视与其他地区经济发展的利益关系,并开始了地方政府之间在保护市场、争夺资源以及在资金 、人才等方面的激烈竞争和博弈行为。地方政府在追求地区利益最大化的过程中,与其他地方政府之间发生的一系列属于博弈的行为,是很正常的。但问题是,正是这样的博弈中,逐步形成了宏观经济发展上的不合理状况,包括在地区产业结构调整中出现的不合理现象,如产业结构同构化和低度化,或者为了吸引外资而盲目重复建设,根本不顾本身的情况,只为获得"政绩"。对此,我们提出以下对策:

(1)建立"利益分享机制",减少地区利益障碍

地区利益障碍是地区之间"反目成仇"的重要因素,它的作用表现在很多方面,它可以对宏观经济的协调发展产生极大障碍并会带来经济效率的巨大损失,可能激化资源短缺与生产能力过剩的矛盾,促成区域割据和市场封锁,强化地方政府的短期经济行为,并因此而妨碍了经济结构的调整,增加产业结构优化升级的困难等等,可谓是"罪孽深重"。客观上,地区的利益矛盾不可能完全消除,但是只要建立好的"利益分享机制",地区之间还是可以实现利益共享。

"利益分享机制"与传统的利益协调机制有所不同,它更强调地区之间既合作又竞争,并在此基础上实现产业利益的地区分工。强调创造平等的市场环境,使各地区在统一市场中处于公平竞争的地位。实现产业利益的表现形式是多样的,它可以是一种产业与其他产业相比存在的比较优势,也可以是不同产业在不同地区的合理安排来体现产业优势,还可以是不同产业合理的空间分布体现出来的结构利益。建立"利益分享机制"的过程,实际就是产业结构调整的过程,必须上升到改善产业政策的层面,因此各政府应该在产业政策的协调上进行可行性的合作,形成统一的意识,确定自身的支柱和优势产业,寻找产业合作的空间,比如,在非金属矿采选业上,海南的工业值为空白,而广西有6亿多,因此在这个区域上,两者不乏合作空间。广西可以在海南发展这项产业,海南也可以在此获得相应的技术和资金。总的说来,在中国—东盟自由贸易区这个大舞台上,广西和海南务必抱着同台竞技、公平竞争的思想,在"利益分享机制"作用下,各司其职,互动合作。

(2)加强政府宏观调控,鼓励两省企业间合作

企业组织是市场的微观主体,是市场这个大舞台的表演者,而政府,是这个宏观环境的维护和协调者。两个地区间的合作,取决于政府间企业间以及政府与企业间的合作互动。两地应该明确合作模式——企业主导型地区经济合作,政府则作为"舵手"发挥体制改革的作用,让省际市

场关系取代行政性省际关系。政府作为宏观的指导者,应该为企业合作提供良好的条件和环境。地区间企业的合作,或者应该给予充分的自由和多方面的支持。如果是其中一地的企业到另一地投资建厂,不得歧视、排斥非本地区企业,要逐步消除地区壁垒,为两地企业发展营造一个公平合理的竞争环境。通过两地企业的合作,可以增强企业的综合竞争力,为形成跨地区间产业竞争力奠定基础,同时也可以使分工更为专业化,在面向东盟市场时,更能与国际区域产业对接,优势越加明显。广西和海南的企业合作有很大的空间,比如在非金属的采选上,在医药产业上以及制糖上等等,都能够协同合作。

3. 区域管理制度建设基础

区域分工的不合理,区域合作水平不高的一个关键原因是区域管理的制度基础不完善。缺乏分工合理、职能明确的区域管理机构,将导致区域经济的冲突频发。

自20世纪80年代至今,中国区域经济领域发生了两轮区域经济冲突。这两轮区域经济冲突的基本线索是非常清楚的:重复建设(即盲目引进与重复布局)→原料大战→市场封锁→价格大战。"九五"计划确定了化工、机械、汽车、电子与建筑五大产业为支柱产业,结果是各地区的大量低水平的重复建设,造成了生产能力过剩、资金和资源的大量浪费,同构的低水平产品过多又导致了企业的恶性竞争,企业亏损,甚至濒临破产。就拿化工业来说吧,在"九五"计划编制时全国有23多个省市区把化学工业作为支柱产业。目前大多数化工产品能力严重过剩,企业开工率仅为60%左右,有的整个行业的生产能力最多发挥50%。尽管如此,但仍有不少地区热衷于上化工项目。由此可见,区域产业发展在缺乏政府的管理协调下将举步维艰,甚至误入歧途。

在区域管理制度基础方面,发达国家积累了丰富的经验。一般而言,统筹区域发展,需要具备两个方面完善的制度基础:一是中央政府必须设立分工合理、职能明确的区域管理机构;二是要有明确的标准区域与问题区域划分框架,而且这种区域划分框架要有立法基础,是区域管理的主要基础框架。未来应该设置职能明确的区域管理委员会或区域政策部,根据区域管理比较完善的国家的经验,区域管理委员会设置可采取两种模式,即联合职能模式或专门职能部门模式。联合职能模式是专门职能部门模式的过渡模式,比较适合现阶段的情况。未来的区域管理委员会的基本职能应该是:提出区域经济发展与区域关系协调的政策建议并报请中央与立法机构审批,具体执行经立法程序通过的政策、规划与其他规则,与地方政府合作协调不同地区利益主体间关系并约束地方政府行为,统一管理专门的区域基金(需要设立)或约束有关部门的区域资源的使用方向,具体负责区域划分工作,组织实施全国性跨区域重大项目,组织研究重大区域问题等。

二、制度因素对产业结构升级的直接制约

制度因素对我国产业结构升级的直接制约主要体现在:由于制度的缺失引起产业结构失衡。

首先是市场独立运行的制度缺失。地方政府可以超越全国市场之上来行使地方保护的行为,限制企业的投资的空间合理性,这就造成了地区产业结构趋同等现象。可以说,制度障碍导致的经济资源不能够自由流动、自由配置是造成产业结构失衡的根本原因。

产业结构失衡的另一制度因素是区利益调节机制的缺失。地区利益的内涵包括两个方面:一是反映在地区经济发展方面的需要和满足上,如地方经济的增长、就业率的提高等;二是表现在地方政府官员追求政绩的需要和满足上,如中央的嘉奖、官员的升迁等。对于地区利益的认可和追求本应是能够代表和实现它的地方政府,但在传统体制下,由于把国家、集体、个人当作社会主义计划经济条件下三个利益主体,往常在组织、管理经济活动中只是注意到不同所有制关系之间的利益差异,模糊了客观上存在的地区利益,致使地方政府在代表国家管理地区经济的时候,虽然实际上也有追求自身利的动机和能力,但在当时的制度背景下,只能将这种偏好和追求掩盖在国家利益之中或者以"微调"的形式表现出来。随着我国经济领域的制度创新和体制创新,地方政府的经济管理权限和职能发生了很大变化,地方政府真正成为地区利益的代言人和实现地区利益的主体。

从产业结构调整中的地方政府行为来看,实质上是地方政府为追求地区利益而与中央政府以及其他主体之间的博弈行为。虽然这种博弈行为在不同体制下其具体内容和形式有所差异,但都是基于地区利益的动机发生的,对产业结构的调整的结果产生着重要的影响。在制度转轨中,地方政府的博弈行为更加突出了追求地区利益动机的冲动。各个地方政府都明白自己在产业结构调整中的行为必然导致的后果是地区产业结构的趋同与不合理,但谁都不愿意放弃自己的地区利益去维护整体利益,因为在中央政府没有对政府间利益关系作出合理的制度安排和采取有效的协调机制之前,如果谁先放弃,谁就会丧失地区经济发展的机会。各个地方政府的这种源于地方利益的博弈行为,继续使地区产业结构向着趋同的方向发展,最终使得中央政府要改变产业结构趋同的目标落空。

如果继续往下深究地方利益至上现象的根源,我们发现这又与现行的政绩考核体制有关。总体来说,地方财政收入与地方投资成正比例关系,地方投资越多,财政收入数量越大;地方政府要负责本地就业的问题,而调整产业结构,就必然要推动生产要素向优势企业集中,裁减冗员。同时各地方在招商引资中只单纯依靠数量的多少来决定业绩,不顾全局,不顾本地实际情况,盲目攀比,对投资少、见效快、价高利大的项目一哄而上,更谈不上注意产业的污染转移。从世界范围来看,出现了国际范围的污染产业转移;从国内范围来看,呈现了从发达地区往落后地区转移的趋势。"政绩出干部"、"数字出干部"是对现行政治体制的最好注解。于是,急功近利、重复建设、低水平建设等问题的存在与盛行,也就在所难免。虽然2006年6月份制定了全新的干部考核体系,不再以GDP论英雄,但其实际效果还有待时间来检验。

4.2.2　主体战略影响区域合作

主体产业战略是一个国家或一个地区在发展经济时所作的向特定产业、特定企业进行政策、措施等优惠倾斜的决定。在主体战略的指导下,有限的资源会向重点产业和企业集中,从而有利于这些产业和企业的发展。在主体战略的影响下,区域间的合作往来也会有所改变或不同。

一、重单向合作、轻双向合作的负面性

长久以来,由于我国的版图宽阔,各个地区基本都可以靠自己的力量自给自足,在自己的板块上建立行业门类齐全的内部经济王国,形成"小而全"的地方经济体系,建立这种经济体系肯定会涉及在竞争环境下发展不具有优势的产业,为了保护这些产业不受冲击,务必要形成市场的壁垒。

由于各省区拥有不同政策条件,而形成不同的经济发展环境,拥有优惠政策的省份抓紧时机努力加快本省的经济发展,在过去20多年里,各省区主要是重视与发展水平高于自己的地区合作,这是一种"输入型合作",而对"输出型合作"不热心。即在与其他地区进行合作时,地区之间往往忽视与自己的经济水平在同一条水平线,或比自己经济水平低的地区合作,认为弱—弱联合不会对自己的产业发展起到推动的作用。而对外资或强者有一种盲目的崇拜,舍近求远,希望自己的经济水平能借助他人之手得到提高,这种"攀高亲"的想法并没有错,但如果不考虑实际情况,盲目地偏向这一种类型的合作,势必事倍功半。

在过去的很多年里,各省区域性观念不强,因此在经济合作上都各自忙碌于寻找合作对象,如广东致力与港澳地区建立经济合作,承担着承接港澳产业转移基地的角色,这对开放的中前期是必需的,由此他们形成这样的观念,广东的合作伙伴多选择在港澳,以致忽视了与经济体制相同,经济水平比较低且资源丰富的华南其他地区的合作。四省间在经济发展上差距还是很大的,这本来是发展区域合作的有利条件,但却成为合作的障碍之一,率先发展起来的省份往往希望与比自己发达或经济发达程度相当的地区合作,对于与自己发展差距较大的地区却缺乏积极的合作意向,因为担心那里的政策无法保证企业投资获利。而经济欠发达地区则担心合作后自身的资源和市场被占据,影响本地工业的发展。

如今率先发展起来的广东,产业需要升级、转型,传统产业的资金与技术就需要转移,即使到了这个时候,广东仍然未意识到要在华南地区转移,而主要是想向区域内的粤西、北、东转移,只想带动本省欠发达地区,不注重产业拓展更大的区域市场,使得资源不能被充分配置。

广西、广东虽然"山水相连,人文相通",但是,广东产业转移的方向并不必然是广西。广东的企业多为私营企业,私人资本具有完全的逐利性,在选择产业转移的方向时肯定是朝着有利于其成长的环境进行的,政府在企业自主决定有利于其成长环境的产业转移方向的时候,应采取促进而不是阻碍区域合作的政策。长三角地区良好的环境和成长性对企业的吸引力不容置疑,湖南、江西争相采取措施分别要把郴州、赣州建设成为广东产业转移的承接基地。广东落后地区和云南也是广西强有力的竞争对手。广西虽然具有距离上的优势,但在招商引资上却缺乏竞争力。

为了创造投资环境,往往大张旗鼓地搞建设,从全局上看却成了低效建设、重复建设的温床。竞争在一方面可以促进发展,找到不足,改善自身条件,是企业活力来源,但另一方面,不恰当的竞争将导致资源的浪费、成本的增加。不仅如此,传统体制和传统观念也成为合作的无形羁绊。广西和海南是地理位置上的近邻,理应是亲密的兄弟关系,然而在传统体制和传统观念的作用下,两省的合作互动的意识并不强烈,并没有多少展开热情的互助行动。目前,海南和广西都各自视与国内的广东等地,与国外的越南等东盟国家对接作为重点,而忽视了各自的合作优势和空间。

二、需要鼓励区域企业合作,逐步建立水平分工关系

企业是市场的主体,也应成为区域分工与合作的主体。地区之间分工的明确还应得益于企业之间的分工合作。企业的合作是推动区域发展的中坚力量,也是确定区域分工格局的动力。企业间区际分工与合作即是生产要素区际分工与合作演化的结果,又是区际产业间与产业内部分工与合作关系发展的基础。在市场经济条件下,企业投入生产要素与生产产品的这种区际差异,是引致企业间区际分工、合作与市场竞争的动因之一。不同经济区域的产业间也存在着分工、合作与市场竞争的关系,离开以企业为主导力量的微观主体的经济活动,产业间区际分工、合作与微观市场竞争就会失去基础和载体。

我国周边的企业目前缺乏的就是合作,没有分工与合作,则很容易陷入恶性竞争,浪费经济资源,也不可能真正提高效率。目前,广西的大企业数量少、规模小、竞争力弱,中小企业更是面临资金不足、技术落后、管理人才缺乏的境地。不过,值得一提的是,作为广西企业领头军的广西玉柴、广西中铝、柳钢、广西柳工、柳州东风、柳州五菱等7家公司还是入围全国企业500强,但是排名皆不靠前,产业范围多为钢铁和汽车,而且大部分都不是内源性企业。云南有10家企业入围500强,范围覆盖到烟草、铜业、锡业、冶金、钢铁、建工等。海南的企业只有一家进入此行列,而广东却有53家。主导企业之间的分工与合作更易推动产业的发展,因为企业的资金、技术和管理的投入相对更具规模和优势,有更强的带动辐射作用。同类型和不同类型的企业区际分工合作是产业内分工与产业间分工的基础。较为典型的例子是,占国内彩钢板市场50%以上的吴江彩钢板产业集群,原来只有几家单一的彩钢板生产企业,现已向上下游逐步分

化为泡沫、胶水、钢板、钢结构等生产企业180多家,这些企业均由当初的彩钢板产业裂变出来的。同处吴江的光缆产业集群也是以骨干企业为龙头,通过上下游产品整合,不断向光棒、光纤、光缆和光电器件不断向光棒、光纤、光缆和光电器件拓展,衍生出一批企业,现已拥有光、电缆生产企业40家,光缆生产能力约占全国的25%左右。这些例子给我们的启示是,企业单打独干的时代已过,企业的分工合作才是提高竞争力的途径。就拿铝业来说吧,广西是泛珠三角铝冶炼的主要集聚地,而铝加工企业则主要集中在沿海的广东、福建,云南和湖南也有部分。据统计,2004年,广西氧化铝和电解铝的产量分别为90万吨和22万吨,而铝材加工仅有5万吨。广西的铝锭大部分外销,而销售的铝成品却大部分是从外省甚至国外进口。铝业集群粗加工和精加工区域分离造成规模不足,这种垂直分工虽然有利于发挥各自的优势,但也存在一定的问题,主要是产业成本上升,竞争力下降。因此,泛珠三角的铝业需要建立良好的水平合作关系,各方企业以自己的比较优势原则,积极开展产业内合作。比如,广东、福建具有资本技术优势,云南、广西具有能源劳动力优势,因此可采取股份合作和产品合作的形式,由资本充足的企业进行资金和技术的投资,能源和劳动力丰富地区的企业进行本地的生产加工。广西的柳州作为重工业发展较为发达的城市,制定的中小企业"十一五"战略发展规划将着力打造四大中小企业集群,包括汽车零部件、机械及配套、制糖及医药的中小企业集群,这将为区内和区外相关企业间的分工合作奠定基础,培育发展出一批服务于主导产业的配套产业,区外的企业应该把握住这一时机,选好合作的角度和层面,参与的方式和环节,投入到产业的发展之中。当然,区域主导产业的分布可能会与地区主导产业的选择有冲突的地方,但还是要以资源配置最优化为最终目的。比如广西与云南的烟草业相比,云南在此产业领域就更具优势,云南拥有国内规模最大、技术最先进、实力最雄厚的卷烟企业,它已被初步确立为全国最重要的烟草生产基地。因此在区域的产业发展上,广西与云南的烟草企业更加注重的就是合作而非竞争,在产品的品牌、数量、规格上,双方都需平衡好,广西在云南烟草业产业化过程中应起到协助作用。

三、实施区域整合战略要以市场机制为主导

区域间的合作最终结果是形成统一的大市场,这是建立在各种资源的整合上的,包括交通运输的整合、信息的整合、产业的整合、旅游的整合等等,不管是怎样的整合,都必须以市场机制为主导。提高资源配置效率、优化和完善产业结构,要依靠市场的力量,以市场机制为主导。当然市场也有失灵的可能,重复建设等资源浪费现象也难以避免。因此,加强政府间的引导、协调和规划仍然是非常必要的。

4.2.3 产业结构影响区域分工合作

区域间在进行分工合作时会充分考虑彼此的产业结构状况,因为产业结构中的同构现象会挤压区域的合作空间。存在的产业同构现象会导致区域产业发展失衡及产品结构趋同,竞争会因此变得更激烈,合作几率会大大降低。

由于历史、自然原因以及现实生产过程中对新型消费品需求的同步化趋势、地区利益的客观存在等原因,产业趋同现象在我国有很久历史,其是好是坏,应一分为二地看待。

一、产业同构可能导致产业发展失衡

这些年,一些企业出现在低技术、低档次的单一层次和狭小空间的扩张,带来企业之间、不同区域之间的过度竞争,在此过程中,各行业十分相似,形成了齐头并进、各铺一摊,最后导致大量的重复建设,导致生产能力过剩、资源浪费、出口竞相压价等。在高新技术领域,同构使高新技术产业风险加速集聚,有限的科技资源分散化,导致产业规模小、产业强度弱,难以形成有核心竞争力的高新技术产业。对地区产业发展而言,各地在产业布局上力求区域产业的多样化,而正是这种所谓的产业多样化,使区域本来已形成的产业链在相当长的时间内不能形成产业规模效应,在某种程度上制约了地区经济的发展。

二、产业同构对区域经济增长有利的一面

以"长三角"为例,"长三角"地区是我国经济发达、活跃地区,但恰恰是地区之间产业同构性较强的重点区域。事实证明,合理的产业同构不是低效或无效的市场行为,相反会对区域经济增长起着促进作用。产业同构包括市场行为和政府行为。由于知识经验、思维方式的同构,地区利益、任期政绩等需要,促成了政府主导的地区产业与产品同构;而经营环境和制度的同构、经营者相似的逐利思想等,产生了企业之间的产业同构。各个地区之所以选择像汽车、电子、化工、冶金等产业作为区域发展的龙头或支柱企业，是因为这些产业的贡献率大。无论是何种产业的同构过程，其实质都在推动着不同企业或地区自觉或不自觉探索错位竞争方式。在同一地区，如果没有产业和大类产品的重复，重构就很难形成规模优势、竞争态势，就很难形成大集团、龙头企业群，也就谈不上区域的优势。长江三角洲各地方产业结构相似，各方区域内竞争加剧，劣势企业尽快地淘汰出局，另一方面为产业集聚与产业升级提供了必要的条件。

总的说来，产业结构并没有好坏，应该理性地看待它，最重要的是要尊重市场规律，政府的行为必须是立足于实情、符合产业规律的，避免盲目的投资建设，避免地区之间的恶性竞争。

4.3 我国周边四省区间未来的区域分工格局设想

我国周边省区的分工格局在各区域依据自身条件和优势，在不断实现产业结构升级的过程中逐步由垂直型分工向水平型分工转变，通过产业的转移与承接进一步推进区域产业结构优化升级。

4.3.1 区域分工总体格局

我国周边地区的分工属于域际分工，根据要素禀赋理论，生产要素的差异决定分工和生产格局，这一点在这些地区之间的现有分工状况之中已有明显的表现。广西、云南、海南相比广东更具有自然资源禀赋和劳动力资源，因此形成的优势产业多为资源和劳动密集型产业，而广东的资本和技术管理等生产要素较为丰富，因此产业优势在这方面有很大的体现。虽然广西及周边地区具有专业化分工的条件，当前的分工格局仍不明朗，特别是与一些发达国家的国内区域分工相比就相形见绌了。

四省未来的区域分工和合作方向大体如下：(1)各区域在依靠区域比较优势进行生产的同时，要积极开展区域之间的分工协作，按照平等交换、合理分工、发挥优势的原则，逐步建立地带间、省区间、城市间等多级区际分工体系，使区域经济有机耦合成一个统一、协调的经济体系。在此基础上,以整体优势积极参与国际分工协作,逐步建立开放的双循环的多级分工体系。(2)由于国内区域问题随着区域经济发展阶段性变化而多样化与复杂化,区域分工合作的发展需要统筹考虑各类型问题,解决复杂的利益矛盾。因此,未来区域分工合作发展必须以完善区域管理制度基础与程序为核心,引导企业区域布局调整,鼓励区域间企业主导型经济技术合作。

4.3.2 区域垂直型分工应逐步转向水平型分工

周边地区的分工类型仍以垂直型分工为主,为实现地区间产业的协调发展,需有计划、有步骤地大力发展地区间的水平分工,并促使现有的垂直分工向更高层次推进。这就要求各区域依据自身条件和优势,实现产业结构升级:经济发达区域,比如广东,重点发展高新技术产业,积极开拓海外市场,同时要逐步转移和扩散一些档次较低的一般加工工业,特别是高耗能的加工工业,不断提升产业结构层次;广西等其他地区应立足于资源优势和地区特色,在重点发展能源、原材料工业的同时,大力发展和接收经济发达地区转移的一般加工工业,特别是具有资源优势的重化工业和轻纺工业,适当延伸产业链,提高加工深度和技术水平。在新的区际产业分工格局中,经济发达地区以其具有优势的技术要素,而其他则以其相对充裕的劳动力要素参与区际产业分工,从而形成技术—劳动力型的区际水平分工格局。

4.3.3 加快产业区际转移,深化区域产业分工

我国周边地区的资源禀赋、优势产业的差异为产业的区际转移提供了客观的基础。在面向 CAFTA 的前提下,产业转移以及产业集群的产生发展务必要更具有前瞻性,既要满足地区的利益,也要协调地区之间的发展,更要符合产业面向国际化发展的方向,这不是一个简单的问题。就如我国浙江的产业集聚在经历辉煌之后,现在弊端已经显现出来。绍兴的轻纺、海宁的皮革、嵊州的领带、永康的五金、温州的皮鞋、乐清的低压电器、诸暨的袜业等,星罗棋布的产业群成为浙江开拓国内国际市场的生产基地。然而,在这幅兴盛的图景背后,却掩盖着巨大忧虑。虽然数以千计的中小企业曾赋予浙江经济灵活性和动力,但很多都没有好好装备自己,

去应付现代快速转变的挑战,大部分的浙江中小企业都不具有能在全球市场参演一角的规模、资金或营运窍门,小企业集群在全球化国际竞争中经不起考验。这些例子给我们以启示,产业的转移及集群打的应该是持久战,企业间的竞争务必从低成本的恶性竞争而转移到技术、管理的创新上来,否则很难在国内尤其是国际市场上立于不败之地。

4.3.4 先进地区在区域分工中以提高国际分工地位为使命

我国周边地区的产业梯度最为明显的当为广东,与广东的工业结构的相似系数也是最低的,因此存在的分工空间相对宽阔。

在区域经济一体化的格局下,我国周边地区的分工要体现出资源配置的最优化原则。广东的工业发展在国内虽然处于领先地位,但是在国际分工地位中处于产业链的低端,其电子信息、新材料、生物技术、光机电一体化等4个高新技术支柱产业的综合竞争力在全球仍处于较低水平。为提升国际产业竞争力,广东应加大力度发展高新技术产业,加快产业结构的升级。在其确定的九大产业中,很多产业都是属于资源—劳动密集型产业,比如石油化工、森工造纸、食品和纺织业,在这些产业中,其实广西、云南以及海南都更具有发展潜力,广东应按照比较优势的原则,将这些产业转移到周边的地区,腾出更多空间去承接国际新兴产业,形成区域产业的新布局,创造新的增长极。在区域制定产业发展的目标中,应与东盟的产业发展衔接起来,在与东盟分工中具有优势和潜力的产业应重点发展,如在这章前面分析的各领域与东盟的分工的空间中所涉及的领域。

4.3.5 实现产业转移与产业集群的转换

走好产业转移这步棋将有利于实现产业集群化、专业化,这是提高区域产业竞争力的关键,也是实现区域经济整合的重点。我国周边地区在进行产业转移的同时要考虑到产业的集群化。目前,广西的产业集群初露端倪,但要发展就得解决这些问题,工业园区(集中区)要很好地起到产业集群的主要承载平台作用。虽然广西国家级开发区、省级开发区、高新技术产业开发区园区数目不少,但工业总产值还不够多,特色不突出,对产业集群的承载力还不够,集聚能力还处于弱势。由大型企业带动产业集群,中小企业跟上并达到应有的市场规模。上下游之间的紧密合作远要达到较高的市场化和产业化水平,具有较强的配套能力。针对广西的情况,强化产业集群的重点举措就是加大承接产业转移的力度,学习广东市建立产业转移工业园的方法,延长完善产业链条,与其他地区的企业或产业分工互助。重点提升汽车集群和钢铁集群,壮大工程机械集群,发展生物、医药、精细化工、铝业、烟草、糖业、农产品加工、电子信息、建材集群。在梧州—贺州—玉林—贵港—河池—百色工业经济带,重点发展以铝为主的有色金属、建材、机械、医药、茧丝绸等产业集群。

目前,工业园区是承接产业转移的主要载体,也是产业集群形成的温床。据国外的经验,园区经济是世界许多国家和国内一些发达地区经济发展的重要增长极,比如硅谷的出现使美国得以继续领跑知识经济前列;班加洛尔园区使印度信息软件业异军突起,并成为其主要的出口产业。国内的江苏苏州工业园、连云港工业园、湖南湘潭天易工业园的成绩也相当不俗。工业园区作为发展园区经济的一种类型和途径,在全国各地的发展之势相当蓬勃。因此,广西选择工业园区作为承接产业转移的平台是明智之举。但是,就现在广西的工业园区来说,最大的弊病就是产业的关联度低、缺乏协同和交流机制,很多就是有企业无产业,只是企业的简单相加,更谈不上向产业集群的发展。因此,打造工业园区的时候,特别是承接产业转移的时候,务必要注重工业园区的规划与定位,有选择地安排企业进入。为了实现比较优势的发挥,对工业园区的建设首先是要根据比较优势选择一个主导产业,然后根据产业链环节,有选择地吸引各环节的企业加入,形成一个完整的生产体系,例如,汽车工业势必要求钢铁工业、橡胶工业和石油工业的原材料投入,完整产业链的形成和延伸是产业集群的重要表现,广西需致力于打造集群型的工业园区。值得注意的是,在规划产业园区的产业链条时,如果是把整个产业链条的上下游聚集起来,那么这样的模式是比较有竞争力的;但如果是在产业链中处于同一位置的企业过度聚集,则有可能导致恶性竞争。同样,不同的工业园区之间有可能存在着更大的竞争,如果不在园区的产业选择和招商引资的机制上下工夫就难免问题的出现。实现产业转移与产业集群的转换实质上就是在对区域产业结构的调整和优化。利用产业转移分流淘汰已经衰落的传统产业,通过产业集群将优势产业集中化,从而更好地利用优势资源,获得更大的竞争优势和规模效应。

4.3.6 以区域协调发展引领区域间的分工与合作

区域间的分工与合作的目的是避免区域间产业发展的重复与冲突，有效利用有限资源，发展区域特色主导产业，从而达到促进区域经济发展和提高区域竞争力。要达到这样的目的，就必须做到区域间的协调发展，在优化产业结构的基础上，以区域协调发展为指导来发展区域间的产业分工与合作。

一、以周边省区的地带特征来考虑区域分工

所谓地带，就是从我国区域经济合理布局、科学发展的目的，根据地理相连、发展水平相近的原则，将我国分为东部、中部与西部三大地带。总体上来说，东部地区称为发达地区，西部地区称为欠发达地区，中部地区介于两者之间。当然，三大地带从全国来说都是发达或欠发达的地方。

我国四个面向东盟的周边省区，东部地区就占了三个：广东、广西、海南，只有云南属于西部地区。但是，除了广东以外，广西和海南这两个东部沿海省区无论如何都算不上发达地区。广东虽然整体上属于发达地区，但在粤北、粤东北、粤西经济发展也较低。假定将周边四省区作为一个整体来看，其中发达、欠发达地区以及两者之间的三类经济发展水平的地方都有。通常人们认为：东部、中部与西部三大地带都需要发展劳动密集型生产，但东部地区主要应当发展资本、技术密集型产业中的劳动密集型生产环节，中部地区与西部地区发展的劳动密集型产业应在技术层次上有所区别。至于三大地带的产业特色，东部地区应当主要发展外向型、出口型产业，中部地区应当主要发展能源、原材料工业等基础工业，西部地区应当主要发展农副产品的初加工产业。上述观点，虽未能成为共识，但一定程度上反映了地区之间根据资源禀赋与发展使命来进行分工的思想。这种产业分工思想，对于周边四省区中的发达、欠发达地区以及两者之间三类地区来说，是适用的。

在本世纪的工业化进程中，地区之间协调发展的原则可以表述如下：第一，要求地区工业发展不应单纯追求数量扩张，而以调整优化产业结构、提高产业素质、增强产业竞争力为主要目标。第二，西部地区发展工业，应充分考虑生态环境的承载能力，有序开发能源和矿产资源，提高资源的加工深度，培育具有地区比较优势的特色产业；依托中心城市和国防科技工业,发展先进制造业和高新技术产业。第三,中部地区应加强农业产业化体系建设,发展农产品深加工,在促进农业劳动力转移的基础上提高农业的生产经营规模。依托资源优势,建设现代化的大型能源、原材料生产基地。改组、改造机械、汽车、轻工、电子、医药等传统制造业,提高传统制造业的竞争力。第四,东部地区以率先实现现代化为目标、以推进产业升级为重点。建设一批能够达到环保标准的临海型资源密集型重化工业,力求技术水平方面达到国际先进水平;制造业应在增强自主创新能力的基础上,使技术和知识密集型产业成为主导产业;促进劳动密集型产业向中西部地区转移;加快发展现代服务业。

二、以主体功能区原则考虑区域分工

主体功能区划的提出是促进区域协调发展的新突破,它打破了传统的区域经济发展思路与发展模式,更具科学性和有效性。长期以来,各地在发展地方经济时都陷入了一个误区,由于衡量经济发展的指标只局限于地方经济的 GDP 增长速度和有关经济发展水平的排序,导致地方政府在做大 GDP 作为所有工作的中心,甚至在为追求高速经济增长的过程中,忽视地方自身条件,盲目开发建设,在对生态环境造成严重破坏的同时所取得的经济发展成果也不明显。一方面,这样的经济增长只能在短期内且只是小范围地提高地方经济和人民的生活水平,由于其持续性差,后劲不足,不能从长远来提高地方的经济发展水平和人们的生活水平和质量;另一方面,在取得不稳定经济增长的同时我们付出了昂贵的资源环境代价。不但影响了当代人的生活质量,由于生态环境的严重破坏和资源的大量消耗,我们后代的生存和可持续发展也将面临严重的危机。"十一五"规划纲要将国土空间划分为优化开发、重点开发、限制开发和禁止开发四类主体功能区。主体功能区是根据不同区域的资源环境承载能力、现有开发密度和发展潜力、人口分布、城镇化格局,按照区域分工和协调发展的原则划定的具有特定主体功能的空间单元,属于一种典型的经济类型区。应当说,区域分工主要发生在重点开发功能区,限制开发和禁止开发基本没有区域分工的问题,可以主要根据本区的实际情况、特别是资源承载能力来发展产业,而优化开发区可能已经有重复建设或产业同构的现状了,应当允许有一段时期的同构竞争,从竞争中来推进可行的专业化分工与协作。重点开发区的资源承载能力强,大规模进行工业化或城市化本身不成问题,问题在于不要违背区域分工要求。否则,即使经济发展与资源环境承载力相适应,也没有区域分工效益。在主体功能区划分的原则下考虑区域分工,不但充分考虑了各省区之间的政府利益,还结合了各省区的生态环境利益。这样操作进行的区域分工,在使区域间分工格局合理化、高度化的同时,尽可能减少了各省之间的利益冲突,对生态环境、生态资源的负面影响也被大大降低了。中国科学院可持续发展研究中心主任樊杰指出,以主体功能区原则考虑区域分工能够切实使改革开放的成果惠及全国各地的百姓,真正实现"以人为本"谋发展,切实突出人与自然的和谐,真正走可持续发展的道路,这是主体功能区划落实区域协调发展战略的核心价值所在。

4.4 CAFTA 框架下我国周边四省区与东盟产业分工合作的考察

随着 CAFTA 进程的不断推进,滇、桂、琼、粤四省产业分工合作不再仅仅局限于国内区域,而是积极参与到国际分工链条中,并寻求自身的定位已成为当前不可阻挡的趋势。自构建"中国—东盟自由贸易区"设想提出至今,滇、桂、琼、粤四省凭借自身的区位、资源、技术、劳动力等优势,积极地与东盟成员国进行着互动,并在经贸发展、投资往来、产业合作、文化交流等方面取得显著的成效。

4.4.1 CAFTA 框架下周边四省区与东盟开展产业分工合作的现实条件

CAFTA 框架下,滇、桂、琼、粤四省作为我国南向开放的最前沿地带,其与东盟各成员国之间的合作有着坚实的客观基础。比如,广西与云南均拥有与东盟国家接壤的地理优势,且"两廊一圈""大湄公河次区域合作"等区域合作的不断推进,更是为两省提供了有利的合作环境。广东的优势则明显集中于其较为发达的电子、计算机等高新技术产业。而海南与东盟国家的联系则主要体现在海南广阔的海域,便利的海上运输。至今为止,滇、桂、琼、粤四省已与东盟各国在农业、旅游业、能源开发、交通运输等方面均开展合作。

一、广东与东盟开展分工合作的条件

广东在中国南向开放周边四省区中扮演着"领头羊"的角色,其从承接香港制造业转移开始,逐步建立了比较完善的产业配套和服务体系,并进入工业化成熟阶段。而这与广东优越的区位条件与资源禀赋不无关系。

1. 区位条件

广东省位于中国大陆最南部,西连广西,南临南海并在珠江三角洲东西两侧分别与香港、澳门特别行政区接壤,西南部雷州半岛隔琼州海峡与海南省相望,南面与越南、马来西亚、印度尼西亚、菲律宾等国隔海相望。全省陆地面积为 17.98 万平方公里,约占全国陆地面积的 1.87%;其中岛屿面积 1592.7 平方公里,大陆海岸线总长 3368 公里,岛屿众多,全省大陆海岸线长 3368.1 公里,居全国第一位。按照《联合国海洋公约》关于领海、大陆架及专属经济区归沿岸国家管辖的规定,全省海域总面积 41.9 万平方公里,是我国通往东南亚、大洋洲、中近东和非洲等地区的最近出海口。广东省已经成为连接华南和西南等地区与国际市场的重要门户。广东省与东南亚地区位置邻近,粤、港、澳三地是东盟与之开展经贸交往的重要地区。广东的海运一向是与东盟各国经贸交往的通道,湛江港承担着西南地区面向东盟的海上门户地位。广交会自 20 世纪 50 年代设立至今已经使包括东盟在内的世界各国商界对广东印象深刻,中国—东盟自由贸易区的构建将给广交会带来新的生机。

广东省公路发展水平较高,已初步建立起较为发达的公路网,公路基础设施具有较强的竞争力。高速公路网总规划布局以"九纵五横两环"为主骨架,以加密线和联络线为补充,形成以珠江三角洲为核心,以沿海为扇面,以沿海港口(城市)为龙头向山区和内陆省区辐射的路网布局。已有京广、京九、广三和广深等 4 条铁路经过,其中京广铁路和广深铁路已实现电气化,广深铁路是全国第一条准高速铁路。地铁通车里程约 80 公里。武广客运专线广东段(新广州站)、广深港铁路客运专线广深段暨广珠城际轨道交通开工建设。

广东省沿海港口是我国华南、西南等广大地区经济社会发展的重要基础设施和对外交往的门户。广东省沿海港口分为主要港口和地区性重要性港口两个层次。广东省沿海在现有的港口布局上将形成以广州港、深圳港、湛江港、珠海港、汕头港为主要港口,潮州港、揭阳港、汕尾港、惠州港、虎门港、中山港、江门港、阳江港、茂名港为地区性重要港口的分层次发展格局。其中,广州港、深圳港、湛江港分别是我国珠江三角洲沿海港口群和西南沿海港口群的中心港口,也是国家综合交通大通道的出海口,是连接华南和西南等地区与国际市场的重要门户,是参与经济全球化的重要战略资源,对区域经济发展有重大作用和影响,将逐步发展成为区域性枢纽港口。

广东省目前有广州白云国际机场、广州新白云国际机场、汕头外砂机场、深圳宝安国际机场、湛江机场、梅县机场和珠海三灶机场 7 个机场,飞行区均为 4E 标准,飞机起降架次、旅客吞吐量、货邮行吞吐量等指标及安全管理水平都处于全国前列。

表 4-1　2010 年广东省客、货运量及其周转量预测

预测指标	2000 年实际	2005 年实际	2010 年预测
客运量(万人)	164791	216055	290000
旅客周转量(亿人公里)	1219	2145	2827
货运量(万吨)	119216	167979	225200
货运周转量(亿吨公里)	3065	4137	5536

表 4-2　2010 年广东省各种运输方式客运量预测

单位:万人

运输方式	2000 年实际	2005 年实际	2010 年预测
铁路	12165	16127	22000
公路	148945	194029	260000
水路	2363	1846	1600
民航	1318	4054	6400
合计	164791	216055	290000

表4-3　2010年广东省各种运输方式货运量预测

单位:万吨

运输方式	2000年实际	2005年实际	2010年预测
铁路	15172	18302	25000
公路	75365	114546	150000
水路	25696	31397	45000
民航	31	73	100
管道	2952	3660	5100
合计	119216	167979	225200

2. 资源优势

广东不仅地理位置优越,其资源优势也较为突出,尤其体现在水资源、旅游资源、矿产资源及生物资源。以下将从这四方面展开分析:

(1)水资源

广东省内主要河系为珠江的西江、东江、北江和三角洲水系以及韩江水系,其次为粤东的榕江、练江、螺河和黄岗河以及粤西的漠阳江、鉴江、九洲江和南渡河等独流入海河流,水资源丰富。全省水力理论蕴藏量1073万千瓦,其中可开发装机容量666万千瓦,已开发约60%。年均降水量1777毫米,年降水总量3194亿立方米;年均径流深1012毫米,河川径流总量1819亿立方米;加上邻省从西江和韩江等流入广东的客水量2330亿立方米,还有深层地下水60亿立方米,可供开采的人均水资源占有量达4735立方米,高于全国平均水平。水力资源理论蕴藏量1072.8万千瓦,可开发装机容量665.5万千瓦。此外,广东还有温泉300多处,日总流量9万吨;饮用矿泉水110处,探明储量全国第一。但广东水资源时空分布不均,夏秋易洪涝,冬春常干旱。

广东海岸线漫长,海域辽阔,海洋资源丰富。远洋和近海捕捞以及海洋网箱养鱼和沿海养殖的牡蛎、虾类等海洋水产品年产量近400万吨;可供海水养殖面积77.57万公顷,实际海水养殖面积19.49万公顷,是全国著名的海洋水产大省。雷州半岛的养殖海水珍珠产量居全国首位。沿海还拥有众多的优良港口资源。广州港、深圳港、汕头港和湛江港已成为国内对外交通和贸易的重要通道；大亚湾、大鹏湾、碣石湾、博贺湾及南澳岛等地还有可建大型深水良港的港址。珠江口外海域的油气田已打出了多口出油井，沿海的风能、潮汐能和波浪能都有一定的开发潜力。

（2）旅游资源

广东省沿海沙滩众多，气候温暖，红树林分布广、面积大，在祖国大陆的最南端灯楼角又有全国唯一的大陆缘型珊瑚礁，旅游资源开发的潜力也很大。目前，全省已开发成旅游点的省级以上森林公园40个，自然保护区30个。继广州、深圳、珠海、肇庆之后，又有中山、佛山、江门、汕头、惠州及南海市进入"中国优秀旅游城市"行列，其中中山、南海市分别位居该批全国地级市和县级市的第一、二名。粤港澳大三角旅游区建设取得突破性进展，国务院批准在珠江三角洲和汕头等10市实施"144小时便利签证"。广州白云山和香江野生动物世界、深圳华侨城和观澜高尔夫球会、珠海圆明新园、中山孙中山故居、肇庆星湖、佛山西樵山、韶关丹霞山、清远清新温矿泉、阳江海陵岛大角湾等11家景区（点）被评为全国首批最高级别的4A级旅游区。

（3）矿产资源

广东地处欧亚板块与太平洋板块交接处，已发现矿产资源131种，其中97种已探明储量；经勘查的矿产地1632处，其中大中型矿产地563处，矿产储量在全国居前三位。矿产有26种，其中高岭土、泥炭、冶金用脉石英、水泥用粗面岩、锗、碲的储量列全国第一位。珠江口外海域、广西海域发现的大型油气田资源，原油储量超过40亿吨，天然气储量1万亿立方米，开采前景很好。已经开采和开采条件较好的主要矿种有硫铁矿、铅锌矿、银、锡、钨、铌、钽、铀矿、独居石、磷钇矿、大理岩、高岭土、玻璃用砂和油页岩等。云浮硫铁矿品质优储量大，居全国之冠、世界第二，凡口铅锌矿为国内亚军。全省已探明的矿产资源潜在经济价值超过1万亿元。经过多年的开采，广东省已有的金属矿大型矿山多已采空或者即将采空闭坑，铜、钨、锡、锑等矿产资源已处于枯竭状态，铅锌及铁矿产地也在逐年减少。

（4）生物资源

广东省全省森林覆盖率57%，活立木蓄积量3亿立方米。广东海域辽阔，河网纵横，水产资源丰富。农业主产水稻、蔬菜和水果，甘蔗和茶园也被栽培,湛江是最大的剑麻基地,茂名是最大的水果产地。主要林木有松、梓、杉、桉等,水果有 200 多种,其中菠萝、香蕉、荔枝、龙眼和柑橘被誉为岭南四大名果,经济价值可观。广东光、热、水资源丰富,四季常青,动植物种类繁多。在植被类型中,有属于地带性植被的北热带季雨林、南亚热带季风型常绿阔叶林、中亚热带典型常绿阔叶林和沿海的热带红树林,还有非纬度地带型的常绿—落叶阔叶混交林、常绿针-阔叶混交林、常绿针叶林、竹林、灌丛和草坡。广东积极开展对动植物资源的开发利用,重视对自然资源和环境的保护。全省建立了 275 个自然保护区、369 处森林公园,还通过全面绿化荒山,提高森林覆盖率,改善生态环境。

二、广西与东盟开展分工合作的条件

广西与东盟在地理上毗邻,有着其他省份不可比拟的优越性。另一方面,广西量大质优的石油和天然气、海洋矿产、农作物、水资源等,均为广西与东盟各国开展分工合作提供了有利的条件。

1. 区位条件

广西的区位优势是其与东盟开展分工合作的主要条件之一。广西面向东南亚,西南与越南毗邻,东邻广东,其西南与越南接壤,沿海的防城港市、钦州市、北海市与越南的广宁、海防、太平、河南等 10 多个省市隔北部湾相望,从陆海通道进入越南和其他东盟国家十分便利。在中国与东盟、泛珠三角等国际国内区域合作中,广西有着不可替代的战略地位和作用。尤其是中国—东盟自由贸易区的建成,广西已成为连接中国西南、华南、中南以及东盟大市场的枢纽。

截至 2007 年底,广西铁路营运里程达到 2750 多公里,高速公路达 1879 公里,沿海港口已与世界主要国家和地区的 220 多个港口有贸易往来,吞吐量达到 7190 多万吨,开通了 168 条国内国际航班和广西境内支线航班。广西将在未来 5 年内投入 2600 亿元,建设铁路、公路、水运、航空等立体型交通网络,全力将广西打造成为连接东盟的区域性国际交通枢纽。

(1)公路

广西区内的公路网络,四通八达,纵横交错,到 2008 年底,全区公路总里程达到 99273 公里,其中二级以上公路达 11115 公里,占全区公路总里程的 11%,公路密度达到 41.94 公里/百平方公里,89.81% 的建制村通公路、44.43%的建制村通油路(水泥路),建制村通班车比率上升到82.2%,基本实现县县通二级公路、乡乡通油路。

2008年广西全区高速公路通车里程突破2000公里,新开工高速公路项目4个,里程479公里;完工高速公路项目4个(段),新增高速公路通车里程302公里。全州至兴安、岑溪至兴业高速公路如期建成通车,实现了南宁至广州高速公路广西境段的全线贯通。2009年广西区拟建有六景至钦州港高速公路、河池至都安高速公路、岑溪至水汶高速公路、南宁外环高速公路等13条高速公路段。截至2012年,广西高速公路通车里程将超过3600公里,将为与周边国家、邻省建立良好经济往来关系奠定坚实的基础。

(2)铁路

广西区的铁路建设起步较晚,经过多年的铁路建设,目前正在运营的铁路约2400公里,已建成湘桂、焦柳、黔桂、南昆、黎湛等铁路干线和南防、钦北、黎钦等铁路支线。2004年铁道部与广西区签署的“一揽子”计划、2006年签署的《关于加快广西铁路建设的会谈纪要》拉开广西区铁路建设新的帷幕:《纪要》指出,未来5年将投资于广西区铁路建设1000亿元,改造和新建2500公里铁路。规划指出广西区铁路在未来5年里,将建设两条煤运通道复线即南昆线和黔桂线;三条快速客运通道即贵阳至广州、南宁至广州、衡阳到南宁(湘桂线);四条出海通道即西南、西北、中南和东南沿海地区出海通道。加上经凭祥出境(湘桂线)直通越南的一条国际通道,简称为“一二三四”。如此的路网框架,将使广西更具吸引力和辐射力,给北部湾沿海的城市群、产业链提供强劲的交通支撑。

这些项目的建成将使广西境内基本形成“三纵三横”的发达铁路网格局,三条快速客运通道的建设,是按照时速200公里以上的标准进行设计,届时,从南宁到北京只需9个小时,南宁到广州3小时可达。快速铁路的建设,为把广西的旅游优势转变成强劲的经济优势提供了保证。铁路运输能力和运输质量的全面提高,将实现与西南、西北、华北、东南沿海地区的快捷运输,从而使广西铁路摆脱长期处于全国路网的“末梢”窘境,变成区域性铁路枢纽。交通优势的形成,将迅速使广西的资源优势化为市场优势和经济优势。

(3)水运

广西区大陆海岸线长 1595 公里,岛屿岸线 605 公里,是中国唯一集沿海、沿边、沿江三位于一体的少数民族自治区。广西区海岸线曲折,东起英罗港,西至北仑河的海岸线上港湾众多,这些港口都具有水深、避风、浪小、岸线顺直、纳潮量大、回淤少等优良的自然条件,距港澳地区和东南亚诸国的港口都很近,是中国大西南和大陆最南端的最佳出海处。

2008 年广西区全年累计完成水运建设投资 31.8 亿元,新增万吨级以上泊位 5 个、新增吞吐能力 1542 万吨,万吨级以上泊位达到 40 个,港口总吞吐能力达到 1.31 亿吨,朝着建设沿海亿吨大港和内河亿吨"黄金水道"的目标迈出了坚实步伐。根据规划,广西将在 5 年内实施西江航运干线与广西北部湾经济区港口联动的水运整体发展计划,到 2012 年实现连接黔、滇、桂、粤等省区的内河高等级航道,与北部湾经济区沿海三大港口全面对接,形成西部物资"通江出海"的立体水运交通网络。

(4)航空

随着广西"一轴两翼"战略的推进以及北部湾经济区对外开放开发的加速,广西民航事业以打造国际航空港为目标,推进基础设施建设和环境建设、提升机场标准化和等级水平,进入"黄金发展加速期"。已初步形成以南宁机场、桂林机场为面向东盟的国际门户的枢纽机场、北海、柳州机场为国内次干线机场,百色、河池和梧州机场为国内支线机场的航空布局网络。

目前,广西民航拥有包括桂林、南宁、北海、柳州、梧州和百色共六个机场,河池机场已经得到国家的批准进行建设。全区机场密度平均每万平方公里达 0.295 个,远高于全国每万平方公里 0.148 个的平均水平,是全国拥有机场数量较多、等级较高、航空资源较为富足省(区)之一。

随着中国—东盟自由贸易区的建立,广西作为西南出海大通道,与东盟国家之间的交往越来越密切,广西加大了东盟航线航班的开发力度,新开通的南宁—新加坡、吉隆坡、马尼拉、雅加达等多个东盟定期直达航线,成为广西机场客流快速增长的突出亮点。广西机场管理集团 2007 年旅客吞吐量达 805.54 万人次;货邮吞吐量 6.85 万吨;保障航班起降 8.58 万架次,实现了高效快速发展,为广西加强多区域经济合作和招商引资架设了方便、快捷的空中桥梁。同时,广西区积极整合区内航空资源,加快推进广西支线航空发展,进一步健全和完善区内航线布局,为广西区内交通从平面模式向立体全方位发展提供了有力支撑。

另外,广西区与东盟国家有传统经济、文化交往关系,合作潜力巨大。广西的经济发展和基础设施建设明显加快,与东盟开展交流的能力不断增强。以沿海港口为龙头,南昆铁路为骨干,高等级公路、水运、航空和其他基础设施相配套的西南地区出海大通道已基本形成。中国—东盟自由贸易区的构建,对广西来说是20世纪90年代初中越关系正常化后又一次重大的开放和发展机遇。首府南宁被定为举办中国—东盟博览会的永久地址,对于提升广西与东盟国家经贸合作的层次、提升广西在全国走向东盟的前沿地位给予了良好机会。

2. 资源优势

广西已逐渐步入工业化中期阶段,而这离不开其优越的资源禀赋条件。广西的资源优势主要集中在矿产资源、农作物、水资源。其中,矿产资源中最为突出的当属有色金属,广西素有"有色金属之乡"的称号。

(1)矿产资源

广西矿产资源种类繁多,储量较大,以有色金属矿藏最为富有,素称"有色金属之乡",是中国10个重点有色金属产区之一。已探明储量的矿产有96种,探明产地1067处,有53种矿产保有储量位于全国前10位。其中,储量居全国首位的有锰、锡、砷、膨润土等14个矿种。锰和锡矿保有储量均占全国储量的1/3;储量居全国第2—6位的有钒、钨、锑、银、铝、滑石、重晶石等25个矿种。国民经济赖以发展的45种支柱性重要矿产广西有35种探明资源储量。广西的矿产资源品位较高,质量较好,分布比较集中。在已探明的矿产产地中,按各类矿产储量规模分,属大型的126处,中型的261处。广西矿产分布集中,有利于进行大规模的集中开采。水泥用的石灰岩是重要的建材非金属矿产资源,广西的石灰岩无论是矿床规模、质量、面积,均系全国之冠,已探明的矿区有39处。滨海地区矿产资源丰富,已探明的有28种,主要是石英砂矿、陶土矿、石膏矿、石灰石矿等。截至2008年12月30日,查明矿产资源储量登记50个,占用矿产资源储量登记92个,压覆矿产资源储量登记1个。

广西沿海地区海洋矿产资源丰富,已探明矿产有20多种,主要有煤、泥炭、铝、锡、锌、汞、金、锆英石、黄金、钛铁矿、石英砂、石膏、石灰石、花岗岩、陶土等。其中石英砂矿远景储量10亿吨以上,石膏矿保有储量3亿多吨、石灰石矿保有储量1.5亿吨。陶瓷用陶土矿保有储量约为300万吨。特别是石英砂矿尤为丰富,且质量好,品位高,是发展玻璃制造业和建筑材料的良好原料。此外,钛铁矿比较丰富,沿岸已知产地8处,其中的3处初步勘查估算地质储量近2500万吨,如西场宫井,矿区面积近20多平方公里,矿层平均厚度为1.2—3.4m,储量近100万吨,而且矿体表露,易于开采,钛铁矿中伴生有氧化二钪,金红石、锆英石、黄玉等,综合开发利用的潜在价值很大。

广西沿海地区蕴藏着丰富的石油和天然气资源,有北部湾盆地、莺歌海盆地和合浦盆地三个含油沉积盆地。已开发的油气田有涠10-3、涠6-1、涠11-4。

表4-4 海洋油气资源情况表

海域	圈团面积(km²)	石油储量(t)	天然气储量(m³)
北部湾	2087.75	12.59×108	
涠洲与斜阳岛	11	1×108	350×108
合浦盆地	299		

(2)农作物资源

广西沿海地区地处北热带、南亚热带,气候温和,雨量充沛,长年无霜冻,冬天有"天然温室"之称,适宜于多种农作物的生长和发育。广西地域辽阔,海拔不同,气温和降水有差异,土壤多样。在这些地带性和非地带性因素影响下,广西生物种类多,数量大,是我国生物资源最丰富的省区之一。广西区拥有水稻8600多个品种,玉米200多个品种,甘蔗210个品种。林业和植被资源也比较丰富,森林总蓄积量超过160多立方米,森林覆盖率超过30%,尚有数千种植物未被利用,有的甚至还未知用途,开发潜力巨大。广西区在发展亚热带特色农业方面有优越的自然条件,其中,甘蔗、剑麻、瓜菜、水果、粮食等五大优势农业产业化已形成一定的规模。广西是中国甘蔗的主产区,甘蔗产量占全国的40%以上,食糖产量占全国食糖总产量的63%以上,广西制糖工业企业生产经营总体规模位于全国各省区第一。

（3）水资源

广西区沿海地区位于北部湾北部,面向东南亚、背靠祖国大西南,是西南出海大通道的门户;地理位置十分重要,再加上沿海开放、民族区域自治等政策优势,以及宽松的投资环境,广西发展海洋经济具有十分有利的基础条件。

广西区地处祖国南疆,拥有大陆海岸线1595公里,直线距离185公里,海岸线的曲直比高达8.6:1。曲折的海岸线和众多的港湾、水道使广西沿海地区素有天然优良港群之称。以英罗港为起点,沿铁山港、北海港、大风江、钦州湾、防城港、珍珠港等沿岸,西对北仑河口,沿海有北海市、钦州市、防城港市等三个地级市,构成新月形航运中枢地带。而且沿海港湾水深、不冻、淤积少,掩护条件良好,具有建港口的良好条件,开发利用潜力巨大。可供发展万吨级以上深水码头的海湾、岸段还有10多处,可建万吨级以上深水泊位100多个。广西近海海域有海洋生物900多种,其中有较高经济价值的100多种。还有著名的北海银滩、山口国家级红树林生态自然保护区、国家级北仑河口海洋自然保护区、钦州湾"七十二泾"和龙门诸岛以及(与越南相邻的)京族三岛等特色旅游资源。

表4-5　广西海岸线统计表

地区	海岸线总长（km）	占全区海岸线百分比（%）	0-20米面（万公顷）	滩涂面积	岛屿岸线（km）
北海市	500.13	31.36	20	4.90	31.93
防城港市	584	32.61	15.44	2.44	106.48
钦州市	520.81	32.65	14.62	2.07	232.90
全区合计	1595	100	50.06	9.41	531.20

注:①广西大陆岸线占全国的8.9%,岛屿岸线占全国的3.95%;②广西大陆海岸线直线185km;
　③合浦县、东兴市(县级)岸线数据分别计入北海市、防城港市;④全区海岸线总长和岛屿岸线总长是1998年国家海洋局公布的数据。

三、海南与东盟开展分工合作的条件

海南岛虽地域不广,公路、铁路等交通运输网不够完善,但这并不影响海南在CAFTA框架内的优越性。作为中国南海中的一大岛屿,海南与

表4-6 广西港口资源

港口名称	性质(功能)	港口资源概况
北海港	综合性港口	有码头泊位8个(其中10000t级2个)
沙田港	渔、商	靠泊能力1000t,货物吞吐量25万t
公馆港	渔、商	靠泊能力100t,货物吞吐量20万t
石头埠港	渔、商	靠泊能力200t,货物吞吐量3万t
涠洲南湾港	渔、军	已利用岸线500m,码头2座,总长200m
营盘港	渔、商	资源概况不清楚
白龙港	渔、商	资源概况不清楚
英罗港	渔、商	资源概况不清楚
铁山港	商、渔	万吨级泊位
钦州港	商业港	新建港口,自然岸线长5km,可建1-15万t级码头泊位28个。
茅岭港	商、渔	靠泊能力500t,货物吞吐量10万t。
龙门港	综合性港口	利用岸线长3500m,高潮时可靠泊500t级船4艘。
大香坡港	渔港	资源概况不清楚
犀牛脚港	渔港	资源概况不清楚
大风江港	渔、商	利用岸线300m,商潮可靠泊100t级渔船6艘。
防城港	商港	广西沿海最大商港,自然岸线长38km,有码头泊位22个。
京岛港	渔、商	靠泊能力200t,货物吞吐量3万t。
江平港	渔、商	靠泊,库场情况不清楚
东兴港	渔、商	靠泊能力500t,货物吞吐量100万t。
企沙港	渔、商	利用岸线长1700m
珍珠港	渔、军用港	自然岸线长2km,低潮可靠泊60t渔船,高潮可靠泊100-500t渔船。
红湾港	渔港	靠泊、库场面积不清楚

注:海岸线长1595km(直线185km),港口分布密度1个/69km。

112

菲律宾、文莱、马来西亚相邻,首先在地理位置上抢占了先机。其次,海南丰富的旅游资源、矿产资源、海洋生物资源等等均为其与东盟开展分工合作创造了良好的客观环境。

1. 区位条件

海南省位于中国最南端,包括海南岛、西沙群岛、中沙群岛、南沙群岛的岛礁及其海域,总面积(不包括卫星岛)3.39 万平方公里,是我国面积最大的省份,是我国仅次于台湾岛的第二大岛。全省陆地(主要包括海南岛和西沙、中沙、南沙群岛)总面积 3.54 万平方公里(其中海南岛陆地面积 3.39 万平方公里),海域面积约 200 万平方公里。海南岛北以琼州海峡与广东划界,西临北部湾与越南民主共和国相对,东濒南海与台湾省相望,东南和南边在南海中与菲律宾、文莱和马来西亚为邻。

海南省四面环海,北以琼州海峡与广东省划界,东濒南海与台湾省相望,东南和南面在南海中与菲律宾、马来西亚、文莱、印尼等国隔海相望,历来是中国通往中南半岛和东南亚地区的中转站和桥头堡,具有区位优势。由于地理上接近,海南与东盟之间的海上、空中交通运输便利。

自古以来,海南就与东盟诸国交往频繁、关系密切。东盟各国有众多的琼籍华侨、华人,目前,旅居和侨居海外的海南籍华侨、华人和港澳台胞近 300 多万人,分布在世界 80 多个国家和地区,其中东南亚最多。海南省作为经济特区,经济技术活动活跃,与东盟的科技交流与合作已有一定基础。博鳌亚洲论坛年会的永久落户、世界小姐总决赛、中国电影百年庆典和金鸡百花电影节等众多国内外重大节赛相继在海南举办,使海南的魅力名扬四海,吸引着东南亚国家以及世界其他地区对华发展经贸关系的目光。与内地大多数省份相比,海南与东盟开展科技合作与交流有上述地利、人和、天时三大优势。

近年来,海南省的公路和港口建设发展迅速,铁路和航空的投资建设热潮也紧跟其后,我国第一条跨海铁路粤海铁路通道全线投入运营,海口美兰和三亚凤凰两个国际机场相继建成。如今,在 3.4 万平方公里的海南岛上,由公路、铁路、港口、机场、管道五种运输方式组成的立体交通网初具规模,把海南岛与祖国大陆及世界各地紧紧地连在了一起。

(1)公路

海南岛陆上交通以公路为主,通车里程达 1.7 万余公里,以"三纵四横"为骨架,有干线直通各港口、市、县,并有支线延伸到全岛318个乡镇和各旅游景点,形成纵横交错、四通八达的环岛交通网络。东线和西线高速公路已建成通车,大大缩短了本岛北南之间的交通里程和时间,对海南经济的腾飞将起着不可估量的意义。

(2)铁路

铁路不是海南的主要交通;海南省内的铁路石碌至八所,八所至三亚是我国最南的铁路线,主要作为工业运输。铁路有横跨海峡的铁路通道——粤海铁路,年货物输送能力超过1000万吨。已开通海口至三亚、广州、北京、上海旅客列车4列,使海南岛和外界有了更多的联系。规划中的粤海铁路洋浦支线将于2007年建成。

(3)海运

海南是岛省,四周环海,拥有1617公里长的海岸线,海运可谓是海南省交通的重点。全省68个天然港湾,已开辟港口24个,其中以海口、三亚、八所、洋浦四个港口为最大。其他主要港口还有:清澜、铺前、新村、白马井、博鳌、新盈等。海口和三亚两港口已开辟对外贸易航线69条,和世界24个国家和地区有航运业务往来,为港澳台同胞和海外旅游者到海南来观光游览提供了方便。

经济特区的成立,为海南水运事业的发展注入了一剂"强心剂"。目前,已形成北有海口港、西有洋浦港和八所港、南有三亚港、东有清澜港等"四方五港"格局。截至2005年,海南省共有客货运输泊位126个,其中万吨以上码头泊位23个,港口年吞吐能力日益增强。建省以来,在沿海、近海、远洋运输方面,海南已建起一支多种类、多层次、多功能的且具规模的船舶航运队伍。目前,全省专营和兼营海洋运输的公司达100多家。海南省船队的国内航线可到达沿海及长江中下游各港口,国际航线可到达俄罗斯、日本、朝鲜、东南亚、非洲和欧洲等国家和地区。

(4)航空

海南省的航空事业发展最快,北部的海口美兰国际机场,按国际民航组织4E级标准修建,是中国第八大航空港。已开通国内国际航线200多条,与国内200个城市,国外(含港澳台)60个城市通航,2006年旅客吞吐量达666.8万人次,货物吞吐量9.5万吨。南边三亚凤凰国际机场已开通国际、港澳及内陆始发航线105条,2006年进出港旅客390.6万人次,已超过150万人次的一期设计规模。二期扩建工程完成后,年客运能力将达到600万人次。与39个国内外大中城市通航。另外省航引进两架"美多"小型客机投入岛内运输,专门进行岛内客运的小型客机。

随着西线高速公路建成通车、洋浦港二期、粤海铁路通道等一批重点交通建设工程的建成使用,洋浦经济开发区、东方化工城、老城开发区、海口保税区等一批经济开发区发展步入"快车道"。交通基础设施建设的不断完善和发展,促使具有国际先进水平800万吨炼油、100万吨浆纸、120万吨天然气化肥、60万吨甲醇、海口药谷、海汽三期等一批投资上亿元的大项目先后投入建设,一批支撑海南经济长远发展的支柱产业正在加速形成。

2. 资源优势

海南岛地处热带北缘,属热带季风气候,素来有"天然大温室"的美称。这里长夏无冬,光温充足,光合潜力高。海南岛入春早,升温快,日温差大,全年无霜冻,冬季温暖,稻可三熟,菜满四季,是我国南繁育种的理想基地。海南的热带土地面积占全国的42.5%,有保存完好的热带雨林,小区域物种十分丰富,是中国南方中草药主产地之一。海南是中国七大旅游区之一,拥有滨海度假、潜水探奇、高尔夫运动、热带雨林探险、生态观光、温泉养生、民俗文化等11大类特色旅游资源。

(1)经济作物资源

海南岛是我国最大的"热带宝地",土地总面积344.2万公顷,占全国热带土地面积的约42.5%。可用于农、林、牧、渔的土地人均约0.48公顷。由于光、热、水等条件优越,生物生长繁殖速率较温带和亚热带为优,农田终年可以种植,不少作物年可收获2至3次。按适宜性划分,海南岛的土地资源可分为7种类型:宜农地、宜胶地、宜热作地、宜林地、宜牧地、水面地和其他用地。目前,海南岛已开发利用的土地约315.2万公顷,未被开发利用的土地约26万公顷,其中可用于大农业开发利用的约占90%。待开发利用的荒地大都集中连片,宜于开垦和机耕。海南土地后备资源较丰富,开发潜力较大。

粮食作物是海南种植业中面积最大、分布最广、产值最高的作物,主要有水稻、旱稻、山兰坡稻、小麦,其次是番薯、木薯、芋头、玉米、高粱、粟、豆等。经济作物主要有甘蔗、麻类、花生、芝麻、茶等。水果种类繁多,栽培和野生果类 29 科 53 属,栽培形成商品的水果主要有菠萝、荔枝、龙眼、香蕉、大蕉、柑橘、芒果、西瓜、杨桃、菠萝蜜、红毛丹、火龙果等。蔬菜有 120 多种。

热带作物资源丰富,岛上原生热带植物有 3000 多种,从国外野生资源中发掘 1000 多种有用植物进行栽培试验,均取得成效。栽培面积较大、经济价值较高的热带作物主要有橡胶、椰子、油棕、槟榔、咖啡、胡椒、剑麻、香茅、腰果、可可等。

(2)旅游资源

海岸带景观在海南岛长达 1500 多公里的海岸线上,沙岸约占 50%—60%,海水清澈,沙白如絮,海水温度一般为 18—30℃,阳光充足明媚,一年中多数时候可进行海浴、日光浴、沙浴和风浴。自海口至三亚东岸线有 60 多处可辟为海滨浴场。环岛沿海有不同类型滨海风光特色的景点,在东海岸线上的热带海涂森林景观——红树林和一种热带特有的海岸地貌景观——珊瑚礁,均具有较高的观赏价值。

海南岛有海拔 1000 米以上的山峰 81 座,绵延起伏,气势雄伟,如气势磅礴的鹦哥岭,奇石叠峰的东山岭,瀑布飞泻的太平山,以及七仙岭、尖峰岭、吊罗山、霸王岭等,均是登山旅游和避暑胜地。海南的山岳还有琼中县五指山等 4 个最具特色的热带原始森林区。

海南省已建有霸王岭黑冠长臂猿保护区、大田坡鹿保护区、大洲岛金丝燕保护区、南湾半岛猕猴保护区、养鹿场等若干个野生动物自然保护区和驯养场供游客观赏。

火山、溶洞、温泉历史上的火山喷发,在海南岛留下了许多死火山口,保存十分完整。有不少千姿百态的喀斯特溶洞,其中著名的有三亚的落笔洞、保亭的千龙洞、昌江的皇帝洞等。岛上温泉分布广泛,多数温泉矿化度低、温度高、水量大、水质佳,大多属于治疗性温泉,且温泉所在区域景色宜人。兴隆温泉、南平温泉、蓝洋温泉、半岭矿泉等,适于发展融观光、疗养、科研等为一体的旅游。

古迹名胜主要有为纪念唐宋两代被贬谪来海南岛的李德裕等 5 位历史名臣而修建的五公祠,北宋大文豪苏东坡居琼遗址——东坡书院以及为纪念苏氏而修建的苏公祠,为巡雷琼兵备道焦映汉所修建的琼台书院,丘浚(明代名臣)之墓,海瑞(明朝大清官)之墓,受汉武帝派遣率兵入海南的伏波将军为拯救兵马而下令开凿的汉马伏波井,以及崖州古城、韦氏祠堂、文昌阁等。革命纪念地有琼崖纵队司令部旧址、嘉积镇红色娘子军纪念塑像、金牛岭烈士陵园、白沙起义纪念馆等。还有宋庆龄故居及陈列馆等。

民族风情除汉族外,世居海南岛的少数民族有黎族、苗族、回族。各少数民族保留着许多质朴敦厚的民风民俗和生活习惯,使海南的社会风貌显得独特而多彩。海南是全国唯一的黎族聚居区。黎族颇具特色的民族文化和风情,有独特的旅游观光价值。

(3)生物资源

海南生物资源十分丰富,素有"绿色宝库"之称,是我国最大的热带自然博物馆、最丰富的物种基因库。海南岛生长着丰富多彩的热带林木、热带花卉、热带水果和天然药材。海南动植物药材资源丰富,有"天然药库"之称。4000多种植物可入药的约2000种,占全国的40%,药典收载的有500种,经过筛选的抗癌植物有137种,南药30多种,最著名的是四大南药:槟榔、益智、砂仁、巴戟。动物药材和海产药材资源有鹿茸、猴膏、牛黄、穿山甲、玳瑁、海龙、海马、海蛇、琥珀、珍珠、海参、珊瑚、哈壳、牡蛎、石决明、鱼翅、海龟板等近50种。海南岛海岸线全长1928公里,沿海大小港湾68个,全省海洋渔场面积近30万平方公里,可供养殖的沿海滩涂面积2.57万公顷。海洋水产在800种以上,鱼类就有600多种,主要的海洋经济鱼类40多种。许多珍贵的海特产品种已在浅海养殖,可供人工养殖的浅海滩涂约2.5万多公顷,养殖的经济价值较高的鱼、虾、贝、藻类等20多种。海南岛的淡水鱼(不包括溯河性的鱼)有15科57属72种。

(4)矿产资源

有工业储量的矿产资源66种,其中富铁矿、钛砂矿、石英砂、锆英砂储量居全国第一位,含量分别约占全国储量的2/3。海南矿产资源种类较多。在国内占有重要位置的优势矿产主要有玻璃石英砂、天然气、钛砂、锆英砂、蓝宝石、水晶、三水型铝土、油页岩、化肥灰岩、沸石等10多种。其中,石绿铁矿的铁矿储量约占全国富铁矿储量的70%,品位居全国第一;钛矿储量占全国的70%;锆英砂储量占全国的60%。此外,黄金、水泥灰岩、花岗石材、矿泉水等也具有重要开发价值。另外,能源、黑色金属、有色金属、贵金属、稀有金属、稀有稀土分散元素、冶金辅助原料、化工原料、建筑材料、其他非金属矿、地下水、热矿水和饮用天然矿泉水等资源也蕴藏丰富。据统计,海南玻璃用砂储量居全国第 1 位,锆英砂矿居第 2 位,钛铁砂矿和天然气居第 3 位,宝石(蓝宝石、红锆宝石)居第 4 位,饰面用花岗岩居第 5 位,富铁矿居第 6 位,铝土矿居第 10 位,饮用天然矿泉水和热矿水居前列。

经地质普查勘探证实,海南有丰富的石油、天然气资源,先后圈定了北部湾、莺歌海、琼东南 3 个大型沉积盆地,总面积约 12 万平方公里,其中,对油气勘探有利的远景面积约 6 万平方公里,已探明开发的有崖 13-1 气田、东方气田、乐东气田、文昌油气田和陆地福山油气田。目前尚未开发利用、潜力很大的能源资源还有海洋能、太阳能和生物能。

四、云南与东盟开展分工合作的条件

与海南截然不同的是,云南完全属于一个内陆省份,其周边没有任何海域相连。然而,云南却有着其他省份无可比拟的优越性,其与缅甸、老挝、越南三个国家有着陆地接壤。而今,云南已成为中国连接东盟最便捷的路上通道。随着铁路、公路等交通运输网络的构建,云南必将会成为中国联系东盟的主要中心枢纽。此外,云南还是一个资源大省,有着丰富的矿产资源、植物资源、旅游资源、水资源等,这为云南与东盟进行积极互动合作奠定了坚实的客观基础。

1. 区位条件

云南东邻广西,西部同缅甸接壤,南同老挝、越南毗连,是中国连接东盟最便捷的陆上通道,且境内的澜沧江出境后流经缅、泰、老、柬、越等国,将云南与这些国家通过水道相连。从云南的世界经济坐标定位,可发现云南地处东亚、东南亚和南亚"三亚之枢纽",沿亚洲 6 条大河独龙江(伊洛瓦底江)、怒江(萨尔温江)、澜沧江(湄公河)、金沙江(长江)、元江(红河)、南盘江(珠江)均可在云南形成自然的"国际大通道"。随着中国—东盟自由贸易区的建成,中国与东盟之间经贸、投资的频繁往来,云南积极投身于公路、铁路、航运等交通运输网络的建设,以发挥其不可替代的中心枢纽地位和作用。

(1)公路

云南位于中国西南边陲,与越、老、缅三国接壤,是中国连接东盟最便捷的陆上通道。与中国其他几个与邻国接壤的省区相比,云南与周边国家开展国际便利运输最具潜力,目前云南已成为中国发展国际便利运输的重点。据数据显示,自2003年至2007年,云南累积完成交通投资1248亿元人民币,开工建设20多条高速公路,新增高速公路和高等级公路1762公里和4161公里,公路通车里程近20万公里,并以2508公里的高速公路通车里程位居全国第七位,西部第一位。① 依据规划,云南省连接东南亚、南亚国家的主要通道有4条,分别是:昆明经老挝至泰国曼谷公路全长约1855公里,中国境内段昆明至中老边境磨憨约708公里;昆明经中越边境河口进入越南的公路,中国境内段昆明至河口全长400多公里;昆明经中缅边境瑞丽至缅甸仰光公路全长约1017公里,中国境内段昆明至瑞丽长约760公里;昆明经中缅边境腾冲进入缅甸延伸至印度公路,中国境内段全长730公里,大部分与昆明至瑞丽公路重合。

截至2010年6月,云南4条国际大通道、5条省际大通道已全部建成通车。从昆明到云南全省各州市全部由高等级公路连接,昆明至越南、缅甸、老挝、泰国以及昆明通往邻省川、桂、黔的主要通道也全部实现高等级化。昆曼国际大通道于2008年正式贯通;昆明至越南河内国际公路全长664公里,现在只需要8小时便可到达;云南通往缅甸的9条主要公路中有3条已基本建成高速通道。

(2)铁路

作为连接东南亚与南亚最便捷的陆上通道,除公路建设外,铁路建设亦是云南发挥区位优势,构建陆上交通网络的一大关键。然而,云南当前路网规模小、布局偏、对外通道少、点线能力不匹配,是全国拥有铁路最少的省份之一。据2009年数据显示,云南省铁路营业里程只有1940公里,仅占全国铁路总里程的2.2%,全省16个州市中只有7个通铁路。对于一个资源型大省而言,外运物资以原矿和粗加工产品等低附加值物资为主,对铁路运输的额依赖程度较高,而云南目前的铁路建设明显与其经济社会发展的要求相差甚远。

2004年,中国铁道部与云南省联合明确了云南铁路的发展目标,即"八入滇四出境"。其中,"八入滇"包括滇藏铁路、成昆铁路、渝昆铁路、

---

① 《云南五年投资上千亿建设公路交通》,新华网,2008年2月21日。

内昆铁路、南昆铁路、贵昆铁路、云桂复线电气化铁路和上海至昆明的客运专线;"四出境"包括泛亚铁路东线、泛亚铁路中线、泛亚铁路西线和泛亚铁路北线。2010年,云南全面推进泛亚铁路东线、西线、中线、北线"四出境"铁路,东线玉溪至蒙自、蒙自至河口铁路和西线大瑞铁路都正在建设中。随着4条出境铁路的贯通,云南与东南亚、南亚各国的铁路网将全部贯通。[①] 同年4月,中国铁道部与老挝公共工程与运输部在北京签订合作备忘录,双方同意按照合资建设、共同经营的方式,先行就中老铁路磨憨—万象准轨铁路建设开展合作。中老泰通道铁路建设前期工作已全面启动。

交通运输通道是云南对外开展经济合作的基础,又是与东盟国家进行合作的主要渠道。随着铁路网的全面构建,云南与东南亚、南亚之间的合作将更上一层楼。

(3)水路

云南有河流800多条,主要河流180多条,分别汇入长江、珠江、红河、澜沧江、怒江、伊洛瓦底江六大水系,水运发展潜力巨大。主要河流长14200余公里,可开发航运里程约9000公里。其中,具有航运开发价值的主要河流63条,尤其是澜沧江—湄公河、元江—红河以及伊洛瓦底江3条河流,在国际长途水运或联运方面极具开发价值。

近年来,云南水运以澜沧江—湄公河国际航运为突破口,实现了对外开放合作的重大突破。1990年9月,云南景洪—老挝万象航线载货试航,结束了这条国际河流不能通航的历史。尤其在"两出省,三出境"("两出省"指的是金沙江水运通道与右江水运通道;"三出境"指的是澜沧江—湄公河国际水运通道、中越红河水运通道及中缅陆水联运通道)的通道建设目标确立之后,云南水运尤其是国际水运获得长足发展。2000年,中老缅泰签订四国通航协定。2001年,四国举行正式通航仪式,澜沧江-湄公河国际航线揭开了新的一页。2009年,云南省水运建设完成投资1.48亿元,同比增长74.1%;水路运输克服了年初的低迷状况,水运客运量达658万人次、货运量345万吨,旅客周转量1.6亿人公里、货物周

① 《中老泰通道铁路建设启动,云南国际大通道呼之欲出》,中国新闻网,2010年6月24日。

转量 5.4 亿吨公里,同比分别增长了 2.97%、1.77%、0.65% 和 5.01%,发展态势良好。

2010 年,围绕澜沧江—湄公河国际航运通道的建设正加紧推进。澜沧江关累码头二期工程正在进行投资 3956 万元的完善工程建设,新增 1 个 300 吨级集装箱泊位。投资 1.64 亿元,于 2008 年底开工,建设 300 吨级泊位 4 个,150 吨级泊位 2 个的景洪港勐罕作业区,预计 2011 年建成投产。总投资 6 亿元,通过能力为单船 500 吨的云南省第一座大型通航设施——景洪电站升船机也将于 2011 年投入试运行。投资 3380 万元、工期 2 年的云南省第一座海事专用码头——澜沧江海事局工作船码头工程,现已开工建设。①

目前,中国—东盟自由贸易区各项政策正逐步到位,中、印、缅、孟,中越"两廊一圈"区域经济合作也在加速推进,云南省参与大湄公河次区域经济合作不断加深。然而,据 2009 年数据显示,云南省通航里程为 2764 公里,仅占其可开发通航里程的三分之一。就此而言,云南水运的开发潜力仍比较大,其仍能继续凭此深化与东盟国家的合作。

(4)航空

云南航空事业的发展,不仅有利地促进了云南的改革开放,还带动了其优势产业特别是旅游业的发展。到 2010 年,云南省民航机场所飞航线达 244 条,通航城市达 90 多个,其中,国际城市 29 个,地区 2 个,②已初步建成以昆明区域性枢纽机场为中心,丽江、西双版纳中型机场为主,其余 9 个支线机场为辅的干支线机场网络布局,机场等级、规模、保障能力、航线网络、航班数量、航空资源在全国名列前茅,其已具备由航空大省向航空强省转变的优势。

截至 2009 年 9 月,云南省已有 5 个机场建成投入使用,它们是:新建腾冲机场、昆明巫家坝机场过渡性增容改造、芒市机场扩建、大理机场扩建、香格里拉机场扩建。另外,3 个机场正在建设中,即昆明新国际机场、丽江机场扩建、西双版纳机场改扩建。还有 3 个机场处于前期研究阶段,即泸沽湖机场、红河机场、会泽机场。"十二五"期间,云南计划将再新建怒

---

① 《桥头堡建设提速云南水运,通航里程将达 3100 公里》,《云南日报》2010 年 7 月 21 日。
② 《西部大开发 10 年,云南航空事业快速发展》,商务部网站,2010 年 7 月 26 日。

江、德钦、沧源、思茅、昭通等5个机场。① 这些机场建成后,云南机场的旅客吞吐量将位居北京、上海、广州之后,名列第四位。以上均为推动云南外向型经济、会展经济、旅游产业和文化产业的发展提供了良好的条件。

2. 资源优势

云南是我国的资源大省,其有着丰富的水资源、矿产资源、旅游资源与植物资源。其中,植物资源中的中草药与烟草种植是云南有别于其他三省的两大优势产业。

（1）水资源

云南虽处内陆,没有任何出海口与广阔的海洋面积,但其淡水资源相当丰富。云南省内河川纵横,湖泊众多,共有大小河流600多条,主要河流180多条,分别属于长江、珠江、红河、澜沧江、怒江、伊洛瓦底江等六大水系。据普查统计,全省拥有的水资源蕴藏量为10364万千瓦,年发电量可为9078.66亿千瓦/时,占全国总量的15.3%,仅次于西藏、四川两省,居全国第三位。可开发的装机容量为7116.79多万千瓦,年发电量为3944.5亿千瓦/时,占全国可开发量的20.5%,居全国第二位,仅次于西藏。可开发率为71%,居全国首位。

云南的水能资源主要分布于西部和北部,东部和南部次之,中部地区比较少。82.5%蕴藏于金沙江、澜沧江、怒江三大水系,尤以金沙江蕴藏量最大,占全省水能资源总量的38.9%。除金沙江有一定漂木、航运、防洪目的外,其余江河主要用作发电。对大江大河,主要采用堤坝式开发,在中、小支流的上游可以修建调节水库,以为利用下游各梯级电站提供保证。还可以采用跨流域引水的开发方式,以及修建抽水蓄能电站。

（2）矿产资源

云南地质现象种类繁多,成矿条件优越,矿产资源极为丰富,尤以有色金属及磷矿著称,号称"有色金属王国",是我国得天独厚的矿产资源宝地。除有色金属外,云南的化工、能源、黑色金属和建材金属矿产也在全国占有重要地位,云南的矿产资源具有以下特点:一是矿种全,到2008年为止已发现矿产142种,探明储量的有92种;二是分布广,金属矿遍及108个县市,煤矿在116个县市,其他非金属矿产各县都有;三是共生、伴生矿

---

① 《云南航空强省雏形显现》,《中国经济时报》2009年9月29日。

多,利用价值高,全省共生、伴生矿床约占 31%。云南有 50 多个矿种的保有量居全国前十位,其中铅、锌、锡、磷、铜、银等 25 种分别居全国前 3 位。

云南省煤炭资源总量为 691 亿吨。截至 2006 年底,全省探明煤炭资源量为 277.16 亿吨,预测资源量为 413.84 亿吨。全省煤炭资源总量居全国第 11 位,已提交的煤炭资源储量居全国第九位,在南方各省区市中仅次于贵州,居第二位。褐煤资源量仅次于内蒙,居全国第二位。全省保有资源储量 267.89 亿吨,主要集中在曲靖市、昭通市、红河哈尼族彝族自治州三地。

据统计,2008 年,云南省十种有色金属产量 216.75 万吨,较 2007 年下降了 7.66%。其中,铜为 31.35 万吨、铝为 53.11 万吨、铅为 40.07 万吨、锌为 80.76 万吨、锡为 7.39 万吨,分别下降 22.88%、2.11%、11.95%、1.7% 和 8.93%(见表 4-7)。

表 4-7　2008 年云南省有色金属主要产品情况

单位:万吨

产品	云南	全国	较上年增长%		云南占全国的比重(%)	云南排位
			云南	全国		
十年有色金属	216.75	2 520.3	-7.66	8.2	8.6	3
铜	31.35	-22.88	10	8.45		
铝	53.11	1 317.63	-2.113		3.04	9
铅	40.07	325.8	-11.95	19.29	1.23	
锌	80.76	391.3	-1.70	4.3	20.64	
锡	7.39	12.95	-8.93		57.07	4
铜材		784.9		17.2		
铝材		1 477.31		21.3		

资料来源:《云南省统计年鉴(2009)》。

此外,云南沉积岩分布广泛,油气资源较为丰富。有利勘探区块总面积 19.4 万平方千米,预测油资源量达 10.52 亿吨,气资源量达 4.45 万亿立方米。已发现大牛圈油田,探明石油地质储量 300 亿立方米,已发现大咀子气田,获天然气探明地质储量 12.81 亿立方米。已发现永铸街气田,获天然气探明地质储量 9.66 亿立方米,控制储量 2.12 亿立方米。到 1997 年,景谷盆地大牛圈油田已初步具备年产原油 0.5 万吨的生产能力;陆良盆地大咀子气田已具备年产天然气 0.45 亿立方米的生产能力;保山盆地永铸街气田已具备年产天然气 0.24 亿立方米的生产能力。

3. 旅游资源

云南旅游资源富集,人文景观众多,自然景观绮丽多姿。有很多驰名中外的世界文化和自然遗产,以及众多的森林和野生动物类型自然保护区。特殊的地理气候环境、众多的民族、悠久的历史以及灿烂的文化,形成了云南得天独厚的旅游资源。不仅在国内独树一帜,在国际上也占有重要地位。

近年来,云南省集中力量加强旅游基础设施建设,为旅游业创造了良好的外部环境。目前,全省已拥有国家级旅游线路 11 条,国家级和省级风景名胜区 57 个,国家级和省级森林公园 22 处、自然保护区 5 处,国家级和省级历史文化名城 9 座、重点文物保护单位 187 处,初步形成了一批以高山峡谷、现代冰川、高原湖泊、石林、喀斯特洞穴、火山地热、原始森林,花卉、文物古迹、传统园林及少数民族风情为特色的旅游开发区,一个以昆明为中心,"三线六区"相辅相成的发展格局正在形成。同时,由于云南地处中国与东南亚国家连接的国际通道上,自然形成了一个跨国旅游区。

4. 植物资源

由于独特的气候气温、地势地貌条件,云南有着丰富的植物资源,包括中草药、香料、花卉等。

一是丰富的天然中草药资源。云南省共生长着 2000 多种草药,其中有些种类是云南独有的。有供中医配方和制造中成药的原料 400 多种,其中如三七、天麻、云木香、云黄连、云茯苓、虫草等质地优良,在传统中药材中享有很高的声誉。过去依靠进口后来引种在云南热带及亚热带地区的砂仁、沉香、毕拨、胡黄连等"南药",具有广阔的发展前途,云南常用草药达 1250 种。民族药是云南的一大特色,各民族都有自己的草药,种类很多,是开发新药的广阔领域。

二是云南香料植物。云南香料植物种类之多在全国也名列前茅,计有 69 科,约 400 种。在香料植物中,一是辛香调味品品种齐全,二是香花类资源众多，三是可以提炼香精的香料植物很多。桉叶油、香叶油、树苔和橡苔、黄樟油、香茅油、依兰油、熏衣草等都是云南具有一定规模的植物香料产品；从素馨花中提取的精油，香味独特，是配制高级花香类香精的珍贵原料。此外，多年来又从国外引进名贵香料品种，形成了新的香料基地。

三是观赏植物。云南拥有2100多种观赏植物，其中花卉植物在1500种以上，不少是珍奇种类和特产植物，堪称为珍树、奇花、异草的"花卉王国"。仅杜鹃花就约有300个品种，茶花也有上百个品种，山茶花、杜鹃花、报春花、龙胆花、百合花、木兰花、兰花、绿绒蒿被誉为八大名花，在国内外都颇有名气。花卉过去仅在公园庭院中栽培供人观赏，现在已香飘万里，成为全省的一宗出口创汇商品。

四是烟草。烟草行业长久以来一直是云南省的传统支柱产业，其在国内有明显竞争优势烟草行业三个重要项目：红河州卷烟厂、昆明卷烟厂、玉溪红塔集团。2008年，云南全省烟叶收购总量达1709.8万担，其中，收购烤烟1673.6万担，香料烟29.3万担，白肋烟6.9万担；收购总值为125亿元，同比增加34亿元，增长37.5%；实现烟叶税27亿元，同比增长37.4%。此外，云南各烟叶产区重视特色优质烟叶的开发，魏涛卷烟工业企业重点骨干品牌原料需求，突出风格特色，落实特色优质烟叶生产开发点29个，面积2.33万公顷，收购烟叶104万担，同比增加47.5%，占全国的50.3%。因启动全等级出口优质烟叶开发项目，云南实现了全等级烟叶出口零的突破。

总之，周边四省区都有与东盟国家发展经贸关系的相似性区位优势，都在某一程度上有成为"通道"、"前沿"、"中转站"或"桥头堡"的条件。但侧重点不同，适应性也有差异，相互间呈现着相互补充与相互竞争的两重关系，在与东盟的合作中各有优劣。发挥各省区自身优势、通过产业对接提升整体产业竞争力，才能在与东盟的合作中取得更大的成果。

4.4.2 CAFTA框架下周边四省区与东盟地区的产业合作现状

各省区与东盟的产业分工主要体现在：一是通过贸易来实现分工，在国际贸易中自然会有国际竞争；二是通过合作达到竞争带来的分工效果。

一、广东与东盟地区的产业合作现状分析

广东与东盟的贸易逐步由基本要素禀赋差异产生的传统产业间贸易逐步走向基于规模经济和差别产品的产业内贸易,且贸易产品的范围不断扩大,正形成互补型的分工。

一是广东在与东盟的贸易结构中,机电产品、高新技术产品占了绝大多数,服装以及传统大宗商品出口额也大幅上升。由于东盟对机电产品的需求较大,广东的电子、电气、机械设备、化工等产品对东盟的出口具有很大的潜力。据广州海关统计,2007 年 1 月,广东对东盟出口机电产品8.3 亿美元,增长四成五,占同期广东对东盟出口总额的六成五,居各类产品出口首位。在广东与东盟之间的贸易中,机电产品和高新技术产品占主导地位,而服装东盟的出口额占我国服装对东盟出口额的近 2/3;鞋类、塑料制品、家具、箱包、玩具等传统大宗商品出口也有较大增幅。在进口方面,2007 年 1 月广东从东盟进口的天然橡胶、棕榈油、煤、成品油等原料性产品增幅较大。

二是广东与东盟在传统产业间贸易具有互补性,但产业内贸易也正在形成以加工贸易为主要贸易方式的互补性分工,尤其是技术密集型产业内分工。因此,不仅广东的高新技术产品在其对东盟的产品中一枝独秀,而且广东与东盟高新技术产品贸易存在明显的产业内分工。广东自东盟进口的前三位大类产品为电子技术类、计算机与通信技术类产品,这些进口的高新技术产品主要为加工装配所需的零部件,仅在 2006 年上半年,集成电路及微电子组件一项进口额就达 45.2 亿美元,占广东自东盟进口高新技术产品的 61.9%;此外,进口二极管及类似半导体器件和自动数据处理设备的零件以 5 亿美元和 4.5 亿美元分列二三位。20 世纪90 年代以来,以信息通讯产业为核心的"新经济"成为广东与东盟国家发展的热点方向。广东与东盟高新技术贸易逆差逐年增大,这说明东盟国家在高新技术零部件产品方面存在的比较优势纳入了与广东的产业分工中。

三是广东发展出了一批具有国际竞争力的大企业,其中部分已经在东盟国家投资设厂、建立研发中心、不断实施跨国资本运作等全方位、多领域发展,比如华为、美的、TCL 等。目前,广东明确提出将进一步加强与东盟的产业合作,具体体现在纺织产业、资源开发利用、服务产业、承包工程和劳务合作。

二、广西与东盟地区的产业合作现状分析

据广西商务厅的统计材料,从近几年广西对东盟出口的规模来看,出口最多,总额过亿美元的商品是金属制品、纺织品、水果和蔬菜和化工制品,而这几类商品中,除水果蔬菜外,其余都属于工业制成品,这说明广西对东盟出口商品中工业品要多于农产品。出口商品中呈上升趋势的有金属制品、农产品和车辆,其他种类的商品大致呈下降趋势。进口的情况与出口有所不同,从东盟进口的大宗商品几乎全是资源类的农矿产品。技术含量高的机械、电子等类产品一项也没有。尽管广西对东盟贸易处于持续快速发展态势,但广西对东盟的贸易出口仍然集中在劳动密集型产品,广西在一些机电产品方面也具有一定的优势和市场潜力,但是由于技术含量不高,容易被其他优质高档的产品所替代,因此发展前景有限。机电产品和高新技术产品也主要集中于中低端的加工装配环节,出口产品整体技术层次较低,高附加值产品比重不大。在东盟的产业发展链上,广西仍然处于下端地位。

东盟对广西的出口也集中在资源和劳动密集型产业。按照要素禀赋理论,这样的国际贸易主要是由于双方自然资源的稀缺性或不匀性(供给与需求的不平衡)促成的,是一种互补性的贸易,处于国际贸易中较低的层次。在双方商贸中,主要还是靠资源禀赋推动,未充分体现工业化发展上发挥竞争优势的国际分工。随着东盟国家经济发展水平的提高,在劳动密集型产业的总体上双方竞争性更为增强。

广西凭借自己的优势农业资源,与东盟各个国家在农业上开展了交流与合作,比如与泰国、越南、菲律宾、马来西亚和新加坡等国在热带经济作物和水稻优质品种引进、选育和推广、鱼类病害防治技术等方面已开展交流与合作。向老挝提供优良的农作物品种、种子、种苗外,还将派出农业专家亲临指导等。

总体来说,广西与东盟部分国家的合作大都限于劳动密集型产业以及资源密集型产业。广西主要进口的东盟产品有橡胶、煤、木薯淀粉、水果、矿砂、棕榈油、原木等。广西向东盟出口的商品主要有机电产品、高新技术产品、中草药材、化肥、钢材、纺织品等。这样的进口结构是难以持久的。广西只利用了东盟国家的自然资源,没有利用其他的资源,分工程度浅。

三、海南与东盟地区的产业合作现状分析

海南主要进口的东盟产品是液化丁烷、钢铁结构体、动植物油、无烟煤等。向东盟出口的商品包括尿素、硅锰铁、服装及衣着附件、机电产品等。

海南是中国仅有的热带岛屿,热带高效农业具有不可替代性,产品占领着全国市场,但是面对东南亚市场其竞争力就大大消减。海南的传统制造业基础薄弱,增长乏力,其工业发展滞后,在国外很难具有竞争力。因此在与东盟国家合作中大都局限在农作物良种交换、海水养殖技术交流、农产品加工等方面,分工形式相对单一,地位相对低下。

海南与东盟国家同处热带,资源条件、产业结构和产品结构都有很大的相似性,存在竞争大于互补,互相开展贸易机会不多。海南经济发育程度低,产业基础薄弱,具有竞争的产品不多,与东盟国家开展经贸合作"先天不足"。近年来,海南与东盟开展的产业合作主要体现在农业、渔业等领域。因此,在与东盟的合作中体现出弱势的分工地位,未能融入东盟产业的分工链条,即使参与的分工也不够深化。

广西和海南对东盟进出口商品的种类来看,大多数都属于初级产品及加工深度低的产品,而且出口商品的附加值普遍不高,产业集中在农业、矿业以及普通的机电产品制造业等产业。因此,广西和海南的产业合作主要还是靠资源禀赋来推动,没有充分体现到工业化发展上发展竞争优势的国际分工。

四、云南与东盟地区的产业合作现状分析

2006年云南省对东盟主要出口商品中,一方面,传统大类商品有色金属依然占据较高比重,出口额达3.3亿美元,较上年增长1.3倍。另一方面,随着出口商品结构的不断调整,云南省对东盟机电产品、农产品及化肥出口也实现了稳步攀升,出口创汇额分别为2.4亿美元、1.9亿美元和1.5亿美元,较上年增幅分别达18%、14%和22.8%。除此之外,云南省对东盟纺织品出口突破1亿美元,同比增长26.7%,增势显著,成为云南省对东盟出口商品的一大亮点。

云南省与东盟一般贸易发展增长态势依然显著的同时,加工贸易额增长迅猛,实现加工贸易额4.5亿美元。云南省进口东盟商品中,占主体的金属矿砂进口依然增势明显,同时农产品中的龙眼也有大幅上升。从云南和东盟的进出口贸易的结构来看,双方的分工主要还是集中在劳动资源密集型产业上,虽很多产业在分工上具有相似性,但远未形成高效率的专业化的产业内分工。

4.4.3 CAFTA框架下周边四省区未来与东盟开展产业合作的空间

基于CAFTA框架下中国周边四省区与东盟分工合作的可行性条件的分析,可知滇、桂、琼、粤四省区有着丰富的资源,优越的区位条件。截止至今,四省区已与东盟成员国在很多领域展开合作。那么,随着区域经济一体化的不断推进,中国四省区与东盟又能在哪些领域进一步实现分工与合作?

一、农业领域的分工合作

农业合作的基础首先建立在双方的产品需求和产品优势上,其次是利用农业产业化来推进农业产业内分工与合作。

第一,从农产品品种看。我国周边的省区属于热带和亚热带地区,其农产品与东盟同构性较强,从2003年早期收获产品零关税安排,对这些地区都构成不小的冲击,特别是占全国热带水果80%的广西、海南、广东尤其如此。对东盟的部分农产品而言,四省并不具有优势,在改善自身的同时要发掘优势。但是四省部分农产品与东盟具有很强的价格优势,在贸易分工上已处于优势地位。经济较发达的新加坡,95%的农产品也要依赖进口,文莱80%的农产品需要外援。

第二,在粮食生产上开展农业合作,形成土地资源与生产能力的分工。从越南、老挝、柬埔寨、缅甸、菲律宾、印尼等有大的农业发展现状看,其大量可供开发利用的土地等待开发,农业基础也比较薄弱,农业发展前景广阔。这些国家的粮食还不能自给。例如,菲律宾具有丰富的土地资源和适宜农作物生长的气候条件,但目前菲律宾包括粮食在内的许多农产品处于短缺状况。就是针对这些情况,东盟多国政府都在对外的农业合作中给予政策支持,比如柬埔寨政府准备与外国合作,在各县设立农业中心和实验田,以便更新生产技术,丰富农作物的种类,满足国内市场和出口的需要。政策的推动无疑是促成合作的重要因素。

第三,农业实现产业化、集群化的关键还是在于企业,农业分工合作就是双方企业各自根据资源与市场情况,分别输出农业技术、资金或者对此引进。双方在农业领域中的带头龙头企业已初具规模,在形成产业一体化,一条龙生产及服务也已具有一定基础,针对这些企业的特点,在与东盟的产业分工上更多的空间在于产品的深加工及精深加工,在争取将产业之间的分工转变成产业内分工,提升分工层次。

我国周边省区农业在某些领域上已经初具产业化、集群化的特点,比如广西已形成辐射带动能力较强、与农户联结关系较紧密的农业产业组织有 3000 多个,覆盖了全区近 1/3 农村。其中规模经营以上组织 1810 多家(含糖业企业),产值超亿元的 37 家,有 6 家企业被确定为农业产业化国家重点龙头企业。这些产业和企业已具备向东盟输出产品、技术、甚至投资的实力。而广东的农业产业化国家重点带头企业比广西的还多,也分别有 52、13 个,海南也有 5 个。由于主动性的投资更易在分工链上占据优势地位,因此,四省在发展自身农业产业化、集聚化的同时,应积极开展对东盟各国的投资,输出我方丰富的劳动力、技术以及资金,利用对方的资源,开展投资活动。

反之,由于四省的农业产业化发展仍有不足,也需要东盟国家的强优企业来与我们合作。以泰国正大集团为例,该集团形成了由种子改良——种植业——饲料业——养殖业——农牧产品加工、食品销售、进出口贸易等组成的完整的现代农牧产业链,成为世界现代农牧业产业化经营的典范。东盟的这个农业大团体正是我们引进产业和资金的对象。

二、制造业领域的分工与合作

在与东盟的制造业产品的交易中,这类产品主要以资源禀赋的差异为基础。东盟具有优势的商品其中森林、矿藏和热带作物等自然资源类商品占主导地位,而四省具有优势的商品,主要是机电产品、金属及其制品、纺织品、服装与鞋、中草药等,双方产品存在很大的互补性,合作空间大。广东、广西及海南在某些产业上有比较健全的产业技术研发体系和较强的自主研发能力。比如广东的电子通信计算机、云南的烟草种植和加工、广西的制糖、海南的交通设备运输等产业都具有较高的技术水平。而东盟一些国家正处在工业化发展的关键阶段,其产品提升和经济发展中的科技因素至关重要,各省在与东盟合作方面大有可为。

三、旅游业领域的分工与合作

广西、广东、海南的旅游业在全国来说是比较发达的地区,其中,广东省的旅游外汇收入多年来都居内地 31 个省区市中的首位,云南居于前 10 名内的位次,广西居于前 10 名左右;海南的旅游资源也很丰富。近年来,广西边境旅游的大发展和广东、海南对新、马、泰等国旅游业务的开展,都是地缘空间优势的充分体现。

在旅游领域,三省与东盟的分工主要在于各地的旅游资源的特色上。旅游业与其他产业有所不同,其根本的基础还是自身的资源禀赋以及相应的配套设施,要论分工的话首先要考虑的是其优势特点,柬埔寨有世界文化遗产吴哥窟、泰国有奇异的民俗风情,即使是新加坡,虽不具备优势的自然资源,但它的城市文化却独具魅力。旅游业的分工不仅仅是传统的吸引游客、提供服务,还应延伸到投资领域:开发旅游资源、建设旅游度假区、旅游宾馆、生态农业观光和旅游基础设施,使旅游合作提升高度。旅游企业的壮大,为旅游业产业化奠定基础,四省和东盟的旅游产业都可向对方渗透,引导对方的旅游发展。

四、资源开发与基础设施建设领域的分工与合作

能源、资源的开发以及基础设施的建设是东盟国家发展的重中之重。双方的分工地位根据国别有不少差异。东盟国家有需求,我方四省区在能源和资源开发、基础设施建设方面都有相对成熟的技术和丰富的经验,双方的合作空间不可限量。

东盟大部分国家虽然自然资源相当丰富,但由于技术资金等条件的限制,许多资源都等待开发。比如,越南的铁矿、老挝的钾盐矿、缅甸的铜矿等矿藏,还有水力、电力资源等。为此,双方在承包工程和劳务方面已经取得一定进展。广西和广东与东盟开展的国际工程承包与劳务合作的势头也很强劲,积极承揽了东盟部分国家的电力、交通、矿藏等方面的工程项目,输出劳务,带动设备技术的输出。再延伸到其他服务领域来看,我国周边四省区与东盟国家在建筑服务、文化交流、人力资源开发和培训等方面有较大的互补性,双方的分工与合作会得到有效的促进。新加坡、菲律宾、泰国、马来西亚、印尼的服务贸易水平都比四省高或者相当,其他的总体来说就比四省低。

本章小结

　　随着生产力的不断发展,产业分工在国际国内范围内都得到了更大程度的深化。在推进区域经济发展的过程中,产业分工发挥了其不可忽视的作用。分工理论从建立以来大体经历了产业间(或部门间)分工、产业内(或产品间)分工向产业链分工的三个发展阶段。区域经济一体化的发展,极大地密切了成员国之间的经贸关系,由此产生了推进国际分工与推进国际合作两大效果。对经济规模较大的成员国来说,国际分工与国际合作还会促进国内分工与国内合作。产业分工格局的合理科学化与区域经济发展水平之间的正相关关系被广泛认知和肯定后,各国各地方政府在推进区域经济合作的进程中,都更为重视产业分工理论的研究学习与应用。尤其是中国—东盟自由贸易区建立之后,作为联系中国与东盟的最便捷通道,滇、桂、琼、粤四省区更应立足于现有的产业分工格局,进而寻找合适的路径实现对内区域与对外区域的深化合作。

　　本章立足于 CAFTA 的框架内,考察我国周边四省区域性产业分工格局。其中,包括对内区域合作与对外区域合作。前者主要考察当前滇、桂、琼、粤四省区相互之间所形成的产业分工合作格局;后者则主要集中于刻画四省区与东盟开展的产业分工合作。四省区中,当属广东的经济发展水平最高、工业基础最雄厚、工业化程度最高,其与滇、桂、琼三省的合作中往往扮演着“产业转移”与“资源索取”的角色。相比之下,除广东外的滇、桂两省区的产业发展水平相当,其产业竞争性大于互补性,加之行政壁垒等外在因素的阻碍,两省区间的合作相对较少。海南作为岛省,其资源丰富却产业综合能力不高,正积极寻找路径与其他省份开展产业分工合作。而体制、战略、产业结构是影响我国周边四省区产业分工合作的三大因素。基于我国周边四省区当前的产业分工现状,可考虑通过加快产业区际转移,深化区域产业分工,进而实现产业转移与产业集群的转换,并参与至对外区域产业分工。

　　在 CAFTA 框架下,仅仅考虑周边四省区间的产业分工合作是远远不够的,周边四省区开展产业分工合作的更高级目标是为实现区域经济一体化条件下与东盟之间的合理分工与合作。因此,本章又从周边四省区与东盟开展产业分工合作的现实条件、合作现状与未来合作空间三个方面入手,综合考察我国周边四省区与东盟之间所形成的产业分工合作格局,并探讨了未来可能合作的空间及领域。

依照国际产业转移的路线，往往由相对发达的国家转移到次发达国家，再由次发达国家转移到发展中国家和地区，逐层推进。可见，发展中国家和地区在国际分工中处于被动地位，而这也成为了发展中国家和地区人为推进产业结构优化升级的因素之一。特别是。随着我国经济的迅猛发展及对外开放的加快，国际产业转移对我国经济发展的影响已日渐加深。对于滇、桂、琼、粤前沿四省区而言，其共同面临着 CAFTA 区域内的东盟国家，那么，如何借助中国—东盟自贸区这一介质进行产业转移与产业承接，进而实现产业结构的高度化与合理化？要回答以上问题，必先明确"产业结构优化升级"的相关内容，以此来确定四省区产业结构优化升级的目标。为此，本章详细阐述了包括内涵、目标、标准、机制等在内的有关产业结构优化升级的内容，在此基础上，进一步探讨了 CAFTA 框架下滇、桂、琼、粤四省区产业结构优化升级的目标。

第 5 章
参与国际分工的途径：产业结构优化升级

从近几年我国经济发展和运行的实际情况看，盲目追求 GDP 的增长速度，以大量消耗资源、污染环境和牺牲农民利益为代价的粗放式增长模式并没有明显改变。这说明以科学发展观统领全局的方针还没有真正落到实处。这种情况的出现，是我国经济发展阶段的客观必然性导致的，还是思想认识、经济体制、利益分配格局等方面的原因造成的？国际产业转移主要是通过资本的国际流动和国际直接投资来实现的，往往是从劳动密集型产业的转移开始，进而到资本、技术密集型产业的转移，是从相对发达的国家转移到次发达国家，再由次发达国家转移到发展中国家和地区，逐层推进。当前，随着我国经济的迅速发展和对外开放的扩大，国际产业转移对我国经济发展的影响也进一步加深。那么，在这一规律作用下，中国—东盟区域产业转移与承接如何实现该区域产业结构的优化升级？如何实现经济增长方式的转变？这些理论与实际问题都需要给予科学的回答。而要回答这些问题，就有必要对产业结构优化升级的基础理论进行梳理，以此为基础讨论该区域产业转移与承接、产业结构的优化升级。

5.1 产业结构优化升级的内涵

根据系统论的观点，系统的结构决定了系统的功能。在国民经济中，当生产要素能够充分自由流动时，不管初始的资源配置（产业结构）如何，通过市场总能达到资源最优利用和配置状态。但是，当生产要素处于非完全自由流动或存在流动的交易费用时，资源的初始分配（产业结构）将影响资源的配置效率。换句话说，不同的结构选择将获得不同的效率水平。我们研究产业结构优化升级，就是希望产业发展更有效率。产业结构优化升级包括了产业结构的高度化和合理化这两个方面。

5.1.1 产业结构高度化的理论框架

产业结构高度化也称产业结构高级化。指一国经济发展重点或产业结构重心由第一产业向第二产业和第三产业逐次转移的过程,标志着一国经济发展水平的高低和发展阶段、方向。产业结构高度化往往具体反映在各产业部门之间产值、就业人员、国民收入比例变动的过程上。

产业结构高度化以产业结构合理化为基础,脱离合理化的高度化只能是一种"虚高度化"。产业结构合理化的过程,使结构效益不断提高,进而推动产业结构向高度化发展。可见,合理化和高度化是构成产业结构优化的两个基点。

一、产业结构高度化的衡量

产业结构高度化的衡量主要有两种方法,一个是标准结构法;一个是相似系数法。

1. 标准结构法

该方法是将一国的产业结构与其他国家产业结构的平均高度进行比较,以确定本国产业结构的高度化程度。即根据"标准结构",能了解到一国经济发展到哪一个阶段以及产业结构高度化的程度。

表5-1　库兹涅茨的"标准结构"

	(1964 年币值的国民生产总值的基准水平)								
	<100	100	200	300	400	500	800	1000	> 1000
	产值的部门构成(部门产值占国内生产总值的比例)(%)								
第一产业	52.5	45.2	32.7	26.6	22.8	20.2	15.6	13.8	12.7
制造业	12.5	14.9	21.5	25.1	27.6	29.4	33.1	34.7	37.9
基础设施	5.3	6.1	7.2	7.9	8.5	8.9	9.8	10.2	10.9
服务业	30	33.8	38.5	40.3	41.1	41.5	41.6	41.3	38.6
	劳动力部门构成(部门劳动力就业占总劳动力就业的比例)(%)								
初级产业	71.2	65.8	55.7	48.9	43.8	39.5	30.33	25.2	15.9
制造业	7.8	9.1	16.4	20.6	23.5	25.8	30.3	32.5	36.8
服务业	21	25.1	27.9	30.4	32.7	34.7	39.6	42.3	47.3

资料来源:周振:《产业结构优化论》,上海人民出版社1992年版。

2. 相似系数法

产业结构相似系数，主要用来分析不同国家或地区之间产业结构同构化的状况。设 A 是被比较的产业结构系统，B 是参照系，X_{Ai}，X_{Bi} 分别是产业 i 的总产值在 A 和 B 中的比重，则产业结构系统 A 和参照系 B 之间的相似系数 r_{AB} 为：

$$r_{AB} = (\sum_{k=1}^{n} X_{Ai} X_{Bi}) / \sqrt{\sum_{k=1}^{n} X_{Ai}^2 \sum_{k=1}^{n} X_{Bi}^2}$$

其中，r_{AB} 的值介于 0 与 1 之间。该系数值越大，相似程度越高。

二、产业结构高度化的直接动因分析

按照熊彼特的观点，所谓的创新，就是导入一种新的产出函数，可以大大提高潜在的产出能力。而产业结构的高度化过程，就是伴随着技术进步和生产社会化程度的提高，不断提高产业结构作为资源转换器的效能和效益的过程。因此，创新也就成为产业结构高度化演进的直接动因。创新对产业结构高度化的直接推动作用，主要可以通过以下两个方面来表示：

（1）创新导致了技术进步。新的生产函数的导入，其一种表现就是原有生产要素的状态下，通过系统内部结构的调整，提高系统的产出。显然导入新的生产函数，也就导致系统技术进步。而系统技术进步，将带来产业结构的升级。

（2）创新带来新的市场需求。新的生产函数的另一种表现是创造了新的产出。新产出的出现，又可以创造新的市场需求，使一部分潜在的市场需求转化为现实需求。而市场需求则可带来国民收入总水平和分配以及需求结构的变化。

三、产业结构高度化的表现形式

在经济发展的历史长河中，产业结构的高度化及主导产业及其群体不断更替、转换的一个历史演进过程，是一个产业结构由低级到高级，由简单到复杂的渐进过程。随着经济活动范围的不断扩大和社会分工进一步深化，产业结构高度化顺序一直在改变。

上述由产业发展的五个历史阶段说明，在经济发展的历史长河中，产业结构的高度化及主导产业及其群体不断更替、转换的一个历史演进过程，是一个产业结构由低级到高级，由简单到复杂的渐进过程中。

表5-2　产业结构高度化顺序

阶段	主导产业部门	主导产业群
第一阶段	棉纺工业	纺织工业、工业、采煤工业、早期制造业和交通运输业
第二阶段	钢铁工业、铁路修建业	钢铁工业、采煤工业、造船工业、纺织工业、机器制造、钢铁动力业、轮船运输业及其他工业
第三阶段	电力、汽车、化工和钢铁工业	电力工业、电器工具、机械制造业、化学工业、汽车工业以及第二个主导产业群各产业
第四阶段	汽车、石油、钢铁和耐用消费品工业	耐用消费品工业、宇航工业、合成材料工业以及第三个主导产业群各产业
第五阶段	信息产业	新材料、新资源、生物工程度等新兴产业以及第四个主导产业群各产生

罗斯托指出,经济的发展,就是通过主导产业的更替,不断地从一个阶段迈向另一个新的阶段。

表5-3　罗斯托的经济成长阶段和相应的主导产业

经济成长阶段	相应的主导产业
传统社会阶段	绝大部分以农业为主体
为起飞创造前提阶段	以农业为主体
起飞阶段	纺织工业、铁路、建筑
向成熟推进阶段	钢铁工业、电力工业
高额大众消费阶段	汽车工业
追求质量阶段	服务业、城郊建筑业

应当注意的是,随着经济活动范围的不断扩大和社会分工进一步深化,由单个产业充当主导产业的角色来带动整个经济发展和产业结构演进的现象并不常见,而越来越多的情况是由一组产业形成"主导产业群"来带动经济发展和产业结构升级。如由钢铁、电力、机械和化学等重化工业组成的主导产业群,就曾对国家的重工业化起了主导作用。

目前,从分数电子技术、新手机技术、新材料技术、生物工程技术为中心的高新技术产业群,正在全世界范围内广泛地影响并不断改变着原有的产业结构。

5.1.2 产业结构合理化的理论框架

产业结构合理化是一个动态、渐进的过程,该过程的极限状态是产业结构最优状态。可以从企业和产业两个层面进行理解。企业层面包括:产品结构的调整、组织结构的调整、生产方式的转变和管理方式的转变四个方面。产业层面包含:结构比例协调、结构有序变动、资源效率提高和产业布局合理化四个方面。这两个层次之间存在互动关系。

在社会再生产过程中,各部门之间通过投入产出关系的总和所反映的产业结构关系,可以称之为产业结构关联。这种投入产出关系既体现在数量方面,也体现在技术要求方面。而且,在短期内各部门实现单位生产所需的投入量基本不变或变动很小,由此决定了国民经济各部门之间应该有一个合理的比例关系。而从长期来看,这种比例关系又是不断变化的。产业结构合理化的意义就在于此。

产业结构关联通常可以通过里昂惕夫的投入产出表及其表达式来说明:

$$X = (I - A)^{-1}F, W = AX \text{ 或 } W_i = \sum_j a_{ij}X_j$$

其中, X 为部门产出向量, A 为直接消耗系数矩阵,在一定程度上也代表着一定的技术水平, a_{ij} 为该矩阵元素, F 为最终需求向量, W 为中间需求向量。

通过研究结构关联,可以对一定的产业结构进行波及效果分析、生产诱发程度和派生需求分析,以及对就业、资本投入等要素需求进行测算;同时,通过结构关联程度,结合技术水平和技术进步速度,我们甚至可以进行不同行业的技术扩散与带动程度进行分析。

由于工业发展过程中存在不同程度的进入障碍和退出障碍,以及供给结构并非完全有弹性而是存在一定的刚性、甚至是僵化,由此而导致了部门之间生产要素的边际效益并不相等,这是一个十分普遍的现象。因此,在技术、需求偏好既定的情况下,不同的部门结构在生产、交换、分配等方面,因是否相互适应、是否协调而具有一定的效率与非效率特点。即结构关联效应(或结构协调效应),它表现为产业结构的协调或平衡要求。

通过改善结构关联效应来提高资源配置效率,主要有两个方面:一是追求减少资源的闲置浪费和短缺,它遵循"木桶效应"原理,即通过结构平衡或协调所产生的效益,犹如木桶装水,是由木桶中最短的一条边所决定的。二是在确定主导部门时,尽量选择与社会技术能力相适应的行业,避免主导部门与相关行业的技术差距过于悬殊,而使得相关行业成为主导部门发展的障碍。

对于第一种结构关联效应是可计算的。例如,对多种产品和多种要素的生产过程以及生产过程的各个阶段,可以用下述模型来描述:

生产函数:$X_i^s = f_x(K_i, L_i, E_i, M_i)$

要素需求函数:$K_i = f_k(p_i, r_i, w_i, q_i, g_i, X_i^s)$,$L_i = f_L(p_i, r_i, w_i, q_i, g_i, X_i^s)$

$M_i = f_M(p_i, r_i, w_i, q_i, g_i, X_i^s)$,$E_i = f_E(p_i, r_i, w_i, q_i, g_i, X_i^s)$

产品需求:$X_i^d = g(y, p_i, p_j)$

库存函数:$X_i^s - X_i^d - h(\Delta X_i^d, \Delta p_i, s_i)$

要素价格方程:$r_i = k_r(r)$,$w_i = k_w(w)$,$q_i = k_q(q)$,$g_i = k_g(g)$

产品价格方程:$\Delta p_i = k_p(X_i^s - X_i^d)$

其中:X_i 为 i 部门的产出, K_i 、L_i 、E_i 、M_i 分别为资本、劳动力、能源、原材料等要素投入,p 为产出价格,r_i 、w_i 、q_i 、g_i 等分别为资本租金、工资率、能源价格、材料价格等要素价格,Y 为国民收入水平,上标 s、d 分别表示供给和需求,Δ 表示变化值。

通常情况下(自由竞争),最佳的资源配置结构可以通过如下最优模型来实现:

目标方程:$max = CX$

约束方程:$AX \leqslant b$,$X = (I-A)^{-1}F, X \geqslant 0$

其中:S 为目标值(如利润总额),C 为各部门的产出单位价值率,X 为各部门的产出向量,b 为资源可供量或其他限制条件(如环境等)的常数向量,$(I-a)^{-1}$ 为投入产出逆矩阵。

满足上述最大化方程的一阶条件是:

每种要素的边际产品的价值必须等于它的价格:$p\dfrac{\partial f(x^*)}{\partial x}$ $i = 1, \cdots, n$

每一部门的要素边际产出率必须相等:$\dfrac{\partial f(x^*)}{\partial x_i} = \dfrac{\partial f(x^*)}{\partial x_j}$

凡是对上述最佳资源配置结构的偏离都将造成一定的效益损失。假设存在高效率部门和低效率部门两类部门，其资产存量分别为 $\sum A_i$、$\sum B_i$，而 a_i、b_i 分别为两者的资产利润率，结构调整前、后分别用下标 0 和 t 表示，那么以资产转移为特征的结构调整的效益改进 ΔY 可以表示为：

$$\Delta Y = \frac{\sum a_{it}A_{it} + \sum b_{it}B_{it}}{\sum A_{it} + \sum B_{it}} - \frac{\sum a_{i0}A_{i0} + \sum b_{i0}B_{i0}}{\sum A_{i0} + \sum B_{i0}}$$

M. 赛尔奎因利用资源再配置效应（TRE）模型来测算具有不同要素生产率的部门之间的资源再配置对生产率和经济增长的作用。根据其定义，生产率总增长率和生产率部门增长率的加权平均数的差距测量了在具有不同边际生产率的部门之间资源再配置对增长的作用。这种差距被称为总体再配置效应（TRE）。公式如下：

$$TRE = \frac{1}{v}\sum_i L_i(f_{Li} - f_L) + \frac{1}{v}\sum_i K_i(f_{Ki} - f_K)$$

143

表5-4　钱纳里工业化进程阶段划分①　　　　单位：美元/人

收入水平 （以1970年美元计）	时　期	阶　　段	
140—280	1	第1阶段	初级产品生产
280—560	2	第2阶段	工业化初期
560—1120	3		工业化中期
1120—2100	4		工业化成熟期
2100—3360	5		工业化发达期
3360—5040	6	第3阶段	发达经济

钱纳里等人对工业化进程阶段划分如表5-4所示。根据钱纳里等人对工业化过程的研究，人均收入处于140—280美元（1970年）为结构转变初期，2100—3360美元为结构转变末期。由表5-5可以看出，整个工业化时期是资源再配置效应最高的时期。而当人均收入为3360—5040美元（即完成了工业化进入"成熟经济"时期）时，资源再配置效应就开始

① 资料来源：H·钱纳里等：《工业化和经济增长的比较研究》，上海三联书店1989年版。

急剧下降。

表5-5　多国模型中资源再配置对生产率增长的贡献①

人均收入 (1970年美元)	年均增长率(%)			再配置效应的贡献(%)	
	TFP	$\sum \rho_i \text{TFP}_i$	TRE	TRE/TFP	TRE/G
100—140	0.44	0.4	0.04	9	1
140—280	0.72	0.57	0.15	20	3
280—560	1.4	1.11	0.29	21	5
560—1120	2.28	1.72	0.56	25	9
1120—2100	2.92	2.17	0.75	26	11
2100—3360	3.11	2.71	0.4	13	6
3360—5040	2.8	2.72	0.08	3	2

5.2　产业结构优化升级的目标

　　产业结构优化升级的目标是建立科技含量高、经济效益好、资源消耗低、环境污染少的新型产业结构,使工业整体素质明显提高,国际竞争力和可持续发展能力显著增强。其方向可以总结为:积极发展对经济增长有突破性重大带动作用的科技含量高的行业,使产业结构向着低物质化和高知识化的方向发展。同时,加快利用高新技术和先进适用技术对传统产业的改造,提高资源的利用效率,增加科技含量,增强产业结构的整体素质。

5.2.1　产业结构方面

　　产业结构,亦称国民经济的部门结构。国民经济各产业部门之间以及各产业部门内部的构成。社会生产的产业结构或部门结构是在一般分

---

　　① 表中 *TFP* 为总的全要素生产率,ρ_i 为部门 i 的比重,*TFPi* 为部门 i 的全要素生产率,*G* 为总产出增长率。

工和特殊分工的基础上产生和发展起来的。产业结构方面主要包括以下几个部分：

一、产业发展方向

要根据不同产业发展状况确定调整重点和思路。一是提高技术、资金密集型行业的比重，适度发展劳动密集型行业，传统产业要重点提高深加工、精加工；二是以市场需求为导向，巩固基础行业，重点发展主导行业，尤其是新兴主导产业。根据需求变化，加快发展生物制药、新型材料等新兴产业，同时充分注意对传统产业如机械、建材、化工、食品等劳动密集型行业的改造。

二、产业技术结构

以高技术为支撑，提高产业技术水平；依托原有优势塑造新优势，搞好技术增量调整。一是改变中低技术为主的状况，通过对高新技术的应用发展新兴产业，开发新产品，如新材料、精细化工、医药等行业；二是根据各地实际情况，先进适用技术仍不能过早淘汰，已经相对成熟、技术寿命相对稳定、利用成本较低的适用技术仍然有积极的采用价值；三是引进技术是迅速提高技术水平的重要途径，要加快从国外和国内发达地区引进技术，重视消化吸取，提高自主创新能力，注意传统产业对先进技术的运用，如先进电子技术在机械设计和加工中的运用。

145

5.2.2 产品结构方面

从宏观上讲，产品结构主要指一个国家或一个地区的各类型产品在国民经济中的构成情况。如：重工业产品与轻工业产品，工业产品与农副产品等。产品结构方面的升级可以通过以下途径：

一、适应产品升级的需要，加快嫁接性升级。高新技术具有技术跨越度大、牵动作用强的特点。通过高新技术对传统产业的嫁接改造，促进传统工业向"低消耗、高加工度、高附加值"的方向转化，促进产业优化升级。

二、适应买方市场的需要，实现差异化发展。低水平趋同化是制约传统产业产品规模扩大、市场开拓的重要原因。"多元细分"则是走出趋同化的基本方略。要促进企业以市场为导向，把握细分化的技术和产品，开拓潜在市场、探索新的经济增长点。

三、适应配套市场的需要,推行组合性调整。要以合理市场定位为基础,在为最终产品、大型企业配套服务中拓展空间。特别是传统工业专业化生产的企业,要发挥工艺技术先进、生产规模合理、产品质量优良、价格成本具有竞争性等优势,形成新的经济增长点。

四、适应农村市场的需要,进行开拓性改造。传统产业的生产原料和市场很大程度上来自农业,又销往农村。要结合省内市场的特点,采用各种适用技术,开发质价相当、功能适宜、适销对路的农用生产资料和生活资料。

五、适应国际市场的需要,加快外向型扩展。我国传统工业必须适应经济全球化的要求进行技术结构调整,通过提高产品技术含量,进一步优化出口产品结构,多元化地开拓市场。

5.2.3 组织结构方面

组织结构是表明组织各部分排列顺序、空间位置、聚散状态、联系方式以及各要素之间相互关系的一种模式,是整个管理系统的“框架”。组织结构是组织的全体成员为实现组织目标,在管理工作中进行分工协作,在职务范围、责任、权利方面所形成的结构体系。

组织结构调整的目的是形成大企业为主导、大中小企业协调发展的格局,组织结构调整要在国家宏观调控下充分发挥市场机制的作用。调整方向是实现规模化、专业化、系列化,实现分工合理、密切协作的组织结构。适用集中化生产的行业,如建材、化工、食品加工,按照产业相近、优势互补、政府引导的原则,鼓励由分散走向集中,力争单厂达到并超过规模经济起点,促进大型企业生产比重明显提高。适宜专业协作的行业以提高专业化协作水平为目标,发展核心专长,重视管理创新,走“小而专、小而精、小而特”之路。

从行业布局来看,要根据不同行业的特点,形成各自适宜的行业集中度和分工协作。一是提高行业前位企业生产集中度,如化工、建材等行业;二是部分重点行业要分阶段提高集中度,如以农产品为原料的食品加工行业,要提高原料生产的集中度,后加工则适宜分散。机械加工等行业,要提高总装厂的集中度。

5.3 产业结构优化升级的标准

经过改革开放以来的快速发展,我国工业已进入到必须通过结构优化升级促进发展的新阶段。因此,近年来产业结构调整与升级问题引起了理论界和实际部门的高度重视和广泛关注。全面准确地把握产业结构优化的科学内涵、基本特征和新的要求,建立起新的、方向目标明确的政策导向和评判准则;通过评价工作,全面、客观、科学地反映产业结构优化进程状况,实现程度和发展状态,才能有利于找出发展的优势及存在的差距和问题,为政府主管部门制定发展目标、规划和改革调整方案提供决策依据。

5.3.1 产业结构高度化的标准

郭克莎[①]从产值结构高度化、资产结构高度化、技术结构高度化和劳动力结构高度化等四个相互联系、相互制约方面对产业结构高度化的标准进行了概括。

具体来说,产值结构的高度化包括:(1)初级产品、中间产品、最终产品的产值比重不断由前向后提高;(2)劳动密集型产品、资本密集型产品、技术(知识)密集型产品的比重不断由前向后提高;(3)低质量产品、中等质量产品、高质量产品的产值比重不断由前向后提高;(4)老产品(品种)、一般产品(品种)、新产品(品种)的产值比重不断由前向后提高。

资产结构的高度化包括:(1)整个国民资产的部门分布由基础产业(设施)比重大依次向加工(组装)工业、技术(知识)产业比重大演进;(2)产业部门的质态联系日益紧密,产业循环和上升过程的联动功能不断加强;(3)相关产业部门的资产运转具有日益增强的替代效应,产业转换能力不断提高;(4)资产结构适应经济发展和需求结构变动而演进和

---

① 郭克莎:《中国:改革中的经济增长与结构变动》,上海三联书店1996年版。

变动的机制日益健全,产业扩展和收缩具有越来越迅速的连锁效应,从而使产业结构变动的周期特征越来越不明显。

技术结构高度化包括:(1)低层技术、中等技术与高层技术的相对比重由前向后不断提高;(2)老技术、一般技术与新技术的相对比重由前向后不断提高;(3)高、中、低各层技术的内在联系越来越密切,技术链条的循环和技术结构的转换不断加快;(4)各产业部门之间的技术联系日益加强,技术进步的传递和扩散越来越迅速。

劳动力结构高度化包括:(1)劳动力人数由第一次产业比重大依次向第二次产业、第三次产业比重大推移;(2)技术工人相对普通工人的比重不断增大;(3)脑力劳动者相对于体力劳动者的比重不断增大;(4)劳动力结构变动的灵活性不断增强,适应资产结构和技术结构的变动而变动的结构联动功能和结构转换功能日益提高。

而王岳平[①]认为,产业结构高度化应既包括了郭克莎所说的产值结构高度化、技术结构高度化、劳动结构高度化和资产结构高度化四个方面,同时还包括了产业组织结构演化和分工深化两个方面。前者表现为建立与社会化大生产、信息化和经济全球化相适应的产业组织和企业组织形式,后者表现为行业内加工深化以及由于"迂回化"生产,使得部门之间的关联耦合更加紧密,社会生产率得到提高。同时,在四个结构高度化方面在内涵上也应有所扩展,如技术结构的高度化,不仅包括高新技术部门比重的提高,还应包括新技术的推广应用和各部门技术水平的普遍提高,最终表现为技术对产出增长贡献份额的增加。结果是产业结构的不断高度化,即在部门之间体现在技术密集和知识密集型部门在产业结构中所占比重越来越大,劳动密集型部门所占比重不断下降;在部门内部体现在加工程度的深化、产业链条的延长,如过去产品的研发、加工制造、市场营销都是在企业内部完成的。随着信息技术的发展和分工的深化,这些不同环节正逐步由内部化转变为外部化,并演化出分别以研究开发、加工制造和市场营销为主的企业和行业,在产业组织上体现在符合现代生产方式的组织演进。

---

① 王岳平:《开放条件下的工业结构升级》,经济管理出版社 2004 年版。

5.3.2　产业结构合理化的标准

产业结构作为产业结构内部的一个子系统,产业结构合理化的实质在于产业间存在着较高的聚合能量。只不过涉及三大产业间的协调性,我们可以从工业各产业部门间的协调来理解。而另外的一些关于人口、资源、环境等的分配约束同样适用于产业结构合理化的标准。

一、产业结构合理化标准的争论

对于产业结构合理化到底采取哪种标准,到目前为止一直存在争论。主要有以下几种观点:

1. 产业结构合理化的单一标准说

此类中典型的是周振华的"结构聚合质量"标准。周振华提出了"结构聚合质量"标准,同时认为"较高的聚合质量来自于产业间的协调",从而把"聚合质量"标准的实质归于产业间协调标准。即工业各产业部门间要协调发展。

2. 产业结构合理化的二标准说

陈志媚、杨德勇认为,产业结构是否合理的关键在于产业之间内在的相互作用是否能产生不同于各产业能力之和的整体能力。产业结构合理化的实质在于产业间存在着较高的聚合能量。判断产业结构合理的标准有:一是给定时间内的产出符合市场的需要,不存在明显的过剩与短缺;二是现有的生产资源能得到比较充分的利用。

3. 产业结构合理化的三标准说

此类中具有代表性的是黄继忠、苏东水等人的观点。黄继忠提出了产业结构合理化的三个基本要求:①产业结构的完整性、独立性,也就是说,要建立门类齐全、独立完整的产业体系;②产业发展速度的均衡性,表现为高速、减速和潜在增长部门间的速度差距较为合理,及各产业间的关联的比侧关系的均衡;③产业结构的协调性,表现为产业间素质(主要指技术水平)协调、地位协调(指产业结构的层次性)和产业间关联方式协调(指产业间相互服务、相互促进)。黄继忠提出了产业结构合理化的结构完整性、速度均衡性和产业协调性三个标准。苏东水等人认为,产业结构合理化要解决三个问题,即供给结构与需求结构相适应问题、各产业部门之间发展的协调性问题和产业结构效应如何充分发挥的问题。其中,协调性问题是产业结构合理化的中心内容。虽然苏东水等未直接提出产业结构合理化的标准，但从其论述看，他们实际上倾向于产业结构合理化的三个标准：适应需求结构标准、产业协调标准及结构效应标准。

4. 产业结构合理化的四标准说

此类中具有代表性的是史忠良等人及杨公仆、夏大慰的观点。杨公仆、夏大慰给出了产业结构合理化的四条标准：①"标准结构"标准；②适应需求变化标准；③产业间比例关系协调标准；④资源合理利用标准。史忠良等人认为，合理的产业结构主要体现在以下四个方面：①充分有效地利用本国的人力、物力、财力、自然资源及国际分工的好处；②使国民经济各部门协调发展，社会的生产、分配、交换、消费顺畅进行，社会扩大再生产顺利发展；③国民经济持续稳定地增长，社会需求得以实现；④实现人口、资源、环境的良性循环。在这里，史忠良等实际上提出了产业结构合理化的资源合理利用、充分利用国际分工、产业间协调发展及经济社会可持续发展四个标准。

5. 产业结构合理化的六标准说

此类中典型的是李京文、郑友敬的观点。他们在《技术进步与产业结构——概论》一书中提出了产业结构合理化六条标准：①资源合理利用标准；②产业协调发展标准；③需求应变能力标准；④经济效益最佳标准；⑤充分吸收科技成果标准；⑥充分利用国际分工标准。

6. 产业结构合理化的七标准说

李悦等人先是提出了产业结构合理化的"三个相适应"、"三个有利于"六个要点，即：第一，与我国仍处在社会主义初级阶段和社会主义市场经济相适应；第二，与新技术革命相适应；第三，与改革和开放相适应；第四，有利于发展社会主义社会生产力；第五，有利于提高社会主义国家的综合国力；第六有利于人民的富裕幸福。接着，他把上述六个要点具体化为七个方面，即七个标准，即发挥优势标准、比例协调标准、结构完整性标准、先进性标准、创汇能力标准、自我调节和应变能力标准及经济效益标准。当然，笔者认为，创汇能力标准在现阶段我国外汇储备过剩的情况下，不应作为一个衡量的标准。

二、产业结构合理化的评判

产业结构是否合理，取决于产业结构与需求结构是否协调适应，畸形的产业结构意味与需求结构严重背离。这个观点有一定的片面性，一方面当需求结构在正常变动时，可以做出这样的结论。另一方面，需求结构会出现畸变，这种情况下供给结构的变动就不能适应它的变动。实际上，需求结构的变动反映的是一种趋势，在变动趋势过程，肯定是存在不合理的变动，但不能就此否定这个趋势。产业结构对需求结构变动如果表现出相当的弹性，总是能够趋向合理的。因为，纯粹意义上的产业结构适应需求结构是不存在的，二者之间总是存在偏差。因为需求变动的信息需要通过一定的传导才能反映到产业，而且产业结构在适应需求结构变动时，涉及行业的资源配置与再配置、组合关系的改变等，存在一个时滞。从产业结构内部关系来考察产业结构合理化可能更准确一些。从目前我国研究情况来看，很多是从量的标准出发，判断产业结构是否合理化。具体包括：

一是与反映产业结构演进一般规律的国际"标准结构"进行对比。比较著名的标准结构如前所述包括库兹涅茨的"标准结构"和钱纳里等人的"标准结构"。他们根据大量的历史数据进行统计回归而得出的这些"标准结构"，试图反映各国的工业化演进的阶段性。另外，霍夫曼系数也往往用来判断产业结构的轻、重工业关系是否合理。严格意义上讲，这种判断只能提供了一种判断产业结构合理与否的粗略线索，而不能成为其判断的根据。由于各国具体情况存在差异，如国内资源禀赋、国内市场规模、当时的国内、国际政治环境等存在差异，都可能导致考察国的产业结构与标准结构发生偏差。因此，某一产业结构与标准结构存在偏差并不一定就说明是不合理的。

二是行业之间比例关系。这个标准与上述"标准结构"相类似，也是通过具体的产业数量比例来判断产业结构是否合理。不能否认在产业结构演进的不同阶段，产业之间存在一个大致的比例区间，超过这个界限便会导致结构恶化。但是由于在产业结构演进过程中，某些行业发展较快、某些行业发展较慢是正常现象，其比例关系也就常常处于均衡一不均衡一均衡的循环中。具体是何种比例才是产业结构合理，往往是在产业结构失调以后或者是出现严重的比例失调，才能真正感受得到。因此，按照这种标准只能是做出事后判断。如我国产业结构升级过程中进行的结构调整，曾经出现轻重工业失调而后进行调整。在基础工业与一般工业之间失调,而后加强基础工业发展,都是这种情况。我们不能否认以上标准考察产业结构合理化的实用性。

不过,产业结构是一个相互制约、相互促进的有机系统,真正揭示产业结构合理化问题更应该从质的角度进行分析。从质的角度分析虽然操作性弱一些,但能反映问题的一般性,可以揭示问题的本质。从某种角度看,量的关系是质的关系的一种体现。从质的方面看,产业结构合理化主要是考察各产业间是否具有较强的相互转换能力和互补关系,有人称之为产业结构的聚合质量①。产业结构的聚合质量反映了产业结构技术经济联系的基本特性和整体素质,最终体现为产业结构的协调性收益。我们可以采取某种方式测度产业结构的聚合质量高低。从质的角度理解产业结构合理化,可以解释在某些国家,尽管产业结构变动与标准结构存在偏差,仍然能取得成功的现象。产业协调方式既然产业结构合理化体现为质量聚合的高低程度,进行结构协调时就不应该过分强调比例关系。产业结构合理化通过提高结构聚合质量来实现结构协调。前面的分析认为,资源有效使用,闲置率为零时,结构聚合质量最高。因此,提高资源配置和利用效率成为结构协调的另一种直观目标。毕竟,结构聚合质量是一种抽象的理论概念。产业结构处于不断变动中,产业结构对需求结构偏差是常态。

5.3.3 产业结构从合理化到高度化的适应性标准

产业结构应该适应需求结构,是产业结构从合理化到高度化的标准。从生产资源投入状况看,可以分为以下几种方式:

一、存量调整

在现实的存量调整中,由于不同产业的固定资产表现为一定生产目的服务的实物形态,在很多情况下,改变某一产业固定资产生产目的和用途是近乎不可能的,从而出现资源配置的不可逆性障碍。因此,在产业结构严重失调时,往往需要废弃某些生产能力。另外,可以通过调整产业组织来协调产业结构。对于某些短线产业,调整产业组织可以改善生产和

---

① 周振华:《产业结构优化论》,上海人民出版社 1992 年版。

经营规模,提高技术和管理水平,增强产业供应能力。对于长线产业,调整产业组织,一是可以实现生产能力的调整;二是可以发挥规模经济作用,降低生产经营成本,从而相对降低上游短线产业供应能力不足的压力;三是由于成本的降低,而使产业的市场规模扩大,一定程度可以改善产业的特性,变"长"为"不长"。

二、增量调整

增量调整体现为向短线产业实施投资,增加这些产业的供应能力。但增量调整受资源有限性制约。增量调整的速度,很大程度取决于资本投入结构调整。产业结构升级过程中,基础工业和加工工业往往存在矛盾。基础产业如能源、原材料等产业,属于资本密集型产业,而且形成生产能力周期较长,增量调整需要做出适当的制度安排才能保证产业结构的协调。从结构变化的层次看,有三种协调方式可以提高资源配置和利用效率即时协调。是指各产业以发挥通过对生产能力的暂时闲置或者充分发挥闲置生产能力以适应需求变化的协调方式。短期协调。当即时协调不足以满足需求变化时,在一般较少改变产业间的资源配置的条件下,对现有资源再配置,从而改变各产业的生产能力的方向和水平,以适应需求变化。简而言之,是一种以存量协调为主的方式。

三、长期协调

这涉及产业间资源的配置。主要是产业结构在一定的技术进步的基础上,对需求结构的长期变动趋势所做出的较大规模的调整。是一种以增量调整为主,伴随存量重组的方式。

三个协调方式具有丰富的层次性。即时协调作为第一层次,调频高、调幅小,直接作用于需求结构与产业结构相互作用的节点上,属于企业内的生产资源的利用问题短期协调作为第二层次,常常表现为各产业内企业组织结构的变化而长期协调作为第三层次,深入到各产业间关系的调整,其协调结果较明显地表现为整个产业结构的变动。三种协调方式的逐步深入,也反映了产业结构与需求结构之间偏差及其相应协调从量变到质变的过程。实际上,这也是反映了产业结构演进从合理化到高度化的过程。当然,在实际生活中,三个层次的协调界限并不非常清晰。

5.4 产业结构优化升级的机制

产业结构调整中究竟以企业还是以政府为主体,对调整效果有决定性的影响。有学者认为,政府是产业结构调整的主体。因为,首先,我国市场经济体制尚未最终建立,市场体系和市场功能尚不健全,市场机制不够完善,市场经济秩序有待加强。在这种状况下,市场机制难以对产业结构优化起到有效的调节作用。其次,我国是一个有着特殊国情的发展中国家,经济发展带有明显的赶超性,需要政府承担尽快增强民族企业竞争力、适当保护和促进本国幼稚工业发展的任务。再次,加入 WTO 后,增加了我国产业结构调整的紧迫性,同时也加大了政府介入产业结构调整的必要性。还有学者认为,企业是产业结构调整的主体。其理由是,随着我国社会主义市场经济体制的逐步确立与完善,企业已经成为结构调整的主体,政府在结构调整中不是直接投资于某个产业,当主角、唱戏,而是应为企业进行结构调整搭建舞台,创造良好的环境。那么,产业结构优化升级应该是怎么样一种机制呢?

5.4.1 产业结构优化升级的内在动力机制

分析研究产业结构优化升级的内在动力机制,有利于我们在总结分析国际国内产业结构演进升级趋势的基础上,合理构筑和不断优化我国产业结构发展的动力系统,从而为推进产业结构优化升级,转变经济增长方式奠定基础。

一、需求结构变动:产业结构优化升级的先导

市场的需求决定了一个产业存在的价值,市场需求结构的优化升级决定了产业结构的优化升级。需求是产业结构升级变化的基本动力之一。随着人均收入的增长,社会需求结构、居民消费结构都会发生变化。这不仅是国民经济产业结构发生变化的重要原因,也是产业结构发生变化的重要动因。国内总需求结构随收入增加而呈现出阶段性变化,包括:一是随着收入增长,消费结构发生变化,如食品需求的份额显著下降,表

现为恩格尔系数的下降。二是在工业化阶段,随着经济发展和人均收入的提高,社会需求中用机械代替人力的倾向提高,因而对机械装备等投资品和社会基础设施的需求份额上升。三是完成工业化进入发达经济阶段,制成品的收入弹性减小,服务需求收入弹性增加。

人们通常用"需求收入弹性"(简称"收入弹性",即某商品的需求增长率与人均国民收入增长率的比值)来描述对某一商品的需求,随着人均国民收入的提高而增加的关系。需求收入弹性较大,意味着社会对它的需求随着收入的增加而增加较快。也就是说,需求收入弹性高的产品或部门属于增长性产品或部门,其在整个工业中的份额将呈现上升趋势。即人均收入水平决定着需求结构状态,通过需求结构变化,进而直接影响到产业结构变动。

二、知识和技术进步:产业结构优化升级的基础

加快产业结构优化和产业升级,是经济发展战略调整的长期任务。其中技术变化是产业结构变化的重要内在动因。技术进步作为基础有力地推进了产业结构的优化升级,产业竞争力得到稳步提升。知识和技术进步对产业结构的影响和作用大致可以归纳为:

1. 知识和技术进步直接催化新产业的形成

产业是通过两种方式形成的:一是原有的产业不断分解、形成新的产业;二是某种新产品或新生产方式的规模扩大,形成新的产业。不论是原产业的分解还是产业自生,都与知识和技术的进步相关。从 17 世纪的产业革命开始,每一个新产业都是在技术革命或技术扩张的基础上形成的,知识和技术进步是形成新产业的基础条件,它们直接改变着产业的构成。

另外,知识和技术通过对需求结构的改变,从而推动产业结构的优化升级。市场需求是社会生产的前提,产业的成长和衰落与需求增加或下滑有直接联系。需求结构不是孤立存在的,不论是生产性需求还是生活性需求,都是社会知识和技术进步水平的反映。首先,产业间的生产技术关系决定了需求关系,并对生产性需求的量做出规定。在经济发展的各个阶段,新兴产业的发展和传统产业的改造,改变着对相关产业的需求。其次,技术进步改变着生活性需求,进而对产业结构变动也产生着影响。在知识和技术发展到较高层次后,新的进步对需求结构的改变作用,科研通过产业结构的演变表现处理。新知识、新技术的发展速度取决于生产

的吸引力,当企业发现某项技术或产品的生产收益率高时,显然会大力发展这项技术和生产,导致产出大量增加。因此,知识和技术对需求的改变,也是对产业结构的改变。

2. 知识和技术进步间接推动产业结构优化升级

知识和技术进步影响生产函数,进而推进产业结构优化升级。比如:增加新商品和劳务的供给;提供新的生产工具和生产方法、提高人力资源和物资资源投入的质量,从而或者提高产品和服务的质量,或者提高劳动生产率、显著降低生产成本。通常技术进步速度较快的部门,其生产成本的下降速度也较快。由于各部门技术进步的速度是不同的,因而在部门之间出现了"生产率上升率不均等增长"的现象。正是这种生产率上升率的差异,使资源从生产率较低的部门向生产率较高的部门转移,从而推动了产业结构的成长。

生产率提高,包括单个部门生产率的提高和具有较高生产率上升率部门的快速发展带动整体生产率提高两方面。例如,日本制造业中具有生产率上升率较高特征的电气机械、运输机械、一般机械和精密机械等加工装配产业比重由 1955 年的 14.7% 上升到 1970 年的 32.4%,增加了17.7 个百分点,占全部制造业结构变动率的 85.5%。部门内生产率的提高,使产品成本下降、质量提高;而具有较高生产率增长率部门比重的提高,使供给和消费水平升级,使产业结构向高附加价值转化。如日本1968 年与 1954 年相比,按不变价计算,日本最终产品增加了 354.1%,年均增长 11.45%,而劳动对象费用仅增加 169.5%,年均增长 7.35%,单位产品的劳动对象费用下降了 40.6%,年均递减 3.65%。制造业表现更为突出,产量指数增长 565.56%,年均增长 14.5%,劳动对象消费量增长302.36%,年均增长 10.46%,材料消费量减少 41.5%,年均递减 3.76%,单位费用提供的产品增长 66.67%。[①]

同时,部门之间的技术经济特性还决定了同一部门在生产率上升率方面具有类似的特点。赶超成功的日本、韩国与老牌的发达国家美国比较,他们之间全要素生产率增长格局具有一定的相似性,电力机械、机械、

---

① [苏]多勃罗文斯基著:《日本经济效率问题》,北京出版社 1980 年版。

运输设备、化工等都是生产率上升率居前列的部门。例如,日本在赶超时期的 1955—1973 年全要素生产率增长速度排在前列的是:电力机械 4.42、机械 3.14、运输设备 2.53、化工 2.50;韩国 1960—1977 年全要素生产率增长速度排序是:电力机械 7.25、合金 6.01、橡胶 5.88、机械 5.73、木材加工 5.61、运输设备 5.10。1965—1984 年期间,美国制造业中全要素生产率增长率排序是:电机业为 1.64、仪器制造 1.23、化学工业 1.19、服装工业 1.18、精密机械 1.07、机械制造 0.98、橡胶和塑料制造 0.84。[①] 他们之间的相似性,一定程度上反映了电子机械、化学工业、运输设备等高生产率上升率部门在技术经济特征上,具有较快吸收当代先进产业技术的能力。[②]

三、劳动力结构与素质:产业结构优化升级的关键

在从传统的计划经济向现代市场经济转换,从传统农业社会向工业化社会乃至后工业化社会发展的过程中,劳动者的劳动空间范围、就业产业领域、工作行为、劳动素质等等,无不发生着剧烈的变化。从世界各国经济的发展历史和发展趋势来看,资源和资本竞争的时代逐步被劳动者素质以及由劳动者素质而决定的科学技术竞争的时代所取得。

1. 理论模型

从量的角度分析,产业结构优化升级变动主要表现为产业之间产值比重的相对变化,这种变化主要依赖于各产业部门的产值变动。而各产业部门产值的变动,取决于其相应资源投入的规模和资源利用的效率,其中劳动力在各产业部门中都是一种无法完全替代的重要资源;尽管资本也是一种非常重要的资源,但它的积极作用并不是替代劳动力,而是改变劳动力的生产效率。如果劳动生产效率被确定为资本作用的函数,那么,某一产业部门的产值则取决于该部门的劳动生产率和劳动力人数,也就可以得到一个简单的数学表达式:产值等于劳动生产率和劳动力数量乘积。

用公式表示:$X_i = e_i \times L_i$

其中, X_i 表示 i 产业部门的产值, e_i 表示 i 产业部门的劳动生产率,

---

① 李京文等:《生产率与中美经济增长研究》,中国社会科学出版社 1993 年版。
② 钱纳里等:《工业化和经济增长的比较研究》,上海三联书店 1989 年版。

L_i 表示 i 产业部门的劳动力人数。为了更好地反映劳动力在各产业之间配置结构及其变化,可对这个等式的右边做一修改: $X_i = e_i L_i = e_i L_i \dfrac{L}{L} = e_i \dfrac{L_i}{L} L = L e_i l_i$

其中,L 为各产业劳动力之和,即劳动力总人数; l_i 为 i 产业部门的劳动力占总劳动力的比重,即 $\dfrac{L_i}{L}$。以矩阵方式表示,则为:

$$
\begin{bmatrix} x_1 \\ x_2 \\ \vdots \\ x_n \end{bmatrix} = L \begin{bmatrix} e_i & 0 & \cdots & 0 \\ 0 & e_2 & \cdots & 0 \\ \vdots & \vdots & \vdots & \vdots \\ 0 & 0 & \cdots & 0 \end{bmatrix} \begin{matrix} l_1 \\ l_2 \\ \vdots \\ l_n \end{matrix} = L
$$

假设国民经济由 n 个产业部门组成,国民生产总值可表示为:

$$
\sum_{i=1}^{n} x_i = L \sum_{i=1}^{n} e_i l_i = L
$$

从上述简单模型中,我们得到如下信息:

第一,工业产业结构的变动取决于各产业劳动生产效率的变化和各产业劳动力占总劳动力比重(以下简称"劳动力比重")的变化,而劳动力总规模并不影响产业结构的变化。

第二,劳动力比重反映了劳动力在各产业部门的配置情况,其变动与产值成正相关。但在这里,劳动力比重是作为外生变量。因此,对劳动力比重要素需做如下描述:劳动力比重的变动,受劳动力供给和需求的影响。从劳动力供给角度分析,一方面,劳动者追求较高的收入,有从收入较低企业和行业转出,向即期报酬水平较高的企业及部门流动的倾向;另一方面,劳动力有追求自身发展和提高、寻求适合自身发展的环境和空间的价值取向,在即期劳动报酬相同的情况下,劳动力会流向能为劳动力提供发展机遇和发展空间的企业或行业,即流向预期劳动报酬较高的企业或行业。从劳动力的需求角度分析,企业需要多少劳动力,主要取决于投入劳动的边际生产率,也就是说,取决于其所获得的利润水平。如果劳动边际生产率较高,企业和行业就会扩大生产规模,多吸纳劳动力;如果劳动边际生产率较低,企业和行业就会缩减生产规模,挤出劳动力。同样,企业或行业规模的扩张也取决于企业对利润率的预期,如果预期利润率较高,企业或行业就会增加投资,扩大生产规模,吸纳更多的劳动力;如果预期利润率较低,企业或行业就会缩小生产规模或转产,劳动力也发生相应的转移。劳动力比重的变化不仅受本产业劳动报酬和利润水平变动的影响,而且也受到其他产业部门劳动报酬和利润水平的影响。因此,劳动力比重可以表示为是与本部门劳动报酬和利润水平呈正相关,与其他产业部门劳动报酬和利润水平呈负相关的函数。

2. 劳动力素质的提高是产业结构优化升级不可或缺的条件

首先,产业结构高度化离不开新技术的运用和推动,而新技术归根到底要靠具有理性和创造性的人去研究开发,并依赖于具备相应劳动素质的人去驾驭。从某种意义上讲,某一地区的工业产业结构能否步入高级化良性发展轨道,并不在于它拥有多少实物资源或物质资本,而在于它是否拥有足够的人力资源。只有拥有具有技术创新能力的人力资源和运用新技术的人力资源,拥有足够的科学家、工程师等高级人才资源以及与之相应的高素质的产业工人,才有条件将高新科技成果转化为现实产业,才能推动产业结构不断向高级化方向演进。高素质的劳动力数量和质量的成长,是信息化时代产业结构优化升级发展的无法替代的重要条件。

其次,产业结构的优化升级必须对传统产业注入新的技术,对传统产业进行改造和调整,提高传统产业的技术档次,这就要求传统产业劳动力提高劳动技能、更新技术知识,否则即便拥有传统产业改造和调整的资金和技术能力,也因缺乏高素质劳动力来驾驭这些要素而导致传统产业改造和调整的困难。此外,在调整过程中不可避免地出现劳动力跨部门、跨行业的转移。劳动力转移依赖于产业发展和结构调整的规模、政府的政策和扶持力度等外部因素,更依赖于劳动力的自身素质因素,其中因劳动力自身无法适应新产业的生产方式,无法胜任新岗位、新工种的技术水平要求等等,往往是构成劳动力转移障碍的主要原因。因此,在产业结构优化升级进程中,劳动力需要经过职业再培训,更新、扩大原有的劳动技能和技术知识,提高自身素质,以适应传统产业调整和改造的要求。

5.4.2　产业结构优化升级的外在作用机制

在经济体制一定的情况下,产业政策这一外在作用机制起着极其重要的作用。产业政策作为一种结构调整政策,直接影响到产业结构的优化升级。产业政策作用于产业结构优化升级,从政策内容而言,主要涉及三个层次:在宏观层次上,主要是改善一般的产业环境;在产业部门层次上,主要是协调产业结构,例如战略产业的培育,衰退产业的调整援助等等;在微观层次上,主要是调整产业组织,指导企业实现规模经济和有效竞争等。但重点在于促进结构的合理化和升级。产业政策内容要受到特定经济发展战略的制约,政策实施方式和机制往往受到特定体制环境的制约。

在当前,我国的一项重要任务是节能减排。中国"十一五"规划纲要提出了"十一五"期间单位 GDP 能耗降低 20% 左右,主要污染物的排放总量减少 10%。国务院近日发出通知,批准节能减排统计监测及考核"三个方案"和"三个办法",将节能减排指标的完成情况纳入各地经济社会发展综合评价体系,作为考核地方政府领导干部政绩和国有企业负责人业绩的重要依据,实行严格的问责制。① 政府要综合运用经济、法律和必要的行政手段,通过合理地配置公共资源,确保实现好。

5.4.3 产业结构优化升级的主要承载机制

当今的时代已经进入品牌竞争时代,名牌产品和品牌企业在一定程度上代表着一个地区的形象,是该地区经济实力和竞争力的象征,是推动经济发展的重要力量。要推进产业结构优化升级,就必须抓住机遇大力发展名牌产品、品牌企业,不断将其做大做强,建设好产业结构优化升级的主要承载机制,以此带动整个地区企业水平的提高和经济社会协调发展。

一、品牌企业自身优势对产业结构调整的影响

经济发展的实践证明,在以结构调整、技术进步为主要内涵的经济发展阶段,品牌企业,尤其是大型品牌企业和企业集团在国民经济发展中发挥着特殊的重要作用。他们的优势体现在:

第一,品牌企业带动作用强。品牌企业技术实力雄厚,产品适销对

---

① 资料来源:"十一五"节能减排目标是政府对人民的庄严承诺,"人民网环保频道"2007年11月29日。

路,市场信誉度高,可持续发展能力强,能够承担起对产业发展具有重大带动作用的资金数额大、技术含量高、建设周期长的项目的建设。而这是众多中小企业所无法企及的。

第二,品牌企业是产业结构高级化的支撑。产业结构调整的一个重要方面是促进产业结构的不断升级和高级化,而产业结构升级的支撑在于技术进步。品牌企业又是产业内技术进步的策源地,拥有大量技术人员,科研开发能力强,是推动产业技术进步和科研成果转化的主体。品牌企业的技术创新和产业化活动能够不断创造出新的产业群,从而把产业结构日益推向更高层次。

第三,大型品牌企业具有促进产业结构升级的重要作用。品牌企业经过发展,组建成大型品牌企业集团,并形成本企业与中小企业的共生关系,可以将品牌企业的人员、技术、管理和产品优势通过其产业链传递到中小企业、传递到关联企业,从而带动大批企业迅速提高经营效益,为经济发展增加新的动力。

第四,品牌企业能有效地执行政府产业结构调整的政策。大型品牌企业一般以企业集团为其组织形式,集团内以品牌企业为骨干,集合众多的中小企业,而中小企业的经济行为依托于品牌企业的发展战略和方向。品牌企业在政府产业政策和众多微观经济主体之间起着政策传导作用,能够协助产业政策的调整,提高结构调整的有效性,保证政策的效果。

第五,品牌企业的兼并收购活动是结构调整的巨大推动力。在品牌企业发展过程中,经常频繁地进行兼并收购活动。并购活动可以及时有效地调整和校正产业结构的扭曲现象,保证其按正常的轨道发展,而且其并购活动造成的资产转移本身就是产业结构调整的有机组成部分。

二、充分发挥品牌企业在产业结构优化升级中的作用

推进产业结构优化升级,必须大力支持名牌产品,大力发展品牌企业,增强品牌企业在产业结构调整中的作用,以品牌企业的快速发展带动产业结构的不断优化和升级。

1. 明确品牌企业在产业结构优化升级中的主体地位

在市场经济条件下,企业是市场的主体,尤其是品牌企业具有良好的发展空间和较快的发展速度,如能将其优势与产业政策有机结合,就能在较短的时间内做大做强,成为大型或超大型企业(集团),进而发挥更大

的作用。大型品牌企业的产权多元化特征,使多元投资主体有动力在全社会范围内选择优秀的经营者,使企业进一步发展强大。而市场优胜劣汰的压力会使企业经营者真正做到行为长期化,狠抓技术创新,培育新的增长点,增强企业的竞争力,带动技术体系升级和产业结构的调整和升级。同时,品牌企业作为产业结构调整的主体不仅能够带动产业升级,而且能对产业结构的布局起到积极的作用。

2. 通过品牌企业技术创新,带动产业结构升级

技术是产业关联的本因,技术体系的变动推动产业结构的变动,技术体系的升级换代推动产业结构的优化升级。从一定意义上看,人才和资金是技术创新的源泉。如果资金投入低、技术人员少,技术创新能力不足,那么产品的市场占有率低,企业的利润率低,进而企业的资金投入再度减少,技术人才加速流失,形成恶性循环,导致产业结构的优化升级没有依靠。反之,则能大力推进产业结构的优化升级。因此,增强技术创新能力是产业结构优化升级的关键。而品牌企业由于其在资金、技术、人员等方面实力比较雄厚,在技术创新上占有相对的优势,能够成为技术创新的主体,也能够通过技术创新促进企业尽快发展成为大型企业或企业集团,并通过其技术进步形成技术扩散,从而带动整个产业的技术进步。

3. 以品牌企业的发展,推动地区产业结构的合理化

大企业和企业集团的发展有很多途径,主要是自身积累和外部扩张的方式,其中以资产为纽带的兼并重组为主要方式,这在品牌企业身上表现更为明显。如我国海尔、联想等企业发展过程中,曾经多次进行资产重组。而企业之间的资产重组要以完善的资本市场为依托,以取得规模经济效益为目的,通过市场机制进行。企业通过资产重组组建企业集团的过程也是进行产业结构调整的过程。企业的资产重组是产权转移的过程,而产权转移又涉及生产诸要素的流动和优化组合,通过优势企业对被并购企业生产诸要素的重组,逐步实现生产组织结构和产业结构的优化组合。品牌企业通过资产重组组成以本企业为核心的企业集团,可以通过存量资产的流动和重组来调整国有经济的产业分布结构,将生产资源进行再一次优化配置。同时,按市场经济原则组建企业集团,加强企业多种形式的联合、兼并、控股等活动,通过企业组建跨部门、跨地区、跨所有制甚至跨国的大型公司和企业集团,能够打破地区、部门分割,修正地方

政府对资源的不合理配置,使各地区和部门原来分散的矛盾和利益变为集中和统一的利益,促使地区和部门对企业的管理真正向间接管理转化。

4. 以品牌企业的发展为产业结构调整提供相应配套条件

品牌企业和企业集团都是以其主导产品为基础的多元化经营和以广泛深入的横向联合为重要特征的集团经济,它能够打破城乡界限、行业界限、部门界限和职能界限,增加工业对农业的"反哺"、城市经济对农村经济的渗透,促使生产力要素在地区间的优化组合,增强城乡信息、技术、人才的流动,对我国城乡一体化进程的加快和社会经济格局的演化产生深远的影响。品牌企业通过组建企业集团本来就能救活一部分企业,使企业集团能够安置更多的人员就业,再加上对农村经济和城市化进程的推动,可以不断为政府分担就业压力,从而为我国产业结构优化升级减少摩擦,并增加更多的可供利用的资源。

5.4.4　产业结构优化升级的动力机制模型

内外作用机制以及各种作用因素在对产业结构优化升级产生影响,并不是孤立的,而是相互联系相互影响的。产业结构优化升级演进是自然的历史过程,人们不能用外在的人为因素去代替需求结构、收入弹性和技术进步等因素对产业结构优化升级的内在动力机制。也就是说,内在动力机制是根本,在产业结构优化升级过程中,内在动力机制起决定性作用,而外在作用机制是条件,外在作用机制通过内在动力机制起作用。但是,作为经济生活从属于社会生活的重要组成部分,作为人们有目的的社会实践,产业结构优化升级演进又无法独立于体现一定行为规范和社会价值取向的产业政策等因素之外。在某些国家或某些特定的发展阶段,外在作用机制因素对产业结构优化升级演进的影响甚至是决定性的。

我们可以用一个类似于"汽车"的模型来总结产业结构优化升级的动力机制。

图5-1中各因素之间的关系可用公式表示为:

$$OIS1 = F(D, L, K\&T; P; F)$$

从上式中可知,如果把产业结构优化升级看作是一个函数式的话,那么产业结构优化升级要受到三方面因素的影响:内在动力机制因素(D,

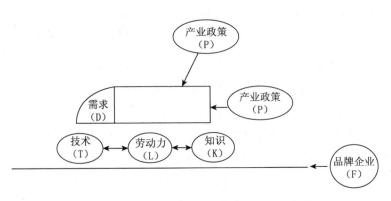

图5-1 产业结构优化升级的动力机制示意图

$L,K\&T$),外在作用机制因素(P)以及主要承载机制(F)。

从图5-1中可以看出,在$D,L,K\&T$三个内在动力机制因素中,D类似于"汽车的方向盘",引导着产业结构优化升级的方向,因此,我们认为需求结构的变化是产业结构优化升级的先导。$K\&T$类似于"汽车的前后车轮",对产业结构优化升级来说,它们起着基础性的作用。满足更新更高更广泛的需求总是产业结构优化升级发展的方向,而知识与技术的进步与创新总是围绕着市场的需求进行。尖端技术总是在发现并创造适合它应用的需求,不断产生的新需求也总能在不久之后找到技术支撑,技术和需求在产业结构优化升级演进过程中总是居于活跃的领导地位,这是产业结构优化升级的一大特色。L类似于"连接汽车前后车轮的车轴",它起到了中枢神经的作用,如果没有L,再先进的知识与技术都不能转化为现实生产力,需求结构也无法改变,从而产业结构的优化升级进程就会受阻。D、L、$K\&T$三个因素只有配合默契,才能顺利推动产业结构优化升级。

产业结构优化升级外在作用机制因素P,是产业结构优化升级外在推动力,作为"助推器",使得产业结构优化升级加速发展,由此实现经济的快速增长。

产业结构优化升级的主要承载机制——品牌企业(F),就像是承载汽车的一条宽敞的大路,可以使得产业结构优化升级的整个动力机制更快、更平稳地运行。大路的存在是蜿蜒小路所不能比拟的。

5.4.5　产业结构优化升级的多目标规划模型

如前所述，当前我国经济发展的一项重要任务是节能减排，以实现可持续发展。而可持续发展的关键在于在达到经济社会发展目标下，不断减少资源、尤其是不可再生资源的过度消耗，以及控制各种污染物的排放。由于资源的消耗与污染物的排放呈正相关关系，而不同的产业所排放的污染大小有别，因此，我们能做的就是改善产业结构，提高投入—产出效益。而由此，我们建立了产业结构优化升级的多目标规划模型。

一、目标函数

产业结构优化升级的多目标规划模型中的目标包括：经济增长、充分就业和污染控制。

1. 经济增长目标

由于产业结构优化的目的之一就是促进经济的增长与发展，而增长作为经济发展的最主要的目标也就成了本优化模型的一个主要的目标函数。模型确定报告期的 GDP 与基期的 GDP 之比达到最大，即

$$maxθ_1 = \frac{i^T[X(t_m) - A(t_m)x(t_m)]}{i^T[X(t_0) - A(t_0)x(t_0)]} \quad\cdots\cdots\cdots\cdots\cdots\cdots (5-1)$$

式中，X 为各产业总产出列向量，A 为投入产出直接消耗系数矩阵，t_m、t_0 分别表示报告期与基期，i^T 为以 1 为元素的列向量的转置，即为求和算子。

2. 充分就业目标

经济的增长是为了促进社会的发展，解决社会存在的主要问题。当前与经济发展密切相关的一个社会问题是劳动力就业，这一问题在 20 世纪 90 年代末显得越来越突出了，而且也是中国进入 21 世纪后所长期面临的社会问题。为此，本优化模型的目标函数中包括了使失业率尽可能小的充分就业目标：

$$minθ_2 = 1 - \frac{i^T[X(t_m)/l(t_m)]}{L(t_m)} \quad\cdots\cdots\cdots\cdots\cdots\cdots\cdots (5-2)$$

式中，$L(t_m)$ 表示 t_m 年劳动力的总供给量，$l(t_m)$ 为 t_m 年以社会总产值核算的社会全员劳动生产率。

3. 污染控制目标

经济、社会、环境的协调发展是可持续发展的主要内涵。保护生态环境,合理开发与利用自然资源将是中国进入 21 世纪后所长期面临的主要问题之一。我们所建立的优化模型主要考虑了环境保护的大气污染控制问题。[①]

大气污染主要来自于化石能源消费中排放于空气中的二氧化碳(CO_2)、二氧化硫(SO_2)与烟尘(TSP)等其他废物。模型中给出了如下对二氧化硫与烟尘排放的控制目标:

$$min\theta = \sqrt[m]{\frac{(U^K)^T X(t_m) F(t_m)}{(U^K)^T X(t_0) F(t_0)}} - 1 \ , \ k = 1,2 \quad\cdots\cdots\cdots\cdots\cdots \quad (5-3)$$

式中,$(U^K) T = (uk_{i1}, uk_{i2}, \cdots, uk_{in})$ 为各部门第 i 种能源消耗所产生的第 K 种污染物的排放系数,其中元素 UK_{ij} 表示第 j 部门单位第 i 种能源消耗所排放的第 K 种污染物,$i = 1,2,3$ 分别表示煤炭、燃油与天然气,$k = 1,2$ 表示二氧化硫(SO_2)与烟尘(TSP);$F(t_m) = (f_{i1}(t_m), f_{i2}(t_m), \cdots, f_{in}(t_m))$ T 为各部门第 i 种能源的消耗系数,其中元素 $fij(tm)$ 表示第 j 部门单位产出所消耗的第 i 种能源的实物量。

二、约束条件

经济运行主要受各经济变量间的内在连接关系决定,即现实的经济运行机制决定了模型的结构。主要的经济运行机制约束为:

1. 投入产出平衡约束

$$X(t_m) - A(t_m)X(t_m) \geq Y_c(t_m) + Y_I(t_m) + Y_{EM}(t_m) \quad\cdots\cdots\cdots \quad (5-4)$$

式中,$Y_c(t_m)$ 表示最终消费列向量,它由居民消费列向量 $Y_{c1}(t_m)$ 与政府消费列向量 $Y_{c2}(t_m)$ 组成,Y_I 表示资本形成列向量,Y_{EM} 表示净出口列向量。

2. 生产能力约束

$$X(t_m) \leq \beta(t_m)K(t_m) \quad\cdots\cdots\cdots\cdots\cdots\cdots\cdots\cdots\cdots\cdots\cdots\cdots\cdots \quad (5-5)$$

式中,是以各部门资本存量产出率为元素构成的列向量,是由各部门资本存量为元素的列向量。

---

① 环境污染主要包括大气污染、水污染与固体废弃物污染。由于资料获取方面的原因,模型中只考虑了大气污染控制目标。

3. 消费需求约束

$$(1 - s(t_m))[i^t(X(t_m) - A(t_m)X(t_m))] \geq i^T Y_c(t_m) \quad \cdots\cdots (5-6)$$

式中，$S(t_m)$ 表示 t_m 年的国内储蓄率。

4. 资本形成约束

$$[s(t_m) + s_f(t_m)][i^T(X(t_m) - A(t_m)X(t_m))] \geq i^T Y_I(t_m) \quad \cdots (5-7)$$

式中，$s_f(t_m)$ 表示国外资本流入（外国储蓄）占 GDP 的比重。

5. 净出口约束

$$s_f(t_m)[i^T(X(t_m) - A(t_m)X(t_m))] \geq i^T(-Y_{EM}) \quad \cdots\cdots\cdots (5-8)$$

在经济发展的任何一个时点上，经济变量在经济系统中都存在着供给推动关系与需求消耗关系，变量之间的供给与需求的环链关系的总和构成整个国民经济的运行机制。方程组(5-4)—(5-8)给出了这种环链的基本约束关系。可持续发展要求除了考虑基本的经济变量间的约束之外，还需考虑社会发展的约束与资源环境的约束。

6. 劳动力供给约束

劳动力作为主要的生产要素对产出的增加有较大程度的影响。尽管当今中国的劳动力供给是比较富足的，劳动力从供给角度已基本不对中国经济增长形成太大的约束，但为了模型的完备性，我们还是列出了劳动力的需求边界，同时这一约束条件也对(5-5)式所决定的允许资本对劳动的无限替代起到了限制作用。

$$1 - \frac{[\sum_i X_i(t_m)]/l(t_m)}{L(t_m)} \geq 0 \quad \cdots\cdots\cdots\cdots\cdots\cdots (5-9)$$

7. 自然资源约束

自然资源的约束主要考虑到了其再生性与适度开发与利用的相互适应问题。模型中只涉及 2 个产业部门，即煤炭开采加工业和石油天然气采选加工业：

$$X_i(t_m) \leq V_i(t_m), \quad i = 4,5 \quad \cdots\cdots\cdots\cdots\cdots\cdots (5-10)$$

式中 $V_i(t_m)$ 表示 i(i = 4,5)部门产出所能达到的最高限。

8. 非负约束

$$X(t_m) \geq 0 \quad \cdots\cdots\cdots\cdots\cdots\cdots\cdots\cdots (5-11)$$

三、模型设定

该模型是一个多目标规划问题。首先将 GDP 增长目标变换为最小化问题：

$$min\theta_1 = \frac{I^T[X(t_0) - A(t_0)X(t_0)]}{I^T[X(t_m) - A(t_m)X(t_m)]}$$

然后，我们分别设定三个目标的权数 $\lambda_i(i = 1,2,3)$，得到线性加权目标函数：$min(\lambda_1\theta_1 + \lambda_2\theta_2 + \lambda_3\theta_3)$。

经济增长、充分就业、控制污染是我们所建立的优化模型的目标函数。这三个目标既相互依存又相互制约。经济增长能够带来更多的就业机会，就业的增加又能促使产出的进一步增长；与此同时，经济增长过程往往是对自然资源的开发与使用过程，不合理地开发与使用又可对生态环境造成负面影响。如经济增长需要能源与动力，而煤炭与石油的开采与消费，又会造成空气与环境的污染；反过来，控制污染，在技术水平没有较大变化的情况下，就得压缩石化能源的开采与消费，这就会限制经济的增长速度，而增长速度的下降，又会使就业压力加大。如何使经济增长、充分就业与污染控制尽可能地协调起来，在中国当前面临增长压力、就业压力与控制污染压力都相当重的条件下是相当困难的。但我们认为，在不同的时期、不同的条件下，我们可以对主要矛盾给予充分的重视，从而对其目标设置较大的权数。我们的模型中，共设计了四个模拟方案：

（1）中性方案，即认为增长、就业与污染控制具有同等重要程度，因此各自取相同的权数；

（2）增长偏向型方案，即认为增长比就业与污染控制都重要，因此对增长目标取相对较大的权数；

（3）就业偏向型方案，即认为就业比增长与污染控制都重要，对就业目标取相对较大的权数；

（4）污染控制偏向型方案，即认为控制污染比增长与充分就业相对重要一些，从而对污染控制目标取相对较大的权数。

由于模型的运行结果对各种目标函数权数的敏感性较弱。尤其是增长偏向型方案、就业偏向型方案完全与中性方案具有相同的模拟结果。所以为了揭示不同偏向对模型运行结果的影响，我们在选择各目标函数的权重时，除中性方案中增长、就业与污染控制目标权重各取 1/3 外，其他方案中所选中的偏向目标权重取 1，非偏向目标权重均取为 0。

5.5 CAFTA 框架下我国周边四省区的
产业结构升级目标

我国周边四省区参与国际分工的途径是通过产业结构优化升级。在了解了产业结构优化升级的内涵、目标、标准和机制等方面之后,在 CAFTA 框架之下,我国周边四省:广东、广西、云南、海南应该各自达成什么样的升级目标则主要取决于各省的资源优势产业。这是在 CAFTA 框架下,我国周边四省参与国际分工的依托。面临着相同的产业结构问题,我国周边四省应该怎样完成产业结构升级呢,应该怎样面对区域发展优势和之间的相互竞争呢? 这就是要共同面对的知识经济的挑战。

5.5.1 我国周边四省区面向 CAFTA 的产业结构升级目标

正确认识周边省区产业升级的目标方向,对地方政府以及市场主体的行为方向,以及产业升级的路径选择都有着极为重要的指导作用。周边省区产业发展的内在压力也决定其必须加强产业结构优化升级。

一、广东产业结构升级目标

国际产业转移的基本规律,就是在参与国际分工的过程中移入高层次产业、移出低层次产业,从而推动产业结构由劳动密集型为主向资本技术密集型乃至知识密集型产业为主转变。因此,广东需要产业双向转移。广东在国际产业链中的低端地位,决定其应当不断地承接较高层次的产业转移,积极吸纳处于产品生命周期较早阶段的产业和产品,以及在价值链中处于相对高端的环节,从而达到产业升级的目的。这是广东省提高国际分工地位的重要内容。

为此,广东经济增长需要通过确立一种依靠以技术创新为内在机制的新发展模式,提升传统比较优势的内涵及其竞争力。充分发挥"基地"、"辐射"和"窗口"、"试验区"等作用,紧密跟踪世界科技发展的新趋势,扩大国际科技交流,并加强自我开发能力,及时转移出一部分传统产业,真正成为地区的增长极,并带动"泛珠三角"其他省区的科技升级。

广东产业升级转型的道路,迫切需要广东与周边省区的产业分工协作。只有和前沿地区进行产业对接;通过比较优势的资本技术,在同欠发达地区的合作中,为其高新产业的发展提供动力。通过产业优化升级提高土地经济产出率或土地的经济聚集度,是珠三角下一步发展的基本战略要求。

二、广西产业结构升级目标

发挥已经形成优势的产业,这是指制糖、有色金属、冶金、电力、汽车、机械、建材等一批优势产业和围绕这些产业发展的配套产业。要坚持以广西优势产业为依托,紧紧围绕提升产业竞争力,形成产业配套,发展产业集群,促进广西工业向高水平、宽领域、纵深化方向发展,并且实现传统产业的技术改造,进而促进优势产业的产业结构升级。

提升广西以矿产、生物资源为依托的资源特色产业,发展下游产品,拉长产业链,做大做强广西资源加工型产业,充分参与到国际产业链中,促进产业链的结构升级。

三、云南产业结构升级目标

除了资源优势产业的技术升级目标之外,云南的产业升级目标包括:第一,新型能源工业,如煤炭清洁生产和利用,煤炭综合利用,开发生物质能,扩大生物质固体成型燃料、燃料乙醇、生物柴油等生物质能的生产能力;第二,发展先进制造业,机械制造(光电子、装备制造)、建材、电子信息制造;第三,资源深加工,延伸原材料和矿产品加工产业链。包括有色产业和非金属矿产深加工。以合金化、精细化、专业化为目标,提高附加值,培育发展壮大以来料深加工为主的企业群落。稳定持续地发展资源密集型产业的加工贸易。昆钢、铜业、冶金集团、云锡公司等企业具有较强的加工生产能力和技术水平,利用国外资源进料加工复出口。将云铜集团打造成国内第一、世界一流的铜产业基地,从开发、冶炼、深加工一体化经营。引导以磷矿石为原料的硫酸、化肥、五钠等系列商品的深加工力度,提高产品附加值。化学工业要发展壮大磷化工,重点发展精细磷化工,加强建设磷化工生产基地;第四,扩大轻纺工业,包括丝麻产业。建设麻丝纺织等基地,蚕桑产地新建、改建缫丝厂、新建亚麻纺纱厂。

四、海南产业结构升级目标

海南的产业结构升级目标是:加快农业产业结构升级,提高热带农业深层级；提高工业结构层次和技术水平，发展新型节能降耗工业；整合旅游业和生态资源；升级海洋产业。

海南将发展本省的特色产业。首先是外向型农业，农产品主要用于出口。为了取得农产品竞争力，就要培育其特色，其特色就是绿色农业。在海口无疫区、无公害的发展目标已雏形初现，形成了畜禽、反季节瓜菜、热带水果、热带经济作物、花卉、水产品养殖六大特色产业。其次是利用海南的劳动力资源发展加工装配。

海南工业发展的增长极是洋浦，洋浦的发展目标是建设成为具有一定国际竞争优势的石油化工基地，成为面向东南亚，背靠华南腹地的区域性物流和航运中心。

5.5.2　我国周边四省区参与国际分工的依托：资源优势产业

我国周边四省区广东、广西、云南和海南从整体上来说，丰富的资源是它们发展地方经济时的一项重要优势与支撑。依靠地方的特色资源发展特色优势产业是周边四省区在发展区域经济以及进行产业分工、产业结构调整的重要途径。

一、广西的资源优势产业

广西的八角、山茶油、桑蚕等特色农产品资源吸引了外资进行投资，建成了许多有竞争力的茶油厂、蚕丝厂等；岩黄连、小叶榕、板蓝根、益母草等丰富的中医药资源为制药业的发展奠定了基础，香港润达集团就在广西的制药业投资了 3050 万元，成立了以消炎、长寿保健等中成药为主的润达制药有限公司；广西有充足的水电资源，电力工业已经形成优势。广西的风力发电也很有潜力，拥有国内第一台并网发电的大功率直驱永磁风力发电机。广西的食品工业有本地的特色：蔗糖业方面发展较早，现今也初具规模，产糖量占全国总产量的 60%。广西的有色金属矿产资源丰富，包括铝、锡、锌等，由此发展了有色金属冶炼以及加工业。利用林木资源的造纸业和木材加工业等在广西发展势头很强；在石灰石资源基础上，广西的新型干法水泥占全区水泥产量达 47%。广西还将发挥其"陆海组合"的资源优势，其将重点做大做强海洋渔业、海洋交通运输业和滨海旅游业等现有产业，力争实现广西的海洋油气业及其他滨海资源开发的重大突破。要做强这些产业，关键是提升技术与管理水平。

　　海南独特的区位优势造就了海南区别于其他三省的资源产业优势。海南的热带农业优势相当明显,其气候环境和充足的后备土地资源为海南反季节瓜菜、南繁育种、热带水果生产等创造了条件;海南丰富的草地资源、适宜的气候、四面环海的地理位置等都使海南成为发展畜牧业的优良省份,具有广阔的发展前景;海南拥有全国最丰富的海洋渔业、海洋植物、海洋油气资源,海洋捕捞业、海洋产品加工业、海洋油气开发业的蓬勃发展指日可待;海南的生态资源优越,在全国乃至全世界都有着一定的稀缺性和独特性,而且旅游基础设施也比较完善,旅游业发展有明显的先行优势和巨大的潜力;在丰富生物活动高新技术的支撑下,生物制药产业和食品工业的发展也具有巨大的优势,其中食品工业包括椰子食品、菠萝罐头厂、果汁饮料厂等。虽然海南存在一定的"工业短腿",但在其良好的环境和充足的资金、技术支持下,发展生态主导型的现代工业将具有优势和发展空间。

　　三、云南的资源优势产业

　　在资源优势产业上,云南有两大资源优势,一是生物资源优势,这方面以烟草、制糖、制茶、生物制药等为主,发展农特产品加工;二是水能矿产资源优势,这方面以水电、有色金属、钢铁、化工为主。

　　云南丰富的资源还有利于发展制糖业、制茶业、生物制药业。云南目前已经初步形成了以天然药为主、具有云南特色的现代医药产业体系,重点开发和发展植物药、中药与民族药(云药)。薯类制品产业在全国有较高地位,所生产的薯片、淀粉、保鲜薯等6大类产品已销往全国部分省、市、自治区,同时出口南亚、东南亚国家。但薯类加工业尚处于起步阶段,加工利用量仅占商品薯类总产量的6%左右,深加工发展潜力巨大。糖产量位居全国第二,在国民经济和地方财政中起着举足轻重的作用。依托制糖业发展燃料乙醇,盘活传统制糖工业的存量资源,很有潜力。茶叶产量居全国第三。茧丝绸产业正在崛起,一批缫丝生产正在建设。亚麻也正在成为我国云南农业和轻工业发展的一个新亮点。大力促进松茸、茶叶、咖啡、芸豆、蔬菜、蘑菇、花卉等特色农副产品出口。云南省是我国仅次于海南省的第二大天然橡胶生产基地,天然橡胶已成为云南农业的优势产业之一,成为发展橡胶加工业的资源基础。橡胶产业,依据天然橡胶种植资源的数量、分布及交通条件，对加工企业进行统一规划，合理布局。调整产品结构，发展技术分级橡胶新品种。

发展能源、钢铁及有色金属、化工（高浓度磷复肥、煤化工）也是云南的重点产业。能源产业要加快建设大型水电，积极发展中小水电，建设澜沧江、金沙江、怒江3大水电基地及一批大型水电站。阶段性发展火电，建设曲靖、红河、昆明、昭通四个火电基地。

烟草业是云南最具特色和竞争优势的产业，其烟草业每年的税收几乎占到全省 GDP 的 70%，在常年省政府资金、技术、政策的大力扶持下，云南的烟草业已经发展到一定的规模，具有规范化和专业化，竞争优势相当明显。

四、广东的资源优势产业

广东的总体经济发展水平和工业化水平是四省中最高的，尤其是制造业和加工业，但由于广东资源的相对缺乏，导致广东在资源优势产业的发展上远不如其他三省。但在资源农业的发展上，广东还是具有一定优势的。根据广东的区位和地形优势，促进平原、丘陵、山区等不同类型的农业协调发展，形成优质水稻、蔬菜、水产、水果、禽畜、肉桂六个主导农业产业。依附自身临海的区位优势，广东在海洋资源的开发上也具有优势，洋浦和港口建设拥有广阔的发展空间。

5.5.3 我国周边四省区面临的相同产业结构问题

我国周边四省在地理位置上有很多的相似之处。两广和海南作为临海省区有着丰富的海洋资源，依靠资源优势发展临海工业能够克服矿产资源约束的重化工业。具有沿海的区位优势，再加上面向海洋资源丰富的南海，这三个省区都有发展海洋经济的愿望。尤其在相似经济发展水平和一定的产业同构状况下，三省区在依托各自资源的产业发展中，尤其是资源加工制造业，将面临更大的竞争压力。

一、临海省区临海工业的发展

临海工业，就是凡有海岸线的省区都意识到重化工业在我国处于工业化中期阶段的重要性。即使是广东这样凭着劳动密集型的轻纺工业起家的地方，本来进入技术密集型产业已经取得丰硕成就，在家用电器与电子类劳动密集型生产环节上很有经验，迈向高新技术产业有了基础，还是要回过头来发展重化工业,临海工业正是能够克服矿产资源约束的重化工业。海南的工业发展重点包括石化工业。海南有 200 多万平方公里的海洋面积,已探明的石油地质储量达 300 多亿吨,天然气储量达 15 万亿立方米。洋浦近海拥有大约 230—300 亿吨的石油地质储量,是打造临海石油化工基地的资源条件。将在这个资源基础上发展石油、天然气开发及其加工制造,并建立大型化肥生产企业。

二、临海省区海洋经济的发展

我国周边四省区中的三省——广西、广东和海南,都具有沿海的区位优势,这三个省区都有发展海洋经济的愿望。海洋经济从细来分可以分为海洋渔业经济、海洋航运及港口经济、海洋油气经济、海洋旅游经济等。根据中国海洋经济信息网,广西海岸线长 1595 千米,拥有浅海面积 6488 平方千米,滩涂资源面积 1005 平方千米。据初步估计,广西沿海可开发的大小港口 21 个,可建成 120 个以上的万吨级深水泊位。这些都注定了广西海洋经济广阔的发展前景。有数据显示,2005 年,广西主要海洋产业总产值 147.21 亿元。海南海洋经济的优势及繁荣发展是众所周知的,但广东却是目前这三个省份中海洋经济发展最全面的。根据中《国经济周刊》(2010)①报道,2009 年,广东省海洋生产总值达 6800 亿元、占全省 GDP 的 17.4%,海洋经济总量连续 15 年居全国首位,预计到 2015 年,广东渔业产业总产值将达到 2000 亿元,渔业经济年均增长率达到 7.5%,成为全省农业经济的重要支柱。主要渔业资源的开发利用能力、渔业产业技术装备和科技进步水平达到国内领先水平。毫无疑问的,这三个省份在发展海洋经济上都具有一定的优势与相同的愿望,在未来发展过程中的激烈竞争已经可以预见。

三、欠发达省区劳动密集型产业的升级

在我国周边四省区中,广东无论是整体经济发展水平还是工业化水平都要高于其他三省。对比广东,广西、云南和海南的工业产业主要为劳动密集型的低端产业,且资金技术上的支持也远不能和广东相比。在产业结构优化升级的趋势和压力下,这三个欠发达省区都有着劳动密集型

---

① 邹锡兰、许社功:《广东海洋经济连续 15 年居全国首位 寻求深蓝 GDP》,《中国经济周刊》2010 年 25 月。

生产升级的需要。其中广西和云南的工业发展水平比海南要高，但在依托资源发展的加工制造业发展中存在着科技含量低、产业链条短等缺陷。在有色金属的开采上，广西和云南在全国范围来说都有着重要的地位。但长期以来，两省区所进行的有色金属业发展都仅集中于开采及初级产品的生产上，导致该产业利润空间狭小，整体发展速度较慢，且竞争力不强。同时由于产业链较短，在发展的过程中也没能较好地发挥带动关联产业发展的作用，影响力不高。海南的工业基础较为薄弱，整体工业化水平仍比较落后，需要大力发挥后发工业产业的优势，在优良的资源环境下，积极实践新型工业化道路。要解决这些问题，进行劳动密集型生产的升级就显得刻不容缓了。

四、欠发达省区资源密集型产业的相互竞争

依托资源发展加工制造，容易因为资源上的相似而导致同构竞争。由于广西与云南在自然资源上有着一定程度的相似性，如丰富的林业资源、有色金属矿产、生物资源等，因此两省区在木材业、造纸业、有色金属业、制药业、制糖业、旅游业等都存在一定程度的同构竞争。广西与海南在海洋渔业、海洋油气等方面也存在着同构竞争，如水产品加工、石油及天然气的开采加工等。林浆纸一体化，广西、海南、云南都要大力发展，三个省区的产业发展战略规划当中，都列有发展造纸业、加快木浆资源基地建设的内容，都力求将本省区建成全国重要的林浆纸一体化产业基地，形成国内最大的浆纸制品产业链，带动林业、运输等相关产业的发展。在CAFTA 框架下，这三个省份均面向东盟市场展开合作与竞争。在相似经济发展水平和一定的产业同构状况下，三省区在依托各自资源的产业发展中，尤其是资源加工制造业，将面临更大的竞争压力。

五、共同面临知识经济的挑战

周边省区最具特色的是亚热带经济资源、海洋资源和林牧业资源，若能充分利用这些资源，在此基础上发展相关高科技产业，周边省区的产业结构将会有一个优质化的发展。

发展机电产品、生物医药制品产业、电子信息产业，尤其是生物制药、新材料、精细化工等资源得天独厚的产业。重点发展光电子产业、光机电一体化设备制造业、电子材料业和软件业。加快建设中国昆明光电子产业基地，建立面向东南亚、南亚的电子信息产品出口加工基地和软件研发基地。

高新技术产业应该是最具有动态比较优势潜力的产业，也是最容易集聚资本的产业，广西在南宁、桂林、柳州、北海已经形成了四个规模较大的高新区，初步形成了以电子信息、生物医药、机电一体化、新材料为主的产业集群。这四个优势领域的高新技术企业总产值占全部高新技术企业总产值的比例达到81%。南宁的生物医药产业、桂林的光机电一体化产业、柳州的新材料产业、北海的海洋生物产业都各具特色，分工较为明确，形成一批有较强市场竞争力的高新技术企业。在高新技术产业区的辐射之下，广西应该逐步建立水平型分工，以高新区为中心向周边扩散。

大力发展循环经济。循环经济即物质闭环流动型经济，是指在人、自然资源和科学技术的大系统内，在资源投入、企业生产、产品消费及其废弃的全过程中，把传统的依赖资源消耗的线形增长的经济，转变为依靠生态型资源循环来发展的经济。传统的经济是"资源—产品—废弃物"的这样一个直线过程，这意味着经济越发展，资源消耗就越大，对环境的破坏也就越大。四省区在发展经济时对资源的依赖度较大，资源生态环境的状态切实关系到四省区经济的可持续发展。因此在知识经济时代，四省区应重视知识科技对产业生产的作用，大力发展循环经济，促进区域经济的健康持续发展。

本章小结

为促进产业分工格局的合理科学化，产业结构的优化升级就是一个重要的举措。产业结构的调整与升级对一个国家经济的发展有着至关重要的作用。产业结构的合理化和高度化决定了一个国家或地方经济的发展水平。目前，我国的国民经济产业结构仍旧是不合理的，国内各省份之间在产业结构优化上的差距也比较大，在产业结构优化升级上我们还有很长的路要走。在CAFTA框架下，中国与东盟之间进行经贸往来的过程中，产业结构的优化升级有利于我们促进自身产业分工格局的合理科学化，有利于区域经济发展水平和区域竞争力的提高。

本章主要对产业结构优化升级的基础理论进行梳理，以此为基础讨论该区域产业转移与承接、产业结构的优化升级。本章首先解释了产业结构升级的内涵。产业结构优化升级包括了产业结构的高度化和合理化这两个方面。在产业结构高度化方面，我们衡量的方法主要有两种：一种是标准结构法，一种是相似系数法。运用这两种方法，我们可以对产业结构高度化的直接动因进行分析。在经济发展的历史长河中，产业结构的高度化及主导产业及其群体不断更替、转换的一个历史演进过程，是一个产业结构由低级到高级，由简单到复杂的渐进过程。随着经济活动范围的不断扩大和社会分工的进一步深化，产业结构高度化顺序一直在改变。而在产业结构合理化方面，我们通过分析合理化的数学表达式和数学模型，来建立产业结构合理化的理论框架。我们搞清楚了产业升级的理论框架和内涵，就可以此为依据，从产业结构方面、产品结构方面、组织结构方面来达到我们产业结构优化升级的目标。在达成目标的升级过程中，我们还应从产业结构高度化、产业结构合理化、产业结构从合理化到高度化的适应性三个方面作为政府主管部门制定发展目标、规划和改革调整方案的决策依据。然后在产业结构优化升级的内在动力机制、外在作用机制、主要承载机制的相互作用和影响下建立产业结构升级的动态机制和多目标规划模型进行分析和研究，以达到在 CAFTA 框架下我国周边四省的产业结构升级目标。其中主要包括我国周边四省面 CAFTA 的产业结构升级目标、我国周边四省参与国际分工的依托、资源优势产业、我国周边四省面临的相同产业结构问题。

产业结构的优化升级必定基于现有的产业结构。受政策、区位、资源、技术等因素的影响，滇、桂、琼、粤四省区的产业结构大相径庭。为使四省区能够实现合理的产业分工合作，形成较为合理的产业格局，进而实现区域产业结构的优化升级，本章着重从纵向、横向及内部三个角度对四省区已有的产业结构进行考察，以把握四省区产业在时间维度与空间维度上的发展情况以及产业的内部构成。从而，更好地实现四省区内部以及四省区之间的产业分工合作。然而，产业结构的优化升级包括两个方面：一是产业结构的高度化；一是产业结构的合理化。为此，仅仅考察四省区的产业结构现状仍不够全面，还需进一步通过量化的方法对四省区的产业结构进行测度。在这里，本章又着重测度了滇、桂、琼、粤四省区内部29个工业行业的高度化程度，以及四省区间的产业结构相似度，以通过量化的方式为四省区的产业结构优化升级提供充分依据。

第 *6* 章
周边四省区产业结构的测度

6.1 我国周边四省区产业结构的现实考察

目前,对于滇、桂、琼、粤四省区产业结构的考察,不乏这方面的文献。在此,本章将从纵向、横向及内部三个全新的角度对各省区的产业结构全面展开分析,以把握各省产业在时间维度上的发展历程,在空间上的发展情况以及产业的内部构成。由此,为各省区推进产业结构调整,实现升级换代,增强四省区产业的综合实力奠定稳固的现实基础。

6.1.1 广东产业结构的现状分析

与过去相比,目前广东省的产业结构特征是:第一产业占 GDP 比重呈逐步下降趋势;第二产业占 GDP 比重呈缓慢上升趋势;第三产业占 GDP 比重稳定攀升。表现为:现代服务业开始培育发展,工业结构中的高新技术、机械设备和重化工业产品的比重明显增大。目前,广东省工业发展已基本完成工业化初级阶段的数量扩张任务,其进一步推进现代产业体系建设。特别是珠江三角洲地区加快产业升级步伐,广东省突出中心城市辐射带动作用,使整体实力进一步增强。

一、广东产业结构的纵向分析

从时间上纵向分析广东产业结构,可知 2000—2009 年,广东的地区生产总值呈稳步上升态势。2000 年,广东的地区生产总值 9662.23 亿元;2009 年,其地区生产总值上升至 39482.56 亿元。十年时间,广东的地区生产总值翻了两番。与其他三省区不同的是,广东三大产业产值均呈逐年增长态势,第一产业也不例外。2000 年,广东的第一产业总产值为 1000.06 亿元,所占比重为 10.4%;第二产业总产值为 4868.75 亿元,所占比重为 50.4%;第三产业总产值为 3793.42 亿元,所占比重为 39.3%。至 2009 年,广东第一产业总产值达 2010.27 亿元,所占份额为 5.2%;第二产业总产值达 19419.7 亿元,所占份额为 49.2%;第三产业总产值达 18052.59 亿元,所占份额为 45.7%。由此可见,广东三大产业虽然总产值逐年递增,但第一产业所占比重却是逐年递减,与总产值变化趋势正好相反。第二产业所占比重虽有小幅度波动,但总体上变化不大,基本维持在50%左右。第三产业所占比重的变化趋势具有明显的特征,2000—2004年间,广东第三产业总产值在地区生产总值中所占比重逐年下降,跌幅为8个百分点;2005—2009年间,广东第三产业所占比重出现逐年递增,尤其是2005年,其比重达42.9%,比上年增加了11.6个百分点,增幅相当大。

表6-1 2000—2009年广东生产总值及构成　　　单位:亿元

年份	地区生产总值	第一产业		第二产业		第三产业	
		总产值	比重(%)	总产值	比重(%)	总产值	比重(%)
2000	9662.23	1000.06	10.40	4868.75	50.40	3793.42	39.30
2001	12039.25	1004.35	8.30	5341.61	44.40	4301.75	35.70
2002	13502.42	1032.80	7.60	5935.63	44.00	4801.30	35.60
2003	15844.64	1093.52	6.90	7307.08	46.10	5225.27	33.00
2004	18864.62	1245.42	6.60	8890.29	47.10	5903.75	31.30
2005	22366.54	1428.27	6.40	11339.93	50.70	9598.34	42.90
2006	26204.47	1577.12	6.00	13431.82	51.30	11195.53	42.70
2007	31084.40	1695.57	5.50	15939.10	51.30	13449.73	43.30
2008	35696.46	1970.23	5.50	18402.64	51.60	15323.59	42.90
2009	39482.56	2010.27	5.10	19419.70	49.20	18052.59	45.70

资料来源:根据国研网、中经网数据整理而得。

从图6-1中,我们发现,广东整体产业结构呈明显的"二三一"结构模式。其中第一产业农业所占比重最小,且呈逐年下降的趋势,十年间基本维持在5%—10%这个水平之间;第二产业所占比重在三大产业中居首位,虽有小幅度波动,但基本占50%左右的主导地位;第三产业的发展较为平缓,但总体势头和状态较好,所占比重大致维持在40%—45%的水平。由此可见,广东经济的快速发展得益于其第二、第三产业的强劲发展势头,尤其是第二产业,功不可没。当然,第三产业的发展趋势虽平缓,但其对地区生产总值的贡献率也不可小觑。

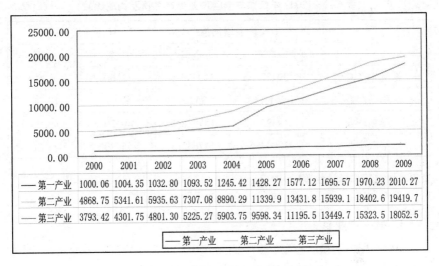

	2000	2001	2002	2003	2004	2005	2006	2007	2008	2009
第一产业	1000.06	1004.35	1032.80	1093.52	1245.42	1428.27	1577.12	1695.57	1970.23	2010.27
第二产业	4868.75	5341.61	5935.63	7307.08	8890.29	11339.9	13431.8	15939.1	18402.6	19419.7
第三产业	3793.42	4301.75	4801.30	5225.27	5903.75	9598.34	11195.5	13449.7	15323.5	18052.5

第一产业　　　第二产业　　　第三产业

图6-1　广东三次产业结构构成图

二、广东产业结构的横向分析

2009 年,广东的地区生产总值为 39482.56 亿元,占全国比重的11.60%,其生产力远远超出全国平均水平。另外,广东 2009 年第一产业的产业增加值为 2013.61 亿元,占其地区生产总值的 5.10%,远低于全国10.34%的比重;第二产业增加值为 19425.42 亿元,占其地区生产总值的49.20%,略高于全国 46.3%的平均水平;第三产业增加值为 18043.53 亿元,占其地区生产总值的 45.70%,比全国 43.36%的水平略高。从广东与全国横向比较结果来看,可知,相比全国三大产业所占比重,广东的第二、三产业的生产力水平较高,其第一产业所占比重却远远低于全国平均水平,这说明广东的农业基础较为薄弱,其工业化程度较高,服务业发展较快,整体实力较强。

三、广东产业结构的内部分析

广东产业的总体结构为"二三一"模式,第二产业对其地区生产总值的贡献度最大,第一产业所占比重最小,第三产业平稳发展,与"库兹涅茨定律"十分吻合。而这也是广东在泛珠三角区域经济合作中起到"领头羊"作用的关键因素所在。

表6-2　2009 年广东与全国产业生产总值及构成比较　　单位:亿元

	产业增加值		所占比重(%)	
	广东	全国	广东	全国
地区生产总值	39482.56	340506.9	11.60	100
第一产业	2013.61	35226	5.10	10.34
第二产业	19425.42	157638.8	49.20	46.30
第三产业	18043.53	147642.1	45.70	43.36

资料来源:《广东统计年鉴(2010)》。

1. 第一产业

2009 年,广东第一产业总产值为 2010.27 亿元,其中农业总产值为 1551.03 亿元,所占比重为 46%;其次是牧业,其总产值为 917.14 亿元,相比农业,牧业 27% 的比重相对较小。在第一产业内部,规模最小的是林业与农林牧渔服务业两大块,其所占比重分别仅为 3% 与 4%。由此可见,广东第一产业主要以基础农业为主,其次是牧业和渔业。这主要由广东的山地和临海的地形区位优势所决定。相比 2005 年第一产业内部结构,广东 2009 年农林牧渔业结构基本保持一致。另一方面,就广东 2009 年的主要农产品产量而言,其粮食产量 1314.50 万吨,增长 5.7%;糖蔗产量 1116.11 万吨,增长 3.4%;油料产量 84.64 万吨,增长 3.8%;蔬菜产量 2567.17 万吨,增长 5.6%;水果产量 1061.89 万吨,增长 8.0%;茶叶产量 5.14 万吨,增长 6.2%。

2. 第二产业

2009 年,广东省第二产业总产值为 19425.42 亿元,占地区生产总值的 49.2%,处于三大产业之首。其中,工业总产值占地区生产总值的 45.8%。可见,广东的工业总体发展情况较好,且工业产值在第二产业中占据绝对优势。按轻重工业类型来分,广东重工业所占比重为 61%,比上年增长 10%;轻工业所占比重为 39%,比上年增长 7.4%。显然,广东的重工业较为发达,其发展速度快于轻工业。

表 6-3 2008—2009 年广东主要农产品产量   单位:万吨

	2008 年	2009 年	比上年增长(%)
粮食	1243.44	1314.5	5.7
糖蔗	1079.3	1116.11	3.4
花生	80.53	83.63	3.8
烟叶	4.93	5.36	8.8
蔬菜	2431.43	2567.17	5.6
水果	983.49	1061.89	8
水产品	680.41	702.81	3.3
猪肉	253.96	262.09	3.2

资料来源:《广东统计年鉴(2010)》。

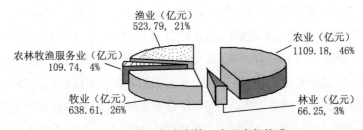

图 6-2 2005 年广东第一产业内部构成

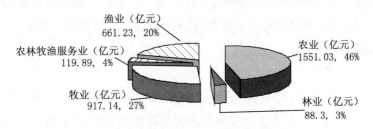

图 6-3 2009 年广东第一产业内部构成

资料来源:《广东统计年鉴(2010)》。

此外,广东 2009 年九大支柱产业总产值比上年增长 8.4%,其中三大新兴支柱产业增长 5.5%,三大传统支柱产业产值增长 13.9%,三大潜力

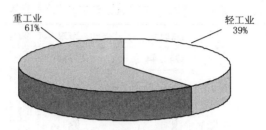

图6-4 2009年广东重工业与轻工业构成

资料来源:《广东统计年鉴(2010)》。

产业产值增长 16.3%。而三大新兴产业中的电子信息、电器机械及专用设备、石油及化学总产值分别为 15721.79 亿元、9742.4 亿元、5983.31 亿元,分别比上年增长 3.9%、5.2%、10.3%;三大传统支柱产业中的纺织服装、食品饮料、建筑材料的总产值分别为 4002.93 亿元、3306.54 亿元、3009.1 亿元,分别增长 14.9%、12.7%、13.8%;三大潜力产业中森工造纸、医药、汽车及摩托车的总产值分别为 1640.92 亿元、618 亿元、3564.14 亿元,分别增长 5.7%、25.8%、20.6%。从中我们发现,三大潜力产业增速较快,尤其是医药业、汽车及摩托车业,这就为广东以后的发展指明了方向,即加大这些产业的资金、技术及政策上的支持,以培育成当地新的、具有优势的支柱产业。另外,从 2009 年九大产业所占比重来看,广东的电子信息业、电器机械及专用设备业、石油及化学制造业,三个行业的产值占九大工业总产值的 66.08%,充分反映了广东的产业结构特征:重工业化与信息化,同时也反映了资本、技术密集型产业替代劳动密集型产业的趋势愈加明显。

3. 第三产业

由图6-5 可见,广东第三产业构成中除住宿和餐饮业,交通运输、仓储和邮政业两个行业的生产总值所占比重明显较小外,其余批发零售业、金融业与房地产业的生产总值所占比重都较平衡。2009 年,广东批发零售业总产值为 3907.43 亿元,所占比重 22%;金融业总产值为 2283.29 亿元,所占比重为 13%;房地产业总产值为 2470.63 亿元,所占比重为 14%。结合以上分析,可得知广东自 2005 年开始,其第三产业发展速度获得质的飞跃,并保持良好的平稳攀升态势。不过,广东第三产业构成中

表6-4　2005—2009年广东九大支柱产业产值及其发展

	2005年	2008年	2009年	所占比重	比上年增长
九大工业产业总产值	25921.83	45693.07	47589.15	—	8.4%
三大新兴产业(亿元)	18363.02	31141.53	31447.5	66.08%	5.5%
电子信息业	9831.34	15373.81	15721.79	33.04%	3.9%
电气机械及专用设备	5256.75	9647.89	9742.4	20.47%	5.2%
石油及化学	3274.93	6119.83	5983.31	12.57%	10.3%
三大传统产业(亿元)	5072.51	9416.86	10318.57	21.68%	13.9%
纺织服装	2150.39	3626.41	4002.93	8.41%	14.9%
食品饮料	1635.73	2985.72	3306.54	6.95%	12.7%
建筑材料	1286.39	2804.73	3009.1	6.32%	13.8%
三大潜力产业(亿元)	2486.3	5134.68	5823.07	12.24%	16.3%
森工造纸	839.86	1705.89	1640.92	3.45%	5.7%
医药	286.75	498.65	618	1.30%	25.8%
汽车及摩托车	1359.69	2930.14	3564.14	7.49%	20.6%

资料来源:《广东统计年鉴(2010)》。

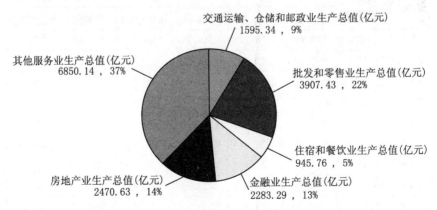

图6-5　2009年广东第三产业各行业产值构成

资料来源:《广东统计年鉴(2010)》。

以传统产业为主,像物流配送、信息服务、咨询服务、技术研究开发等新型产业的发展未能得到体现。可喜的是,广东金融业2009年的总产值比2005年的总产值增长了两倍有余,这充分说明了广东新型服务业的发展前景较为乐观。

表6-5　广东第三产业各产值及其增速

	2005 年	2009 年	增速
第三产业总产值	9598.34	18052.59	88.08%
交通运输、仓储和邮政业生产总值(亿元)	990.53	1595.34	61.06%
批发和零售业生产总值(亿元)	2222.72	3907.43	75.79%
住宿和餐饮业生产总值(亿元)	520.63	945.76	81.66%
金融业生产总值(亿元)	673.65	2283.29	238.94%
房地产业生产总值(亿元)	1456.14	2470.63	69.67%
其他服务业生产总值(亿元)	3734.67	6850.14	83.42%

资料来源:《广东统计年鉴(2010)》。

表6-6　　2000—2009 年广西生产总值及构成　　单位:亿元

时间	地区生产总值	第一产业		第二产业		第三产业	
		增加值	比重(%)	增加值	比重(%)	增加值	比重(%)
2000	2050.14	539.19	26.3	748.3	36.5	762.65	37.2
2001	2279.34	574.39	25.2	809.17	35.5	895.78	39.3
2002	2523.73	613.26	24.3	888.39	35.2	1022.11	40.5
2003	2821.11	671.42	23.8	1040.99	36.9	1108.69	39.3
2004	3433.50	837.77	24.4	1332.19	38.8	1263.52	36.8
2005	4075.75	912.97	22.4	1512.1	37.1	1650.68	40.5
2006	4828.51	1033.3	21.4	1878.29	38.9	1916.92	39.7
2007	5955.65	1238.78	20.8	2423.95	40.7	2286.97	38.4
2008	7171.58	1455.83	20.3	3040.75	42.4	2682.17	37.4
2009	7759.16	1458.72	18.8	3382.99	43.6	2917.44	37.6

资料来源:中经网、国研网数据经整理而得。

6.1.2　广西产业结构的现状分析

长期以来,广西的产业结构一直处于"三二一"的结构模式,其第三产业占据最大比重,而工业化程度偏低,以农业为主的第一产业也占据了较多份额。2004 年,广西"三二一"的产业结构虽有改变,但并未保持良好的态势。直至 2007 年开始,广西才真正扭转了"三二一"的原有产业结构,形成"二三一"的产业结构模式。当然,三大产业除产业间比重的变化外,其各产业内部结构亦有很大的改善。

一、广西产业结构的纵向分析

从时间纬度上看,广西三大产业发展迅速,地区生产总值及其各产业产值增长趋势明显,产业结构也逐步趋于合理化。2000 年,广西三次产业增加值分别为 539.19 亿元、748.3 亿元、662.65 亿元;其产业结构为 26.3∶36.5∶37.2(见表 6-6)。2009 年,广西第一产业增加值为 1458.72 亿元,比上年增长 8.19%;第二产业增加值为 3382.99 亿元,比上年增长 11.25%;第三产业增加值为 2917.44 亿元,与上年相比,下降了 20.77%,其产业结构为 18.8∶43.6∶37.6。第一、二、三产业对经济增长的贡献率分别为 7.0%、55.2% 和 37.8%①。可见,随着我国社会主义建设的有序进行,2000—2009 年整整十年间,广西三次产业增加值逐年增

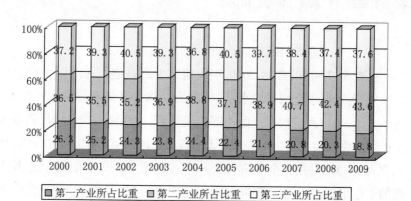

图 6-6　广西三次产业结构图

---

①　资料来源:《广西壮族自治区 2009 年国民经济与社会发展统计公报》。

长,三次产业结构得到不断调整,尤其体现于三次产业在地区生产总值中所占比重的逐年变化。2000 年至 2009 年,第一产业增加值在地区生产总值所占的比重由 26.3% 下降至 18.8%;第二产业所占比重由 36.5% 上升至 43.6%;第三产业所占比重由 37.2% 上升至 37.6%。广西产业及其结构的发展与产业经济学中的"库兹涅茨定律"相吻合,即在经济发展过程中,农业部门实现的国民收入的相对比重处在不断下降之中;工业部门国民收入的相对比重呈上升趋势;服务部门的国民收入的相对比重大体不变,略有上升。

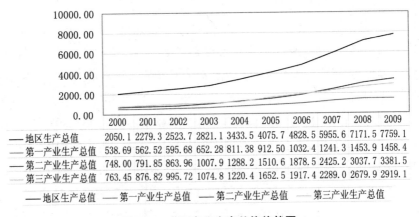

	2000	2001	2002	2003	2004	2005	2006	2007	2008	2009
—— 地区生产总值	2050.1	2279.3	2523.7	2821.1	3433.5	4075.7	4828.5	5955.6	7171.5	7759.1
—— 第一产业生产总值	538.69	562.52	595.68	652.28	811.38	912.50	1032.4	1241.3	1453.9	1458.4
—— 第二产业生产总值	748.00	791.85	863.96	1007.9	1288.2	1510.6	1878.5	2425.2	3037.7	3381.5
—— 第三产业生产总值	763.45	876.82	995.72	1074.8	1220.4	1652.5	1917.4	2289.0	2679.9	2919.1

—— 地区生产总值 　 —— 第一产业生产总值 　 —— 第二产业生产总值 　 第三产业生产总值

图 6-7　广西产业生产总值趋势图

资料来源:《广东统计年鉴(2010)》。

二、广西产业结构的横向分析

由表 6-7 可知,广西 2009 年的地区生产总值仅占全国生产总值的 2.28%,远远低于全国平均水平,生产力总体水平尚不够全国平均水准。另一方面,从广西三次产业的内部构成来看,广西第一产业增加值在地区生产总值中所占比重为 18.8%,远远高于全国的 10.35%;第二产业所占比重为 43.58%,相比全国第二产业所占比重 46.3%,稍稍偏低,其中广西的工业增加值所占比重为 36.91%,比全国 39.72% 的水平稍低;第三产业所占比重为 37.62%,与全国 43.36% 的比重相比,差距较为明显。总体而言,广西目前还尚未摆脱农业在地区生产总值中占据较大份额的局面;第三产业虽发展较快,但相比全国第三产业的平均发展速度,稍显落后;第二产业有待于更大幅度的发展。

表6-7　　2009年广西与全国产业生产总值及构成比较

	产业增加值(亿元)		所占比重(%)	
	广西	全国	广西	全国
生产总值	7759.16	340506.9	2.28	100.00
第一产业	1458.49	35226	18.80	10.35
第二产业	3381.54	157638.8	43.58	46.30
工业	2863.84	135239.9	36.91	39.72
第三产业	2919.13	147642.1	37.62	43.36

资料来源:《中国统计年鉴(2010)》、《广西统计年鉴(2010)》。

191

三、广西产业结构的内部分析

产业的内部结构主要从三次产业的具体构成入手,从图6-8来看,广西三次产业的内部发展很不均衡。各大产业内部许多相应的产业并不具有充分的竞争力,以致没有起到应有的支撑与带动作用。

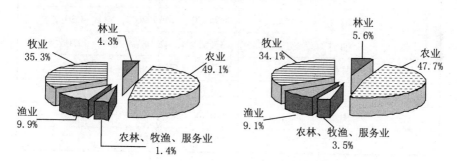

图6-8　广西农林牧渔业总产值构成

资料来源:《广西统计年鉴(2010)》。

1. 农林牧渔业平稳发展,农业所占比重略有下降

2009年,广西农林牧渔业总产值为2380.51亿元,比上年稍有下降。从农林牧渔业总产值构成来看,可知农业、林业、牧业、渔业及农林牧渔服务业所占比重分别为47.7%、5、6%、34.1%、9.1%与3.5%。其中,农业占据绝大比重,牧业次之,而农林牧渔服务业所占比重远远低于农业与牧业。与 2005 年广西的农林牧渔总产值构成相比,林业与农林牧渔服务业所占比重虽有增加,但幅度十分小,不足以动摇农业与牧业的主导地位。

另一方面,就主要农产品产量而言,2009 年,广西粮食产量为 1463.20 万吨,比上年增长 4.91%;油料作物产量为 42.08 万吨,比上年增长 12.06%;甘蔗产量为 7509.44 万吨,比上年下降了 8.6%;水果产量为 774.65 万吨,比上年增加了 17.36%;肉类与水产品产量分别为 371 万吨与 261.81 万吨,分别比上年增长了 5.79% 与 4.73%(见表 6-8)。

由上分析可知,无论是从农林牧渔所占比重方面,还是从主要农产品产量方面出发,广西第一产业的重心几乎全部在农业上面,而具有较大发展潜力的林业、渔业和畜牧业都没有得到足够的重视与发展。

表 6-8　广西第一产业及主要农产品产量

	2008 年	2009 年	比上年增长(%)
农林牧渔业总产值(亿元)	2389.79	2380.51	-0.39
主要农产品产量(万吨)			
粮食	1394.70	1463.20	4.91
油料	37.55	42.08	12.06
甘蔗	8215.58	7509.44	-8.6
水果	660.06	774.65	17.36
肉类	350.68	371.00	5.79
水产品	249.98	261.81	4.73

资料来源:《广西统计年鉴(2010)》。

2. 制造业占据主导地位,水利煤电未充分利用

第二产业一般包括工业与建筑业,其中,工业增加值所占比重又远远大于建筑业。广西亦是如此。2009 年,广西工业增加值在第二产业中占比高达 66.95%。按行业划分,广西的工业主要以制造业为主,其他行业所占比重不大。2009 年,广西农副食品加工业增加值为 276.53 亿元,比上年增长 19.71%,其中制糖业的增长率为 8.74%;交通运输设备制造业

增加值为 270.41 亿元,比上年增长 30.46%;黑色金属冶炼及压延加工业增加值为 217.67 亿元,比上年增长 3.24%;非金融矿物制品业增加值为 159.68 亿元,比上年增长 49.72%;有色金融冶炼及压延加工业增加值为 132.21 亿元,比上年增长 4.49%;化学原料及化学制品制造业增加值为 119.67 亿元,比上年增长 0.35%;专用设备制造业增加值为 64.41 亿元,比上年增长 30.96%;电力、热力的生产和供应业增加值为 287.94 亿元,比上年增长 11.76%。以上食品、有色、石化、冶金、汽车、机械、电力等七大支柱产业增加值总和为 1528.52 亿元,在工业增加值中所占比重达 67.48%。不过,值得关注的是,这其中仅有 12.71% 来自于广西电力、热

表 6-9　广西工业主要行业的增加值及其增长情况

	2008 年 (万元)	2009 年 (万元)	比上年增长	所占比重
工业增加值	19764182	22650606	14.60%	——
农副食品加工业	2309929	2765306	19.71%	12.21%
#制糖业	1144194	1244196	8.74%	5.49%
交通运输设备制造业	2072678	2704053	30.46%	11.94%
#汽车制造	1951729	2529184	29.59%	11.17%
黑色金属冶炼及压延加工业	2108362	2176721	3.24%	9.61%
非金属矿物制品业	1066522	1596821	49.72%	7.05%
#水泥制造	534807	764449	42.94%	3.37%
有色金属冶炼及压延加工业	1265313	1322093	4.49%	5.84%
化学原料及化学制品制造业	1192483	1196705	0.35%	5.28%
专用设备制造业	491809	644065	30.96%	2.84%
电力、热力的生产和供应业	2576478	2879430	11.76%	12.71%
#电力生产	1592947	1390989	-12.68%	6.14%
#水力发电	774106	942508	21.75%	4.16%
燃气生产和供应业	31294	39761	27.06%	0.18%
水的生产和供应业	73426	101631	38.41%	0.45%

资料来源:《广西统计年鉴(2010)》。

力的生产与供应业,其余均来自于制造业。虽然,广西拥有着丰富的矿产资源、水利资源以及广阔的土地,但这些资源禀赋方面的优势并未在工业中得到体现。尤其是广西的燃气生产与供应业、水的生产与供应业所占份额分别仅为0.18%、0.45%,两个行业相加尚不足1%。由此可得,广西工业有待进一步发展,产业结构需不断调整,以充分利用资源,实现要素的优化配置。

3. 第三产业内各产业比重较平衡

由图6-9可见,广西第三产业中交通运输、仓储和邮政业生产总值为378.75亿元,占13%;批发和零售业生产总值为551.14亿元,占19%;住宿和餐饮业生产总值为208亿元,所占比重为7%;金融业生产总值为336.82亿元,占12%;房地产业生产总值为348.98亿元,占12%。相比第一产业与第二产业,第三产业内部各产业所占份额较为平衡,不存在特别突出的产业,也没有出现特别落后的产业。但是,从广西城镇投资额来看,第三产业内部各产业投资额存在较大差异。尤其是租赁和商业服务业,文化和体育娱乐业,科研、技术服务和地质勘查业等投资所占的比重相当小,分别为1.47%、1.1%、0.41%,这些产业正是广西的薄弱环节,也是造成广西长期第三产业水平较低的原因所在。今后,有待进一步加强投资。

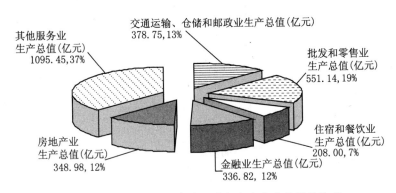

图6-9 2009年广西第三产业内部各产业产值及其构成

资料来源:国研网。

表6-10　2009年广西城镇固定投资情况　　　　　单位:亿元

行业	投资额	所占比重
交通运输、仓储和邮政业	831.88	21.47%
信息传输、计算服务与软件业	92.49	2.39%
批发和零售业	110.34	2.85%
住宿和餐饮业	58.97	1.52%
金融业	16.84	0.43%
房地产业	976.77	25.21%
租赁和商业服务业	56.89	1.47%
科学研究、技术服务和地质勘查业	15.74	0.41%
水利、环境与公共设施管理业	609.76	15.73%
居民服务和其他服务业	8.62	0.22%
教育	119.91	3.09%
卫生、社会保障和社会福利业	54.82	1.41%
文化、体育和娱乐业	42.68	1.10%
公共管理和社会组织	103.02	2.66%

资料来源:《2009年广西国民经济与社会发展统计公报》。

6.1.3　海南产业结构的现状分析

目前,海南仍处于工业化初级阶段,其三次结构呈现"三一二"的特征,综合产业实力明显偏低。尤其是海南的工业非常薄弱,严重影响了海南产业结构的演进。而海南的农业虽占据相当大的比重,但其科技含量低,进而导致生产力不足,产出水平低下。虽然,海南第三产业增加值所占比重也较大,但其内部发展并不平衡。为实现海南产业结构的调整与优化,有必要从纵向、横向、内部三个角度全面分析海南当前的产业结构,以便找出问题症结所在。

一、海南产业结构的纵向分析

2000—2009年间,海南三次产业增加值虽呈现稳步上升的态势,但逐年递增幅度有限。2000年,海南第一产业增加值为196.5亿元,第二产业增加值为102.66亿元,第三产业增加值为219.32亿元,三大产业增加值比例为37.9:19.8:42.3。至2009年,海南第一产业增加值为

461.52亿元,第二产业增加值为443.33亿元,第三产业增加值为749.36亿元,三大产业增加值比例为27.9∶26.8∶45.3。经过十年时间,海南第二产业增加值在地区生产总值中比重稍有上升,第一产业所占比重明显下降,但除2007年外,第二产业所占份额仍低于第一产业。第三产业增长速度明显快于第一、二产业,其所占比重也一直维持在40%左右,远大于第一产业与第二产业的占比。海南"三一二"的产业结构仍未得到很大的改善。由此可见,海南的工业化进程缓慢,不足以带动海南整体实力的上升,有待进一步加大投资力度,给予政策支持,实现工业质的飞跃。

表6-11 2000—2009年海南地区生产总值及其构成

单位:亿元

时间	地区生产总值	第一产业		第二产业		第三产业	
		增加值	比重	增加值	比重	增加值	比重
2000	518.48	196.50	37.90%	102.66	19.80%	219.32	42.30%
2001	558.41	206.61	37%	113.92	20.40%	238.44	42.70%
2002	621.97	235.73	37.90%	128.75	20.70%	257.50	41.40%
2003	693.20	256.48	37%	155.97	22.50%	280.75	40.50%
2004	798.90	294.79	36.90%	186.94	23.40%	317.16	39.70%
2005	894.57	300.58	33.60%	220.06	24.60%	373.93	41.80%
2006	1052.85	344.28	32.70%	288.48	27.40%	420.09	39.90%
2007	1223.28	360.87	29.50%	364.54	29.80%	497.87	40.70%
2008	1459.23	437.77	30%	434.85	29.80%	586.61	40.20%
2009	1654.21	461.52	27.90%	443.33	26.80%	749.36	45.30%

资料来源:根据中经网、国研网数据经整理而得。

二、海南产业结构的横向分析

相比全国GDP水平,海南的地区生产总值可谓是"九牛一毛"。2009年,海南的地区生产总值为1654.21亿元,全国的国内生产总值达340506.87亿元,海南所占比重仅为0.49%。与广东的11.6%,广西的2.28%相比,差距十分明显。具体就三大产业构成而言,海南三大产业增加值比例为27.94∶26.81∶45.25;全国三大产业增加值比例为10.35∶46.3∶43.36。可见,海南第一产业增加值所占比重远远超出全国平均水

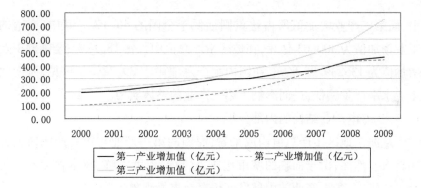

图 6-10　2000—2009 年海南三大产业增加值变动趋势

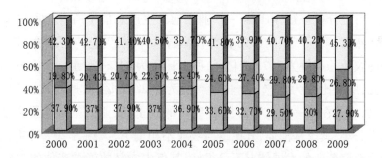

图 6-11　海南三大产业增加值所占比重

表 6-12　海南与全国三大产业生产总值及其构成

	产业增加值（亿元）		所占比重	
	海南	全国	海南	全国
地区生产总值	1654.21	340506.87	0.49%	100.00%
第一产业	462.19	35226.00	27.94%	10.35%
第二产业	443.43	157638.78	26.81%	46.30%
工业	300.63	135239.95	18.17%	39.72%
建筑业	142.8	22398.83	8.63%	6.58%
第三产业	748.59	147642.1	45.25%	43.36%

资料来源：《中国统计年鉴（2010）》。

平,而第二产业增加值所占比重则远低于全国的 46.3%。其中,海南的
工业增加值为 300.63 亿元,在地区生产总值中仅占 18.17%;全国的工业
增加值为 135239.95 亿元,在国内生产总值中占 39.72%。可见,海南的
工业水平严重偏低,进而影响了第二产业的整体实力。

三、海南产业结构的内部分析

从海南地区生产总值构成来看,海南的第一产业与第三产业所占份
额较大。然而,由于面临的城市化压力、投资力度不够、技术含量不高等
因素的影响,各大产业的内部发展仍存在失衡现象。

1. 第一产业

由上分析可知,海南第一产业在地区生产总值中所占比重达 25% 以
上。然而,第一产业内部的农林牧渔各大产业产值分布不均。2009 年,
海南农业总产值为 307.57 亿元,所占比重为 44%;渔业总产值为 154.51
亿元,所占比重为 22%;牧业总产值为 142.38 亿元,所占比重为 20%。
可见,农业在第一产业中占据近 50% 的比重,农业的基础作用和承受能
力十分小;其次是渔业,其比重与牧业不相上下,大约为 20% 左右。海南
的农业服务业的发展情况不是很好,其仅占农林牧渔总产值的 3%,所占
份额相当小。相比 2005 年,海南第一产业内部构成未出现大的调整。但
从各产业所占份额变化来看,渔业和农业的变动幅度较大。其中,渔业所
占比重下降了 6 个百分点,农业所占比重上升了 6 个百分点。作为一个
海洋大省,海南丰富的海洋资源并没有从中得到体现,这说明了海南的海
洋植物资源、海洋水资源、海洋矿物资源等均没有得到充分的利用,有待
进一步开发。

就海南主要农产品产量来看,可见海南农产品产值排列在前的包括
瓜菜、蔗糖、水果、粮食与水产品。这主要得益于海南得天独厚的地理位
置、气候、资源禀赋及政策支持。2009 年,政府继续加大对农民的直接补
贴力度,增加粮食直补、良种补贴、农机具购置补贴和农资综合直补,农产
品综合价格持续回升,增强了农民发展生产的积极性,加上农业气象条件
总体较好,农业生产保持较快增长。四大类产品(水果、瓜菜、肉类、水产
品)产值增长 7.8%,占大农业总产值的比重提高了 2.3 个百分点。橡
胶、槟榔等热带作物发展较快,产量分别增长 10.7% 和 23.2%。从增速

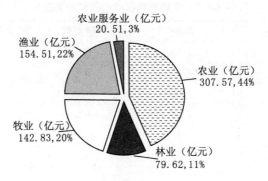

图6-12 2009年海南第一产业构成

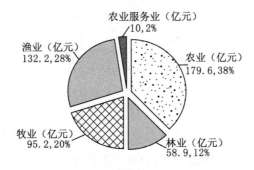

图6-13 2005年海南第一产业构成

来看,可发现海南四大类农产品中,水产品的增速达13.5%,而粮食与蔗糖的产值虽大,但其增速不大,蔗糖甚至出现了的负增长。这从侧面反映出,由于客观条件的制约,海南发展海洋经济的潜力较大。

2. 第二产业

根据前述数据所示,海南第二产业主要以工业为主,其2009年的工业增加值为300.63亿元,占第二产业总产值的67.8%。但是,工业水平明显低于全国平均水平。其中,规模以上工业完成增加值277.17亿元,比上年增长7.5%。分轻重工业看,重工业完成增加值212.79亿元,增长7.6%;轻工业完成增加值64.38亿元,增长7.4%。分行业来看,海南2008年工业总产值为1094.61亿元,其中,食品制造业及加工业总产值为101.94亿元,比上年增长44.06%;化学及其制品业总产值为88.11亿元,比上年增长11.86%;电力热力供应业总产值为85.68亿元,比上年增

表6-13 海南主要农产品产量及其变化

产品名称	单位	绝对数	比上年增长(%)
粮食	万吨	187.6	2.3
蔗糖	万吨	457.9	-7.9
油料	万吨	9.1	4.8
瓜菜	万吨	492.46	7.9
水果	万吨	267.95	8.1
橡胶干胶	万吨	30.71	10.7
椰子	亿个	2.37	5.0
胡椒	万吨	3.74	1.1
槟榔	万吨	14.36	23.2
肉类总产量	万吨	66.05	8.0
禽蛋产量	万吨	3.19	2.6
水产品总产量	万吨	157.7	13.5

资料来源:《2009年海南国民经济与社会发展统计公报》。

长15.32%;交通运输制造业总产值为71.82亿元,比上年下降了约39个百分点;造纸及纸制品业总产值为68.81亿元,比上年增长5.17%;非金属矿物制品业总产值为43.56亿元,比上年增长60.73%;医药制造业总产值为40.09亿元,比上年增长25.24%;黑色金属矿采选业总产值为27.76亿元,比上年增长60.90%;饮料制造业总产值为26.84亿元,比上年增长12.67%;金属制品业、电气机械制造业、黑色金属加工业及烟草加工业分别比上年增长了-0.78%、48.06%、-15.82%、25.37%。以上13个行业在海南工业总产值中位列前十三名,其13个行业的总产值之和为613.01亿元,占工业总产值的56%,是海南工业产值的主要来源。不过,从中也可以发现,前13个行业以制造业为主,除电力热力供应业外。由此可得,海南的工业结构特征为:优势产业不突出,内部发展不平衡;以制造业为主,所占比重相当大;技术含量低,产品附加值不高,以基本制造、简单加工为主;对专用设备与通用设备制造业投资力度不够,尚需进一步加大力度;相比其他省份,海南的海洋资源优势明显,电力热力行业较发达。

表6-14　2008年海南工业33个行业产值

类别	总产值(亿元)	比上年增长
食品制造业及加工业	101.9389	44.06%
化学及其制品业	88.1052	11.86%
电力热力供应业	85.6781	15.32%
交通运输制造业	71.8218	−39.07%
造纸及纸制品业	68.8066	5.17%
非金属矿物制品业	43.5555	60.73%
医药制造业	40.0929	25.24%
黑色金属矿采选业	27.7562	60.90%
饮料制造业	26.8383	12.67%
金属制品业	19.0437	−0.78%
电气机械制造业	15.4523	48.06%
黑色金属加工业	13.4691	−15.82%
烟草加工业	10.4544	25.37%
纺织业	10.2357	2.23%
有色金属矿采选业	8.1131	4.75%
通信计算机及其他电子制造业	7.5049	89.05%
燃气生产和供应业	7.473	7.93%
木材竹藤等制品业	6.3499	8.44%
塑料制品业	4.6392	6.71%
水的生产和供应业	4.3604	11.23%
印刷记录媒介复制	3.705	−0.94%
非金属矿采选业	2.9103	40.20%
家具制造业	2.0435	−44.28%
有色金属加工业	1.7781	27.19%
专用设备制造业	1.5936	−20.58%
橡胶制品业	1.1645	−70.23%
皮革毛皮等制品业	0.6473	100.15%
通用设备制造业	0.6358	14.81%

资料来源:《海南统计年鉴(2009)》。

3. 第三产业

相比工业内部构成,海南第三产业的内部发展较为平衡。由图 6-14 可见,海南第三产业中批发和零售业生产总值为 168.75 亿元,占 23%;房地产业生产总值为 121.76 亿元,占 16%;交通运输、仓储及邮政业生产总值为 88.68 亿元,所占比重 12%;住宿和餐饮业生产总值为 60.22 亿元,占 8%;金融业生产总值为 65.73 亿元,占 9%。由此构成可见,海南第三产业以传统产业为主,包括旅游酒店业、批发零售业、交通运输、仓储及邮政业、住宿餐饮业,而以金融保险、信息产业、咨询中介等为主的现代服务业所占比重不大。不过近些年来,房地产业与金融业也正逐渐兴起。尤其是自 2006 年开始,海南房地产业与金融业的生产总值增速明显,2008—2009 年增幅在近十年内达到最高(见图 6-15)。

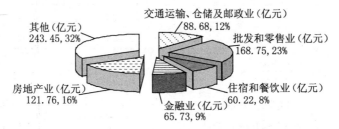

图 6-14　2009 年海南第三产业内部各产业产值及构成

资料来源:据国研网。

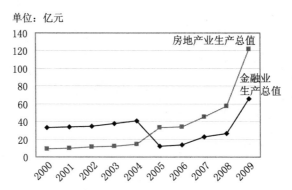

图 6-15　2000—2009 年海南房地产业与金融业生产总值趋势图

资料来源:根据国研网数据整理而得。

6.1.4　云南产业结构的现状分析

当前,云南正处于由工业化初期向工业化中期的过渡阶段,其产业结构呈现"二三一"的模式。然而,云南的第一产业比重虽高,其农业基础却不完善,生产链较短;第二产业综合实力不强,工业以烟草业为龙头,其他工业产业竞争力不足;第三产业的发展水平低于全国平均水平。

一、云南产业结构的纵向分析

2000—2009 年,云南三大产业分布十分明显,第二产业所占比重最大,第三产业次之,形成"二三一"的产业结构模式。2000 年,云南三大产业增加值分别为436.26 亿元、843.24 亿元和675.59 亿元;其产业结构为22.31：43.13：34.56。2009 年,云南第一产业增加值为1067.6 亿元,所占比重为 17.3%；第二产业增加值为 2582.53 亿元,所占比重为41.86%；第三产业增加值为 2519.62 亿元,所占比重为40.84%,其产业结构为17.3：41.86：40.84。由此可见,云南三大产业比例稍有调整,第一产业比重逐年下降趋势明显(除个别年份外);第二产业所占比重基本

表6-15　2000—2009 年云南三大产业产值及构成

年份	地区生产总值（亿元）	第一产业		第二产业		第三产业	
		增加值（亿元）	所占比重	增加值（亿元）	所占比重	增加值（亿元）	所占比重
2000	1955.09	436.26	22.31%	843.24	43.13%	675.59	34.56%
2001	2138.31	450.54	21.07%	881.49	41.22%	742.68	34.73%
2002	2312.82	470.50	20.34%	951.48	41.14%	810.34	35.04%
2003	2556.02	502.84	19.67%	1069.29	41.83%	893.16	34.94%
2004	3081.91	604.33	19.61%	1314.19	42.64%	1040.96	33.78%
2005	3472.89	669.81	19.29%	1432.76	41.26%	1370.32	39.46%
2006	4006.72	749.81	18.71%	1712.60	42.74%	1544.31	38.54%
2007	4741.31	837.35	17.66%	2051.08	43.26%	1852.88	39.08%
2008	5700.10	1020.94	17.91%	2451.09	43.00%	2228.07	39.09%
2009	6169.75	1067.60	17.30%	2582.53	41.86%	2519.62	40.84%

资料来源:据国研网。

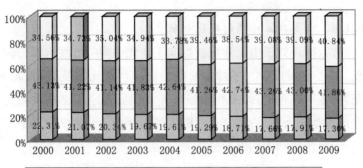

图 6-16　2000—2009 年海南三大产业构成图

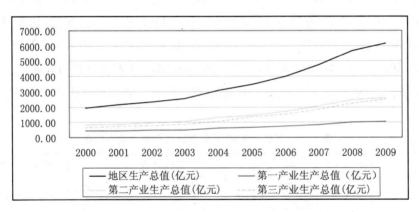

图 6-17　2000—2009 年海南三大产业产值变化趋势

维持在 41% 左右,波动幅度不大;第三产业所占比重较大,相比第一产业的上升趋势,其波动幅度较大。显然,云南已由工业化初级阶段逐渐向工业化中期过渡,只不过工业化进程较慢,其在三大产业结构变化中并不明显。二、云南产业结构的横向分析

由表 6-16 可见,2009 年,云南的地区生产总值为 6169.75 亿元,全国的国内生产总值为 340506.87 亿元,其所占比重约为 1.81%。与广西 2.28% 的比重相比,较为接近,但仍有差距。具体就三大产业构成而言,云南三大产业增加值比例为 17.3∶41.86∶33.85;全国三大产业增加值比例为 10.35∶46.3∶43.36。由此可见,云南第一产业所占比重较高,比

全国平均水平超出 7 个百分点。而第二产业增加值所占比重则低于全国46.3%的水平,其中,海南的工业增加值为 2088.17 亿元,占地区生产总值的 33.85%,但仍比全国低了 6 个百分点,差距明显。相反,其建筑业比全国平均水平高了 1.5 个百分点左右。此外,海南的第三产业产值为2519.62 亿元,占比 40.84%,比全国平均水平略偏低。整体来看,云南尚未摆脱农业生产总值占比过大的局面,其基础作用与承受能力较弱;工业发展迅速,但相比全国平均水平,仍需进一步推进;而第三产业比重相当。

表 6-16　2009 年云南与全国生产总值及其构成比较

	产业增加值（亿元）		所占比重	
	云南	全国	云南	全国
地区生产总值	6169.75	340506.87	1.81%	——
第一产业	1067.6	35226	17.30%	10.35%
第二产业	2582.53	157638.78	41.86%	46.30%
工业	2088.17	135239.95	33.85%	39.72%
建筑业	494.36	22398.83	8.01%	6.58%
第三产业	2519.62	147642.1	40.84%	43.36%

资料来源:《中国统计年鉴(2010)》。

三、云南产业结构的内部分析

从总量来看,云南三大产业产值均获得较大进步。然而,从三大产业内部构成来看,云南第一产业以基础农业为主,同时存在"大"与"弱"并存的现象;第二产业中工业占据主导地位,其中又以烟草加工业为主,其他工业竞争力不强,工业内部结构尤其不合理;第三产业比重与全国平均水平相当,但仍需继续给予重视并加大投入力度,发展更多资本、知识、技术密集型产业。

1. 第一产业

由图 6-18 与图 6-19 可见,云南第一产业内部以农业与牧业为重,尤其是农业。2009 年,云南农业总产值为 850.65 亿元,在第一产业中所占比重为 51%;牧业生产总值为 557.76 亿元,所占比重为 33%;林业生产总值为 196.13 亿元,所占比重为 11%;渔业生产总值为 41.96 亿元,所占比重为 2%;农林牧渔服务业生产总值为 59.69 亿元,所占比重为 3%。可见,第一产业产值在地区生产总值中所占比重虽大,但其整体实力并不强大,尤其是内部构成十分不平衡。基础农业在第一产业中占据了一半以上的份额,其次是牧业,其占比大概维持在 30% 以上,其他林业、渔业及农林牧渔服务业所占份额相当小。与 2005 年云南第一产业产值及构成相比,各大产业产值均有上升,但农林牧渔服务业比重却有所下降,产业结构没有得到合理的改善,内部分布不均状态依旧。

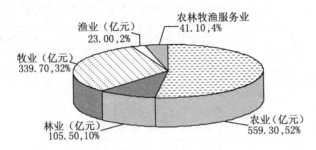

图 6-18　2005 年云南第一产业产值及其构成

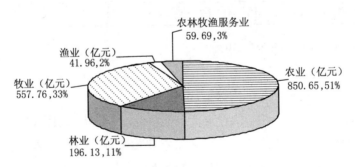

图 6-19　2009 年云南第一产业产值及其构成

资料来源:根据国研网数据整理而得。

就农产品产量来看,云南 2009 年主要农产品产量稳定增长。全年粮食总产量达 1576.9 万吨,比上年增长 3.8%;油料产量 49.92 万吨,比上年增长 23.6%;烤烟产量 87.77 万吨,比上年增长 4.6%;蔬菜产量 1215.5 万吨,比上年增长 4.2%;园林水果产量 260.18 万吨,比上年下降 2.3%;茶叶产量 18.03 万吨,比上年增长 5.1%;鲜花产量 56.02 亿枝,比上年增长 5.9%；肉类总产量 304.6 万吨，比上年增长 5.7%；水产品产量 45.5 万吨，比上年增长 15.6%。据上分析可知，相比其他三省区，云南第一产业中花卉与烤烟种植独具特色，且产出较大。

表6-17　2009年云南主要农产品产量及增长情况

	产量	比上年增长（%）
粮食（万吨）	1576.9	3.8
油料（万吨）	49.92	23.6
烤烟（万吨）	87.77	4.6
蔬菜（万吨）	1215.5	4.2
园林水果（万吨）	260.18	-2.3
茶叶（万吨）	18.03	5.1
鲜花（亿枝）	56.02	5.9
肉类（万吨）	304.6	5.7
水产品（万吨）	45.5	15.6

资料来源：《2009年云南国民经济与社会发展统计公报》。

2. 第二产业

以上分析可知，云南第二产业主要以工业为主。2009年，云南的工业增加值为 2088.17 亿元，在第二产业增加值中占 33.85%，而建筑业所占比重仅为 8.1%。按行业来分，2008年，有色金属加工业总产值为 833.83 亿元，在工业总产值中占 23.29%；烟草加工业总产值为 682.82 亿元，所占比重为 19.07%；电力热力供应业总产值为 420.83 亿元，所占比重为 11.75%；黑色金属加工业总产值为 392.43 亿元，占比 10.96%。以上位于云南工业前列的四大行业总产值在其工业总产值中所占比重超过 65%，可见其分量之重。而这在另一侧面，更是反映了云南工业内部结构的不合理。不过，受全球金融经济危机的影响，云南 2008年的产值几乎都是负增长，除个别像橡胶、皮革毛皮等制品业外。

表 6-18　2008 年云南主要工业产业产值及增长情况

	2008 总产值(万元)	比上年增长(%)	所占比重
有色金属加工业	8338276.101	−16.46%	23.29%
烟草加工业	6828221.557	−8.93	19.07%
电力热力供应业	4208291.376	−11.79	11.75%
黑色金属加工业	3924305.732	−15.3	10.96%
化学及其制品业	3229041.995	−10.46	9.02%
食品制造业及加工业	1444694.929	−11.11	4.03%
有色金属矿采选业	1174250.836	−12.57	3.28%
非金属矿物制品业	1057738.428	−7.01	2.95%
交通运输制造业	720014.2957	−10.15	2.01%
医药制造业	689327.6905	−12.76	1.92%
饮料制造业	528581.4492	−21.05	1.48%
电气机械制造业	488276.7955	−9.9	1.36%
印刷记录媒介复制	413487.8742	−6.38	1.15%
通用设备制造业	398163.0678	−16.48	1.11%
黑色金属矿采选业	372504.5553	−20.13	1.04%
造纸及纸制品业	346219.6806	−7.32	0.97%
专用设备制造业	335164.0379	−9.99	0.94%
非金属矿采选业	308063.6994	−13.97	0.86%
塑料制品业	222642.0735	−6.48	0.62%
金属制品业	159968.3603	−10.43	0.45%
木材竹藤等制品业	144064.4077	−5.16	0.40%
通信计算机及其他电子制造业	106726.8047	−6.95	0.30%
水的生产和供应业	102075.2556	−2.9	0.29%
纺织业	91913.91555	−6.4	0.26%
燃气生产和供应业	84021.63583	−10.83	0.23%
橡胶制品业	71843.35503	161.31	0.20%
服装及纤维制造业	14250.4738	−14.76	0.04%
家具制造业	5535.761239	−2.11	0.02%
皮革毛皮等制品业	1713.784518	178.21	0.00%

资料来源:《云南统计年鉴(2009)》。

此外,从工业增加值的角度来看,可知 2009 年云南的工业还是获得较大发展的,尤其是烟草业。全年规模以上工业中,轻工业完成增加值 884.66 亿元,比上年增长 13.0%;重工业完成增加值 1019.72 亿元,增长 9.8%。其中,属于云南支柱产业的烟草制品业完成增加值 689.82 亿元,同比增长 11.4%;电力生产和供应业完成增加值 242.36 亿元,同比增长 16.6%;矿产业完成增加值 670.57 亿元,同比增长 6.3%。6 大高载能行业共完成增加值 710.82 亿元,比上年增长 9.2%,其中,化学原料及化学制品制造业增长 5.4%、非金属矿物制品业增长 20.7%、电力热力的生产和供应业增长 16.6%、黑色金属冶炼及压延加工业增长 9.1%、有色金属冶炼及压延加工业增长 3.6%、石油加工炼焦及核燃料加工业增长 0.9%。

总体看来,云南第二产业以工业为主,其中又以制造业居多,所占份额最大的当属金属冶炼、烟草、电力热力、化学原料及化学制品等行业。而烟草加工业是云南区别于其他省区的一大特色产业,其产值与所占比重均较大。

3. 第三产业

相比之下,云南第三产业发展较稳定,其产值在地区生产总值中所占比重与全国平均水平略有差异而已。由图 6-20 可知,云南第三产业中批发和零售业发展较好,其生产总值为 571.03 亿元,所占比重为 23%;金融业生产总值为 351.74 亿元,所占比重为 14%;房地产业生产总值为 205.14 亿元,所占比重为 8%;交通运输、仓储和邮政业生产总值为 179.45 亿元,所占比重为 7%;住宿和餐饮业生产总值为 162.1 亿元,所占比重为 6%。以上分析可得,云南第三产业中以传统产业为主,批发零售业、住宿餐饮业及交通运输、仓储和邮政业总的占比达 36%。不过,近年来,云南的金融业与房地产业也发展较好,尤其是金融业,其增速较大(见图 6-21)。

6.1.5 滇、桂、琼、粤四省区产业结构的比较分析

由于周边四省区同处亚热带地区,其气候条件、自然资源等较丰富,而且种类相近。四省区又同处华南经济圈、西南经济圈与中国—东盟经

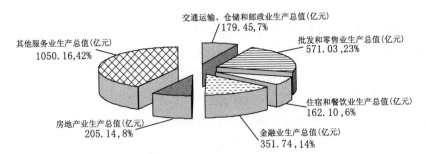

交通运输、仓储和邮政业生产总值(亿元)
179.45,7%

其他服务业生产总值(亿元)
1050.16,42%

批发和零售业生产总值(亿元)
571.03,23%

住宿和餐饮业生产总值(亿元)
162.10,6%

房地产业生产总值(亿元)
205.14,8%

金融业生产总值(亿元)
351.74,14%

图 6-20   2009 年云南第三产业内部构成图

资料来源:据国研网。

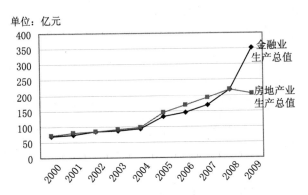

单位: 亿元

金融业
生产总值

房地产业
生产总值

图 6-21   2000—2009 年云南金融业及房地产业发展趋势图

资料来源:据国研网。

济圈的结合部,区位优势明显且类似。以上因素不可避免地影响到四省区产业结构的形成。反之,由于各省区的先天基础、投资力度、发展战略等方面的不同性,导致四省区的产业发展情况存在较大差异。因此,综合比较分析四省区产业结构对于协调四省区之间产业分工的合理布局,资源的优化配置十分有必要。

一、经济基础差异明显

2009 年,滇、桂、琼、粤四省区的 GDP 总和为 55065.68 亿元,占全国GDP 的 16.17%,其中,当属广东贡献度最大,其 GDP 高达 39482.56 亿元,大概占全国 11.6%。广西其次,其地区生产总值为 7759.16 亿元。而云南的经济水平与广西不相上下,略低于广西。四省区中地区生产总值最低的是海南,其地区生产总值为 1654.21 亿元。不过,从人均 GDP 情况来看,广东仍是遥遥领先,其人均 GDP 超过 4 万元。海南次之,其人均生产总值为 19254 元,相比广东,差距仍是明显。然而,广西与云南的经济总量虽比海南高出 4 倍左右,但其人均生产总值却都低于海南省。可见,除广东外,广西、云南与海南三省区经济发展的质量与效益并不是很高。

表 6-19　　2009 年四省区 GDP 与人均 GDP 比较

	地区 GDP	
	地区生产总值(亿元)	人均生产总值(元)
广东	39482.56	41166.00
广西	7759.16	16045.00
海南	1654.21	19254.00
云南	6169.75	13539.00
全国	340506.87	25575.00

资料来源:据国研网。

二、各产业比重不一

从产业结构来看,广东三大产业比重为 5.1∶49.2∶45.7,"二三一"的结构模式明显,产业水平较高。其中,农业所占比重极小,农业承受能力较强;工业比重较大,处于工业化中后期阶段。广西三大产业比重则为 18.8∶43.6∶37.6,形成"二三一"产业结构。广西农业所占比重仍较大,农业生产力尚不够强;以工业为主的第二产业所占比重已在三大产业中居首位,逐渐步入工业化中期阶段,但第三产业水平不算高。海南三大产业比重为 27.9∶26.8∶45.3,产业结构为"三一二"。海南的农业与工业所占比重相当,很明显仍处于工业化初级阶段,产业结构水平明显低于其他三省区。云南产业结构为 17.3∶41.86∶40.84,其"二三一"的产业结构与广西一致。由此,按照经济发展水平及产业结构,可将四省区大致划分为三个层次:第一层次是广东省,不但经济总量可观,且人均 GDP 也较大,产业结构水平较高,处于工业化中后期阶段;第二层次是广西区与云南省,两省区的经济总量较大,但人均 GDP 偏低,第一产业所占比重仍然较大,基本维持在15%—20%之间,第二产业占据主导地位,进入了工业化中期阶段;第三层次是海南,人均GDP虽高,但总的经济发展水平并不是很高,且第一产业与第二产业所占比重相当,工业化程度偏低,处于工业化初始阶段。

表6-20 2009年四省区产业结构

	第一产业(%)	第二产业(%)	第三产业(%)
广东	5.1	49.2	45.7
广西	18.8	43.6	37.6
海南	27.9	26.8	45.3
云南	17.3	41.86	40.84
全国	10.35	46.3	43.36

资料来源:据国研网。

三、产业变动趋势迥异

根据统计数据得出滇、桂、琼、粤四省区2005—2009年的三次产业结构(见图6-22、图6-23、图6-24)。总的来说,四省区产业结构波动较为平缓,但部分省区仍能看出一些变动趋势。就广东而言,其第一产业所占比重较低,五年来逐渐下降,且平均维持在5.7%,农业生产力较强;第二产业发展较为稳定,工业化程度较高,基本维持在50%左右的水平;第三产业发展迅速且平稳,所占比重较大。就广西和云南而言,其第一产业所占比重仍较大,相对于云南,广西第一产业比重下降趋势较为明显;广西的第二产业发展较快,逐年上升趋势显著,相比之下,云南的工业化进程较慢,2008—2009年间还出现小幅度下降;第三产业发展较为缓慢,广西与云南的第三产业比重均维持在40%左右,且广西第三产业的水平略低于云南。就海南而言,其第一产业所占比重在2005—2009年间虽持续下降,但相比其他三省区,其比例仍很高;海南的第二产业尚处于起步阶段,与其他三省区存在较大差距,尤其是广东;第三产业稍有波动,但不影响其产业结构。由三次产业结构变动趋势中更能体现上述广东、广西和云南、海南三省区的层次划分。

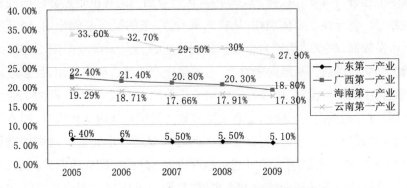

图 6-22 2005—2009 年四省区第一产业比重趋势

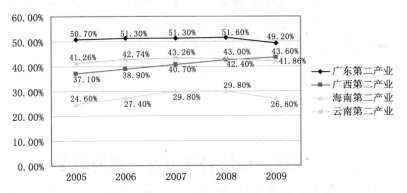

图 6-23 2005—2009 年四省区第二产业比重趋势

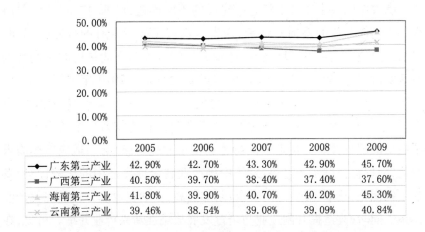

	2005	2006	2007	2008	2009
广东第三产业	42.90%	42.70%	43.30%	42.90%	45.70%
广西第三产业	40.50%	39.70%	38.40%	37.40%	37.60%
海南第三产业	41.80%	39.90%	40.70%	40.20%	45.30%
云南第三产业	39.46%	38.54%	39.08%	39.09%	40.84%

图 6-24 2005—2009 年四省区第三产业比重趋势

基于上述分析可知,滇、桂、琼、粤四省区产业结构的特征是差异性与同构性并存。差异性主要体现在:从横向来看,广东的经济基础稳固,经济发展水平较高,产业结构较为合理。相比之下,广西、云南及海南三省区的情况则明显滞后。从纵向来看,广东的第一产业所占比重较小,且已进入工业化中后期阶段;广西和云南的第一产业比重仍较大,但广西的工业化进程较快,而海南与云南的工业化进程较为缓慢。从内部构成看,四省区产业内部发展不够平衡,仍存在较多问题需要进一步完善。同构性则集中表现在:部分省区间又不可避免地存在结构相同、趋势相近的现象,尤其是滇桂两省。从产业结构方面来看,广西与云南三大产业比重结构相同,均是"二三一"的产业结构模式;从产业变动趋势来看,广西与云南三大产业变动趋势相近,以基础农业为主的第一产业比重逐渐下降,以工业为主的第二产业比重则逐渐上升,成为三大产业之首。而且两省正同时步入工业化中期阶段。因此,CAFTA 框架下滇桂两省区的产业结构优化升级问题已成为当前亟待解决的关键问题之一。

6.2　我国周边四省区产业结构的测度

随着中国—东盟自由贸易区建设的不断推进,广西、广东、云南与海南作为南向开放的最前沿地带,四省区进入了前所未有的战略机遇期。作为国家战略的重点区域之一,产业分工的合理与产业结构的协调是四省区实现经济持续、健康、稳定发展的重要保障。2010 年 10 月 27 日,《中共中央关于制定国民经济和社会发展第十二个五年规划的建议》发布,其中对于"发展现代产业体系,提高产业核心竞争力",中共中央给予了明确的解释,即"坚持走中国特色新型工业化道路,必须适应市场需求变化,根据科技进步新趋势,发挥中国产业在全球经济中的比较优势,发展结构优化、技术先进、清洁安全、附加值高、吸纳就业能力强的现代产业体系。同时,改造提升制造业与培育发展战略性新兴产业并举。"可见,在关注国内产业结构升级换代问题的同时,国家更是从长远的角度考虑了中国产业在全球经济范围内的定位。在 CAFTA 框架下,区域经济的协调发展很大程度上取决于区域产业结构的协调发展。因此,对我国周边四省区产业结构的测度,不仅有助于四省区经济发展水平的提升,区域产业协调度的提高,区域产业优势的增强,还有助于我国周边四省区参与中国—东盟自由贸易区的区域分工。

6.2.1 滇、桂、琼、粤四省区产业结构高度化程度测度

产业分工的形成,建立在各个国家和地区之间不同的比较优势和竞争优势的基础之上。通过独立化、专业化的分工与协作,提高产业资源的利用率,进而促使产业向高度化方向转换。而这种产业结构高度化的过程指的就是产业由低级向高级演进的动态过程,其包括以下几个方面的内容:产业的发展过程中由劳动密集型产业占主要优势向资金、技术和知识密集型产业占优势的方向逐步演进;由低附加值产业占优势向高附加值产业方向逐步演进;由低加工度产业占优势向高加工度的方向逐步演进;由制造初级产品占优势向制造中间产品、最终产品的产业优势的方向逐步演进;由资源型占优势的产业向资源和加工混合型产业优势逐步演进。可见,产业结构高度化的提升过程就是工业技术不断进步和专业化分工协作的不断深化的过程,从而推进产业结构中新兴产业的成长。其标志是代表现代产业技术水平的高效率产业部门的比重不断增大,实现产业的优化升级。

一、衡量产业结构高度化指标选取

产业结构高度化的提升其实就是产业结构优化升级的一大体现,它是多方面因素综合影响的一个复杂进程。为说明我国周边四省区产业结构的高度化,本课题以1993—2008年29个工业行业数据为样本,并选取了以下指标:一是产业高级化演进的动态进程——时间(用动态协调度来体现)。二是产业结构高度化水平的优势比较,即根据我国周边四省区的产业布局与变化特点,选取六个综合性的指标:工业区域配置系数,它反映了产业间的结构高度;工业区域专业系数,它反映了产业的专业化程度,是高附加值产业、高加工度的优势产业的综合表现;劳动生产率,反映了产业的分工与合作以及专业化水平;区域产业经济贡献系数,衡量某产业对子区域经济发展的贡献度;区域产业销售收入利税率系数,用以衡量某产业的销售收益水平与产业的贡献程度;区域产业资产增长率系数,衡

量了某一产业的相关企业资产营运与管理业绩,同时也反映了其成长状况和发展能力。

基本指标如下:

1. 区域产业配置系数 $X1_{ij}$,为第 i 省第 j 产业的产值/第 i 省所有产业产值之和,反映了某一产业在四省区域产业结构中的比重,衡量了该产业是否具有成为区域主导产业所应有的规模和产业间的结构高度。

2. 区域产业专业系数 $X2_{ij} = \dfrac{X1_{ij}}{k_j}$,其中,$k_j$ 为第 j 个产业的四省区产值之和/四省区所有产业总产值之和,衡量了某一产业的区域专业化程度,$X2_{ij}$ 越大表明这种产业的专业化程度越高。$X2_{ij}$ 可大于 1,也可以小于 1,当其大于 1 时,表明该产业在区域中的比重高于该区域的平均水平,具有区域性的专业化意义。综合指标 $X1_{ij}$、$X2_{ij}$,就可以判断某个产业是否具有区域专业化主导产业的性质。

3. 区域产业劳动生产效率系数 $X3_{ij} = k_j \sqrt{\dfrac{P_{ij}}{L_{ij}}}$,其中 P_{ij} 和 L_{ij} 分别表示第 i 个省的第 j 个产业的总产值和从业人员。考虑到 $\dfrac{P_{ij}}{L_{ij}}$ 容易使得低劳动生产率产业的变化被高劳动生产率产业所掩盖,因此采用区域产业劳动生产效率系数。该系数衡量了区域产业的分工与专业化水平。系数值越大表明某一产业的分工与专业化水平越高。

4. 区域产业经济贡献率系数 $X4_{ij}$,为第 i 省第 j 产业总值/i 省的 GDP 总值,衡量某产业对某子区域经济发展的贡献程度。

5. 区域产业销售收入利税率系数 $X5_{ij}$,为第 i 省第 j 产业的利税总额/该产业的销售收入,衡量了某产业的销售收益水平和产业贡献程度。综合指标 $X4_{ij}$、$X5_{ij}$,就可以判断某省区的某一产业对该省区的经济贡献程度,值越大,表明该产业的发展对该省的经济发展具有促进作用,占据优势地位。

6. 区域产业资产增长率系数 $X6_{ij}$,为 i 省第 j 产业的本年总资产增长额/年初资产总额,衡量了某一产业的相关企业资产营运与管理业绩,同时也反映了其成长状况和发展能力。综合指标 $X4_{ij}$、$X5_{ij}$、$X6_{ij}$,就可以反映出某产业在整个区域产业发展中是否具有有效可持续发展的潜力。

综合以上六大指标,可分别从主导产业、专业化水平、分工与产业高度化水平及产业的可持续发展潜力等几个方面来描述四省区各产业的产业高度化程度,为产业结构的优化升级提供科学的客观依据。

二、四省区29个行业的产业高度化分析

根据我国周边四省区滇、桂、琼、粤1993—2008年的相关原始数据,本章节分别从区域产业配置系数、区域产业专业化系数、区域产业劳动生产效率、区域产业经济贡献率、区域产业销售收入利税率、区域产业资产增长率等六个方面考察29个工业行业的产业高度化程度,具体指标值如下表6-21所示:

表 6-21　滇、桂、琼、粤四省区六大指标平均值[1]

序号	区域产业配置系数 $X1_{ij}$				区域产业专业系数 $X2_{ij}$				区域产业劳动生产效率系数 $X3_{ij}$			
	广东	广西	海南	云南	广东	广西	海南	云南	广东	广西	海南	云南
1	0.047	0.073	0.089	0.085	1.453	2.503	3.270	2.950	40.860	14.523	14.084	16.511
2	0.113	0.026	0.020	0.014	2.020	0.458	0.358	0.260	33.987	23.821	29.784	23.233
3	0.050	0.026	0.021	0.009	1.945	0.965	0.881	0.287	11.815	6.013	10.403	4.579
4	0.004	0.009	0.006	0.006	1.431	3.118	2.409	3.015	1.222	0.785	0.530	0.653
5	0.046	0.072	0.050	0.038	1.641	2.549	1.789	1.385	11.916	7.256	10.630	8.486
6	0.048	0.005	0.012	0.002	2.068	0.172	0.496	0.061	8.310	4.971	6.591	4.664
7	0.017	0.074	0.018	0.077	1.073	4.609	1.234	4.986	14.419	8.937	13.766	7.830
8	0.001	0.006	0.025	0.005	0.771	4.703	21.046	4.637	0.544	0.414	0.381	0.367
9	0.054	0.076	0.075	0.088	1.561	2.196	2.225	2.572	28.573	13.360	23.550	14.897

---

[1] 表格中的第一列分别表示黑色金属矿采选业(1),有色金属矿采选业(2),非金属矿采选业(3),食品制造业及加工业(农副食品加工业+食品制造业)(4),饮料制造业(5),烟草加工业(6),纺织业(7),服装及其他纤维制品制造业(8),皮革、毛皮、羽绒及其制品业(9),木材加工及竹藤、棕、草制品业(10),家具制造业(11),造纸及纸制品业(12),印刷业和记录媒介的复制(13),化学原料及化学制品制造业(14),医药制造业(15),橡胶制品业(16),塑料制品业(17),非金属矿物制品业(18),黑色金属冶炼及压延加工业(19),有色金属冶炼及压延加工业(20),金属制品业(21),通用设备制造业(22),专用设备制造业(23),交通运输设备制造业(24),电气机械及器材制造业(25),通信设备、计算机及其他电子设备制造业(26),电力、热力的生产和供应业(27),燃气生产和供应业(28),水的生产和供应业(29),共29个行业。

产业对接理论与产业结构优化

序号	区域产业配置系数 $X1_{ij}$				区域产业专业系数 $X2_{ij}$				区域产业劳动生产效率系数 $X3_{ij}$			
	广东	广西	海南	云南	广东	广西	海南	云南	广东	广西	海南	云南
10	0.010	0.002	0.011	0.001	1.979	0.389	2.148	0.224	2.533	1.350	2.977	1.218
11	0.048	0.108	0.178	0.021	1.567	3.547	5.858	0.673	24.657	16.835	27.019	11.898
12	0.051	0.014	0.033	0.008	1.980	0.539	1.271	0.299	13.967	8.935	18.578	7.400
13	0.009	0.016	0.019	0.006	1.588	3.147	3.433	1.198	2.779	1.700	2.538	1.336
14	0.030	0.008	0.005	0.001	2.030	0.595	0.308	0.070	5.550	5.139	4.818	2.951
15	0.003	0.001	0.006	0.003	1.650	0.327	4.272	2.602	2.268	0.607	0.956	0.682
16	0.044	0.180	0.170	0.055	1.230	5.527	5.004	1.673	22.239	15.534	15.503	13.213
17	0.005	0.005	0.009	0.005	1.615	2.453	4.597	1.799	2.418	0.664	0.613	0.834
18	0.044	0.010	0.013	0.008	2.002	0.466	0.573	0.374	11.857	7.259	9.099	9.270
19	0.240	0.013	0.009	0.005	2.087	0.123	0.096	0.048	105.99	48.860	47.122	56.055
20	0.020	0.044	0.003	0.013	1.600	3.388	0.187	1.010	6.557	4.405	7.748	3.838
21	0.007	0.007	0.012	0.005	1.735	1.617	2.367	1.061	1.709	1.257	1.058	1.616
22	0.007	0.023	0.017	0.322	0.347	1.231	0.898	15.955	20.106	15.115	16.033	24.577
23	0.016	0.029	0.077	0.019	1.494	2.986	7.947	2.062	6.682	3.847	6.076	6.134
24	0.018	0.021	0.069	0.011	1.627	2.245	6.514	1.265	6.289	4.074	6.191	3.104
25	0.012	0.007	0.010	0.020	1.688	0.964	1.324	2.643	3.376	2.112	2.231	5.404
26	0.018	0.066	0.003	0.119	1.036	3.913	0.208	6.556	13.845	9.317	14.921	10.062
27	0.002	0.026	0.007	0.023	0.457	7.982	2.703	8.004	1.540	1.057	1.742	0.931
28	0.022	0.026	0.029	0.015	0.053	0.062	0.066	0.035	250.101	54.203	209.547	192.370
29	0.014	0.029	0.005	0.016	1.488	3.780	0.618	2.078	3.780	3.543	1.952	2.581

序号	区域产业配置系数 $X4_{ij}$				区域产业专业系数 $X5_{ij}$				区域产业劳动生产效率系数 $X6_{ij}$			
	广东	广西	海南	云南	广东	广西	海南	云南	广东	广西	海南	云南
1	0.056	0.042	0.037	0.056	0.183	0.188	0.123	0.244	0.293	0.191	0.378	1.933
2	0.126	0.014	0.008	0.009	0.059	0.056	0.135	0.162	0.270	0.095	0.155	0.296
3	0.051	0.014	0.009	0.005	0.032	0.023	0.020	-0.010	0.139	0.019	0.406	0.102
4	0.004	0.005	0.002	0.004	0.106	0.119	0.109	0.128	0.170	0.095	0.085	0.132

序号	区域产业配置系数 $X4_{ij}$				区域产业专业系数 $X5_{ij}$				区域产业劳动生产效率系数 $X6_{ij}$			
	广东	广西	海南	云南	广东	广西	海南	云南	广东	广西	海南	云南
5	0.048	0.039	0.020	0.024	0.053	0.071	-0.023	0.090	0.220	0.079	0.207	0.401
6	0.049	0.002	0.005	0.001	0.044	0.043	-0.028	0.028	0.250	0.055	-0.011	0.138
7	0.020	0.044	0.007	0.051	0.057	0.093	-0.180	0.139	0.248	0.171	1.227	0.245
8	0.001	0.003	0.010	0.004	0.182	0.114	0.196	0.157	0.206	0.133	0.128	0.360
9	0.060	0.041	0.032	0.057	0.136	0.074	0.166	0.077	0.232	0.110	0.329	0.161
10	0.012	0.001	0.004	0.001	0.056	0.060	0.038	-0.023	0.314	0.144	0.312	1.915
11	0.054	0.060	0.073	0.013	0.111	0.077	0.113	0.040	0.285	0.166	0.394	0.189
12	0.057	0.007	0.013	0.005	0.071	0.067	0.049	0.045	0.299	0.064	0.440	0.769
13	0.009	0.009	0.007	0.004	0.070	0.068	0.031	0.026	0.212	0.159	0.470	0.191
14	0.032	0.005	0.002	0.001	0.035	0.014	0.039	-0.389	0.276	0.060	4.621	1.420
15	0.003	0.000	0.003	0.002	0.019	0.012	0.117	0.012	0.277	0.316	0.294	0.281
16	0.047	0.098	0.066	0.035	0.067	0.118	0.050	0.063	0.156	0.149	0.109	0.149
17	0.005	0.003	0.004	0.002	0.242	0.114	0.027	0.152	0.264	0.137	0.335	0.637
18	0.048	0.006	0.005	0.005	0.055	0.055	0.052	0.043	0.227	0.049	0.385	0.933
19	0.280	0.007	0.004	0.003	0.062	0.057	0.000	0.064	0.348	0.122	4.415	0.312
20	0.022	0.023	0.001	0.008	0.074	0.083	0.008	0.075	0.178	0.049	0.307	0.161
21	0.007	0.004	0.004	0.003	0.056	0.046	-0.070	0.019	0.208	0.067	0.071	2.433
22	0.007	0.013	0.007	0.199	0.526	0.538	0.442	0.667	0.138	0.102	0.082	0.218
23	0.016	0.016	0.031	0.012	0.147	0.161	0.180	0.223	0.158	0.129	0.354	0.337
24	0.018	0.012	0.027	0.007	0.158	0.141	0.078	0.113	0.141	0.113	0.259	0.277
25	0.013	0.004	0.004	0.012	0.081	0.075	0.111	0.165	0.258	0.076	0.644	0.588
26	0.022	0.037	0.001	0.082	0.047	0.099	-0.053	0.103	0.230	0.229	0.603	0.312
27	0.002	0.013	0.003	0.015	0.132	0.129	0.033	0.114	0.128	0.085	0.095	0.162
28	0.024	0.014	0.014	0.009	0.069	0.032	0.054	0.101	0.249	0.124	1.355	0.174
29	0.015	0.017	0.002	0.010	0.081	0.053	0.005	0.061	0.192	0.134	3.655	0.087

查阅相关文献后,发现对于主导产业、优势产业、专业化产业等的分

类,学者们均有着各自不同的观点,至今未能形成一个统一的划分标准。本章试图尝试运用转移矩阵的分类方式,将各省各年所有产业的综合得分采取分位数的方式进行分类,将产业高级化的综合得分按分位数的方式分成四类:位于样本四分之一以下的为弱势型产业;四分之一至二分之一区间内的为待发展型产业;二分之一至四分之三区间内的为潜力型产业;四分之三以上的则为优势型产业。将现有的1856个样本划分为四个区间,分别记为:(,−54.253]、(−54.253,−11.737]、(−11.737,54.872]、(54.872,)。显然,区间越高,其所代表的综合分值越高,即产业高度化程度越高。

表6−22　滇、桂、琼、粤四省区产业分类

	弱势型产业	待发展型产业	潜力型产业	优势型产业
广东	有色金属矿采选业 黑色金属加工业	化学及其制品业 电力热力供应业 有色金属加工业 交通运输制造业 医药制造业 非金属矿采选业 黑色金属矿采选业 烟草加工业 食品制造业及加工业	水的生产和供应业 造纸及纸制品业 橡胶制品业 印刷记录媒介复制 通用设备制造业 专用设备制造业 非金属矿物制品业 燃气生产和供应业 饮料制造业 木材竹藤等制品业	通信计算机及其他电子制造业 电气机械制造业 皮革毛皮等制品业 服装及纤维制造业 塑料制品业 纺织业 金属制品业 家具制造业
广西	印刷记录媒介复制 燃气生产和供应业	化学及其制品业 皮革毛皮等制品业 电力热力供应业 黑色金属矿采选业 烟草加工业 服装及纤维制造业 水的生产和供应业 通信计算机及其他电子制造业 塑料制品业 金属制品业 电气机械制造业 家具制造业	黑色金属加工业 非金属矿采选业 有色金属矿采选业 交通运输制造业 造纸及纸制品业 木材竹藤等制品业 有色金属加工业 橡胶制品业 纺织业 饮料制造业 医药制造业	食品制造业及加工业 专用设备制造业 通用设备制造业 非金属矿物制品业

	弱势型产业	待发展型产业	潜力型产业	优势型产业
海南	通用设备制造业 黑色金属加工业 有色金属加工业 专用设备制造业	纺织业 化学及其制品业 非金属矿物制品业 塑料制品业 服装及纤维制造业 非金属矿采选业 皮革毛皮等制品业 通信计算机及其他电子制造业 烟草加工业 造纸及纸制品业 印刷记录媒介复制 有色金属矿采选业	家具制造业 水的生产和供应业 食品制造业及加工业 橡胶制品业 金属制品业 电力热力供应业 电气机械制造业	黑色金属矿采选业 医药制造业 饮料制造业 交通运输制造业 燃气生产和供应业 木材竹藤等制品业
云南	家具制造业 食品制造业及加工业 金属制品业 非金属矿物制品业 木材竹藤等制品业 纺织业 饮料制造业 交通运输制造业	造纸及纸制品业 通用设备制造业 黑色金属矿采选业 橡胶制品业 通信计算机及其他电子制造业 塑料制品业 医药制造业 电气机械制造业 服装及纤维制造业 水的生产和供应业 皮革毛皮等制品业	有色金属矿采选业 化学及其制品业 电力热力供应业 非金属矿采选业 燃气生产和供应业 专用设备制造业	烟草加工业 有色金属加工业 印刷记录媒介复制 黑色金属加工业

由表6-22可知,从当前产业空间布局来看,滇、桂、琼、粤四省区的优势型产业并不冲突,其潜力型产业与待发展型产业趋同现象较为明显。相比之下,广东以技术密集型与劳动密集型产业为主,其中尤以传统产业居多;广西、云南、海南三省则以资源型产业为主,例如广西的食品制造业及加工业;云南的烟草加工业;海南的医药制造业与燃气生产和供应业均体现这个特点。

1. 广东

自广东从香港承接制造业以来,其凭借自身优越的区位、资源、政策等条件,现已成为全国最大的制造业基地。现今,广东已进入工业化中后期阶段,其有着较雄厚的工业基础。然而,由表6-22可知,广东的优势产业主要集中于通信计算机及其他电子制造业、电气机械制造业、皮革毛皮等制品业、服装及纤维制造业、塑料制品业、纺织业、金属制品业与家具制造业等行业。其中,仅通信计算机及其他电子制造业属技术密集型产业,其他行业均属劳动密集型的传统产业。造纸及纸制品业、专用设备制造业、医药制造业等被归类至广东的潜力型产业与待发展型产业中,这与广东当前的产业发展规划一致。另一方面,由广东的潜力型与待发展型产业可知,资本、技术密集型产业逐渐替代劳动密集型产业的趋势将会越来越明显。此外,相比其他三省区,广东的自然资源储藏量与种类均较少,因此,有色金属矿采选业与黑色金属加工业是广东的弱势型产业。

2. 广西

前述分析已知,广西的产业结构为“二三一”模式,其正逐渐步入工业化中期阶段。就目前而言,广西的工业发展水平仍相对较低。这一点从广西的产业分类中也得到了证实。广西的优势产业包括食品制造业及加工业、专用设备制造业、通用设备制造业与非金属矿物制品业。显然,广西的优势型产业中以资源密集型产业为主,技术密集型与资本密集型产业严重缺乏。广西的食品制造业及加工业主要以制糖业为主,这主要得益于广西每年的甘蔗产量约占全国的60%以上,为广西发展制糖业提供了良好的客观条件。广西的设备制造业较为发达,众所周知的当属柳州五菱。另外,广西的潜力型产业包括黑色金属加工业、非金属矿采选业、有色金属矿采选业等,这主要依赖于广西的资源优势。广西百色市是我国十大有色金属基地之一,而且,为响应十七大报告中所提出的“深化沿海开放,加快内地开放,提升沿边开放,实现对内对外开放相互促进”,广西地方政府积极出台相关政策,竭力打造“两江一带”经济区,这就为广西发展潜力型产业奠定了坚实的客观基础。

3. 云南

云南产业的发展水平与广西相近,其产业结构与广西相同。经过几十年发展,云南也准备进入工业化中期阶段。然而,相比广西,云南凭借其得天独厚的气候、地势等条件,省内有着丰富的资源,其可谓是名副其实的资源大省。云南的优势型产业包括烟草加工业、有色金属加工业、黑色金属加工业等资源型产业,其中烟草加工业是云南独具特色并已形成垄断的产业。有色金属矿采选业、化学及其制品业、电力热力供应业、非金属矿采选业、燃气生产和供应业等行业具有较大的发展潜力,原因在于云南种类繁多的自然资源与能源。然而,在这里,云南的水资源储量很大,但其水的生产与供应业却属于待发展产业。可见,云南的诸多资源尚处于未开发或半开发状态,未真正得到充分利用。

4. 海南

海南的产业结构十分不合理,其中,第一产业所占比重多大,但农业科技含量偏低;第二产业以工业为主,但海南工业基础薄弱,尚处于工业化初级阶段。由海南 29 个工业产业分类结果即可得,海南的工业发展水平偏低。海南的优势型产业主要集中于医药制造业、燃气生产和供应业、木材竹藤等制品业、黑色金属矿采选业、饮料制造业、交通运输制造业等,其中,医药制造业、燃气生产和供应业之所以得到较大发展,主要原因在于海南优越的地理位置、气候条件以及丰富的海洋资源。而海南的潜力型产业主要有家具制造业、水的生产和供应业、食品制造业及加工业、橡胶制品业、电力热力供应业等。由此可见,海南的优势型与潜力型产业大多以资源密集型为主,通信计算机及其他电子等高技术行业尚处于待发展阶段,目前的工业产品技术含量不够高,诸多产业仍需进一步发展。

综上分析可知,由于历史原因和资源分布状况,滇、桂、琼、粤四省区的产业分布并不合理,省区间分工合作不充分,导致诸多产业优势未得到发挥。此外,除广东外,其余三省区的产业结构呈现明显的"低度化",这已成为四省区产业结构往高级化演进的一大主要制约因素。

6.2.2 滇、桂、琼、粤四省区间产业结构相似系数测度

产业同构,指的是区域产业结构变动过程中各地区出现的高度相似趋势。针对前述滇、桂、琼、粤四省区的产业结构分析,可发现其较多主导产业是同构的,地区产业间出现了同构现象。为进一步证实结论的科学性,以下将采用联合国工业发展组织提出的相似系数来衡量各地区产业结构的相似程度。为更客观地反映四省区的产业同构状况,本节又将范围细化到工业部门内部,数据则采用工业产业总产值的比重来进行计算。

一、产业结构相似系数的测度

记 i,j 两省间的工业结构相似系数为 s_{ij},其计算公式为:

$$s_{ij} = \sum_{k=1}^{n} (X_{ik}X_{jk}) / \left(\sqrt{\sum_{k=1}^{n} X^2_{ik}} \sqrt{\sum_{k=1}^{n} X_{jk}^2} \right) \quad \cdots\cdots\cdots\cdots\cdots\cdots \quad (6\text{-}1)$$

（6-1）式中，X_{ik}，X_{jk} 分别表示 i 省与 j 省工业部门 k 的工业总产值在本省区工业总产值中所占的比重，计算公式如下：

$$X_{ik} = X'_{ik} / \sum_{i=1}^{n} X_i \quad \cdots\cdots\cdots\cdots\cdots\cdots\cdots\cdots\cdots\cdots \quad (6\text{-}2)$$

$$X_{jk} = X'_{jk} / \sum_{i=1}^{n} X_j \quad \cdots\cdots\cdots\cdots\cdots\cdots\cdots\cdots\cdots\cdots \quad (6\text{-}3)$$

（6-2）式表示第 i 省 k 部门生产总值/第 i 省工业总产值之和；

（6-3）式表示第 j 省 k 部门生产总值/第 j 省工业总产值之和。其中，X'_{ik}，X'_{jk} 分别指第 i 省和第 j 省工业内 k 部门的总产值；X_i，X_j 分别表示第 i 省和第 j 省的工业总产值之和。

表6-23　滇、桂、琼、粤四省区29个工业产业生产值所占比重

	云南	广西	广东	海南
黑色金属矿采选业（k=1）	0.018	0.020	0.006	0.086
有色金属矿采选业（k=2）	0.057	0.040	0.005	0.025
非金属矿采选业（k=3）	0.015	0.015	0.009	0.009
食品制造业及加工业（k=4）	0.070	0.331	0.130	0.317
饮料制造业（k=5）	0.026	0.048	0.028	0.084
烟草加工业（k=6）	0.332	0.036	0.015	0.033
纺织业（k=7）	0.004	0.029	0.101	0.032
服装及纤维制造业（k=8）	0.001	0.005	0.100	0.022
皮革毛皮等制品业（k=9）	0.000	0.016	0.068	0.002
木材竹藤等制品业（k=10）	0.007	0.060	0.022	0.020
家具制造业（k=11）	0.000	0.003	0.048	0.006
造纸及纸制品业（k=12）	0.017	0.041	0.077	0.214
印刷记录媒介复制（k=13）	0.020	0.012	0.038	0.012
化学及其制品业（k=14）	0.157	0.120	0.181	0.274
医药制造业（k=15）	0.034	0.037	0.029	0.125
橡胶制品业（k=16）	0.003	0.006	0.019	0.004

	云南	广西	广东	海南
塑料制品业(k=17)	0.011	0.015	0.140	0.014
非金属矿物制品业(k=18)	0.051	0.108	0.129	0.136
黑色金属加工业(k=19)	0.191	0.308	0.087	0.042
有色金属加工业(k=20)	0.405	0.140	0.105	0.006
金属制品业(k=21)	0.008	0.019	0.179	0.059
通用设备制造业(k=22)	0.019	0.035	0.089	0.002
专用设备制造业(k=23)	0.016	0.074	0.067	0.005
交通运输制造业(k=24)	0.035	0.253	0.200	0.224
电气机械制造业(k=25)	0.024	0.046	0.414	0.048
通信计算机及其他电子制造业(k=26)	0.005	0.028	0.891	0.023
电力热力供应业(k=27)	0.205	0.222	0.212	0.267
燃气生产和供应业(k=28)	0.004	0.003	0.017	0.023
水的生产和供应业(k=29)	0.005	0.005	0.012	0.014

资料来源:《统计年鉴》、《中国工业统计年鉴》、《中国城市统计年鉴》。

表6-24 滇、桂、琼、粤四省区工业结构相似系数

	云南	广西	广东	海南
云南	1	0.61351	0.26352	0.43099
广西	0.61351	1	0.41697	0.78555
广东	0.26352	0.41697	1	0.42206
海南	0.43099	0.78555	0.42206	1

二、我国四省区产业结构关系的具体分析

由表6-24可知,虽然广西与云南的诸多产业存在重合,但两省区的工业结构相似系数却不是很高,属一般竞争型地区,且在竞争中存在较大的互补性。然而,广西与海南虽产业结构模式不一致,工业化发展水平不同,但两者的工业结构相似系数却在四省区中最大,属于竞争较强烈的地区。之所以会出现这样的现象,主要原因在于海南目前正积极致力于新

興工业的发展,其发展方向可能会与广西重叠,区域内工业结构趋同可能会导致地区之间不能按照比较优势进行合理分工,各省区若只考虑本省区的产业发展与经济增长,很可能会出现省区间的恶性竞争,即竞相抢夺区域内有限的资金、技术、人才、资源和市场。而广东与其他三省区的工业结构相似系数都比较低,即广东与其他省区间存在较大产业互补性,合作空间相当大。

从数据上来看,广西以及周边地区的产业结构存在趋同性,但是现在现象还不明显,主要还是以互补竞争为基础。结合现实情况,可以看到,在各省区的经济发展中,逐渐形成了多行业并存发展的格局,每个省都有多个主要的产业部门,呈现了多行业共同发展的态势。同时,每个省区都有具备一定优势的产业部门。由于各产业内部之间资源禀赋和发展的基础不同,各地区经济结构之间不能自成体系,产业的地区差距较大。由于省区之间没有形成良好的分工和协调机制,产业间的分工弱化,产业组织缺乏专业化协作,企业规模在低效益基础上趋向空间分布均衡化,而带来专业化经济效益的损失。由于无法形成协作分工,产业结构将出现同构,虽然现在还不明显,但已经产生一定的负效应。例如,广西和云南一些出口商品的商品结构和市场十分类似,如家用电器、摩托车、纺织服装、农产品、机电产品等,由于没有技术或价格方面的优势,很可能会出现两省区为增加出口的目的,不惜损害对方利益,以竞价出售的方式来抢占东盟市场。

由于周边四省区都存在的自主创新能力不高,产业结构存在同构化,自身优势产业不明显,区域经济合作协调度不够等问题,四省份的产业结构还存在不合理部分,需要更进一步地解决这些问题,进行产业结构的调整。

三、我国周边省区产业结构调整策略

基于以上我国周边省区产业结构现状的分析,并结合我国周边四省区产业结构的测度结果,可知滇、桂、琼、粤四省的产业结构差异性与互补性共生,低度化与同构化共存。因而,产业结构调整势在必行。本章从技术创新、政府引导、产业转移等几个方面提出有利于四省区实现产业结构优化升级的相关策略。

1. 加大技术创新力度,推动产业结构的高度化技术创新是产业结构优化升级的核心和关键。积极推进技术的创新，在创新技术的影响下形成新的生产工艺和机械设备，新的产业部门，新的市场需求，将新兴产业从全球价值链的加工环节向高附加值的核心环节演进，从而在产业结构升级的过程中走上一条高水平的道路，实现产业结构的高度化。

2. 积极调整四省间的同构产业，推动产业结构的合理化

在改革开放后，四省本着自身经济发展的初衷，争相引进发展了汽车制造、电子信息等新兴产业，并依托港口优势引进石化工业，从而形成了同构度较高的三大产业。但四省的产业之间仍然存在着一定的互补性和差异性，四省应该在采取按生产水平分工、产品生产差异化、不同市场选择等途径解决产业同构问题的同时，积极寻求彼此产业合作的空间，形成竞争合作良性并存的和谐局面。

3. 结合地方特色，发展自身优势产业

解决产业同构问题的一个很好的途径就是发展地方特色产业。广东的工业水平最高，其应集中力度发展高科技、电子信息、石油、经贸等产业；广西、云南应充分利用其丰富的自然资源，大力发展矿产资源开发、电力、有色金属、制药、旅游等产业，在发展的过程中加大科技投入，提高产品的附加价值；海南的天然气化工、石油、旅游等产业具有广阔的发展前景，应继续加大发展力度。

4. 加大四省间的区域合作，实现合理的产业转移

目前，四省在 CAFTA 框架下，无论是在地理位置还是政策支持方面，彼此间的区域合作都有着良好便利的环境。广东整体发展水平最高，尤其是制造业，但不足的是其资源相对缺乏；而其他三省虽然资源非常丰富，但由于工业基础和工业技术的缺陷，整体工业发展水平不高。因此，四省之间合理的协调合作有利于发挥各自的比较优势，取得共赢。在具体的发展模式上，可以参考珠三角的"前店后厂"的模式，在合理合作分工的基础上建立良性的生产链。

5. 积极发挥政府的协调与导向作用

政府在产业结构优化升级的进程中有着协调和导向的作用。政府比任何经济体都具有集中优势资源、建立有效制度、合理分散风险等优势。只有政府在金融、财税等方面提供政策支持，在产业政策方面给予正确的

方向导向,各市县政府和企业在发展生产时才能避免盲目趋利的"短视"行为。通过政府发挥其协调和导向作用,产业布局才能从全局出发,实现各省之间的产业协调,实现产业结构的优化升级。

本章小结

综上所述,本章的主要内容是在 CAFTA 框架下对我国周边四省区产业结构进行的度量。本章从纵向、横向及内部三个全新的角度对各省区的产业结构全面展开分析,以把握各省产业在时间维度上的发展历程,在空间上的发展情况以及产业的内部构成。其中的现实考察包括对广东、广西、海南、云南四省区的产业结构现状分析。通过这种现状分析来进行产业结构比较,从而更好地进行产业结构优化升级。在 CAFTA 框架下,产业结构优化升级的操作性量化到模型和数据里,就需要我们对四省区的产业结构进行测度。首先,我们选取广东、广西、海南与云南四省区 29 个工业行业产业结构高度化的指标,具体包括:区域产业配置系数、区域产业专业化系数、区域产业劳动生产效率、区域产业经济贡献率、区域产业销售收入利税率、区域产业资产增长率等六项指标,综合考察 29 个工业行业的产业高度化程度。此外,我们还通过对以上四省区的产业结构相似系数进行测度以对产业结构进行具体分析。根据具体分析的结果,来进行产业结构策略的调整。

CAFTA 框架下的"四省十国"不仅有着行政级别、地域面积上的差异,更是在要素禀赋、劳动力成本、技术、人文教育等等方面存在很大差异。因此,考虑到不同国家、不同地区间产业发展的主客观因素、内外部环境的差异性,有必要性人为推进产业在空间维度上的转移。而依据"逐层推进"的国家产业转移规律,人为推进产业转移必须建立于一定的梯级差异,即 CAFTA 框架内四省十国之间必须存在梯级差异,才可能实现逐层推进。为此,在不构成省区与国家间的非对称性矛盾且不影响所得结论的科学性,本章注重对 CAFTA 框架下四省十国进行了广义梯度的划分,以便为区域内的产业转移奠定现实基础。本章结合广义梯度理论的假设前提,综合国内已有的梯度衡量的指标体系,考虑现实数据的可获得性,选取了经济、社会、生态、自然资源四大类指标,运用层次聚类的方法,对 CAFTA 框架内我国前沿四省区与东盟十国进行了梯度划分。

第 7 章
我国周边四省区与东盟十国梯度的划分

至今,已有相当多的专家学者对区域产业结构优化升级问题给予了高度的重视,形成并积累了较丰富的研究成果。然而,产业结构优化升级的进一步目标是实现区域产业的协调发展。由于要素禀赋、劳动力成本、技术、人文教育等等方面的差异,各国、各地区之间的产业发展存在较大差距。因此,考虑到 CAFTA 框架内不同国家、不同地区间产业发展的差异性,有必要人为推进产业在空间维度内的梯级转移,以优化地区、国家及区域的产业结构,形成合理高效的产业分工,进而实现区域产业的均衡发展。本课题中之所以选择广义上的发展梯度,而非狭义上的产业梯度,主要基于以下考虑:(1)产业梯度是区域经济梯度中最核心、最关键的部分。因此,选择广义发展梯度仍然能够说明问题。(2)产业的对接需考虑一国或一地区经济、政治、文化、制度等各方面的因素。所以,选择广义梯度理论更符合客观实际情况。①

7.1　CAFTA 框架下四省十国②梯度划分的必要性分析

CAFTA 框架下我国周边四省区与东盟十国区域梯度的划分需要考虑广义梯度理论的适用性,尤其是实际经济发展水平、资源禀赋程度、生

---

① 本课题利用广义梯度理论对 CAFTA 框架下我国周边四省与东盟各成员国进行梯度划分,由于所选指标均考虑了其合理性,因此不构成省区与国家非对称性的矛盾,且不影响所得结论的科学性。此外,中国政府高层也已允许 CAFTA 框架下我国周边四省(滇、桂、琼、粤)单独与东盟国家进行多方面合作,这又为本课题中我国周边四省与东盟十国区域梯度的划分提供了现实依据。

② "四省十国"指的是 CAFTA 框架下东盟十个成员国与我国周边四省,在这里,统一为"四省十国"。

态环境、人文教育及制度政策等客观因素对其造成的影响。

7.1.1　划分梯度的必要性分析

CAFTA 框架下,作为南向开放的周边四省区,滇、桂、琼、粤与东盟有着最直接的紧密联系。然而,我国周边四省区与东盟国家间无论是经济发展水平,还是经济外向度、产业结构等方面均呈现出不平衡的态势。因此,针对当前存在的诸多差异,如何克服进而实现 CAFTA 框架内各省、各国之间的产业协调发展,成为了当前亟待解决的关键问题。而广义梯度理论的出现与应用,对区域产业协调发展而言,无疑是找到了一条出路。在这里,我们将对 CAFTA 框架下我国周边四省区与东盟十国的梯度划分进行必要性分析。

一、四省十国经济发展差距明显

东盟包括新加坡、文莱、马来西亚、印尼、菲律宾、泰国、老挝、越南、柬埔寨及缅甸十国,其中,新加坡号称"亚洲四小龙"之一,文莱蕴藏丰富的天然气与石油。因此,新加坡与文莱的经济发展水平较高。如图 7-1 所示,人均国内生产总值最高的是新加坡,为 36378.74 美元,而文莱紧随其后,人均 GDP 达 25386 美元,与东盟其他国家及我国周边四省区形成鲜明的对比。尤其是菲律宾、越南、老挝、柬埔寨、缅甸及云南等国家及地区,其人均 GDP 尚处于 2000 美元以下。可见,在我们所探讨的区域内,经济发展不平衡已成既定事实。也即,在我们所探讨的 CAFTA 框架内的

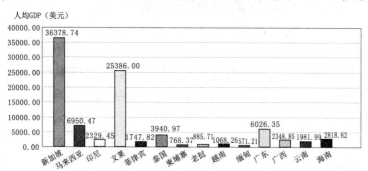

图 7-1　CAFTA 框架下我国周边省区与东盟十国的经济发展差异图

资料来源:根据世界银行、国研网数据整理而得。

我国周边四省区与东盟各成员国的经济发展层次差异明显,这就为区域梯度划分奠定了客观基础,进而为实现区域产业转移提供了现实依据。因此,考虑经济发展差异性与统一性相结合,已成区域产业协调发展的必然原则。

二、产业结构差距大

经济发展的过程就是产业结构不断变动的过程。产业结构的优化升级是实现区域经济协调发展的一大必要条件。由于各国各地区资源禀赋条件的不同,所形成的产业结构会存在较大的差异。因此,提升区域产业的整体竞争力,必须考虑同一区域内各国各省区产业结构的差异性,以此推进资源要素的合理流动与优化配置,进而实现产业分工的合理化与专业化,协调区域产业发展。如图 7-2 所示,CAFTA 框架下四省十国内部产业结构存在着巨大的差异,尤其体现在农业与工业方面。就工业贡献率(工业增加值/国内生产总值)而言,文莱当属 CAFTA 框架内四省十国中的"佼佼者",其工业贡献率高达 71.04%。同比其他马来西亚、印尼、泰国、广东与越南等工业贡献率高于 40% 的国家或地区而言,文莱的工业化水平远远超出这些国家或地区。而老挝、缅甸与柬埔寨则主要以农业为主,农业贡献率(农业增加值/国内生产总值)表现突出,占比较大。由此可见,CAFTA 框架下部分国家或地区是工业为重的发展结构,而部

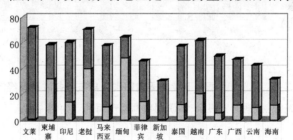

图 7-2 CAFTA 框架下四省十国农业增加值与工业增加值对 GDP/地区生产总值的贡献率

资料来源:据世界银行、国研网及各省区年鉴。

分国家或地区则是农业为重的发展结构。面对截然不同的产业结构,必须注重各国各地区差异性,求同存异,统筹兼顾。

三、经济外向度不一

关于经济外向度,国内文献中并没有一个统一的界定。多数情况下,我们将经济外向度与外贸依存度或贸易开放度等同。一国或一地区的经济外向度,即反映一国或一地区与其他国家或地区的贸易往来与国际合作。如图7-3所示,新加坡的经济外向度最高,达360.37%;云南最低仅为9.81%。可见,CAFTA框架内各国各省间的经济外向度差距非常大。然而,经济外向度在很大程度上影响着一国或一地区产业结构的调整与优化。只有经济外向度不断提高,区域内技术、资源、人力等要素的流动才会更加频繁,才能促进资源的优化配置,降低生产成本,进而达到区域内产业的协调发展。因此,在探讨梯度划分时,经济外向度是不可忽视的一大考虑因素。

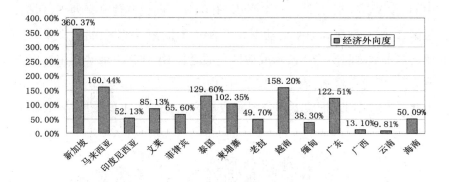

图7-3 CAFTA框架下我国周边四省区与东盟各成员国经济外向度比较图
资料来源:根据世界银行、国研网数据整理而来。

之所以在CAFTA框架内划分梯度,原因在于CAFTA框架中的我国周边四省区与东盟各成员国之间经济、产业、开放度等差距过大,进而影响区域内产业的协调发展。因此,针对以上国家与地区之间所存在的差异,必须综合考虑该区域的现实情况,划分梯度,求同存异,在保留各国或各地区差异性的基础上,实现区域内产业的统一协调发展。

7.1.2　梯度理论的演化进程

针对区域性的梯度理论,至今已有丰富的研究内容。梯度理论的发展主要经历了梯度理论的初步探讨时期、批判梯度理论时期、广义梯度理论时期,共三个关键时期。到目前为止,梯度理论已日臻完善,其适应性也更为广泛,但仍存在诸多不足之处,需进一步的探索与发展。

一、现有梯度推移理论的形成和发展

梯度理论的产生源于德国经济学家杜能(Thunen)①提出的农业圈理论——用来阐述农业集约化的分布规律。随后韦伯(Weber,1909)②从资源和能源的角度考察了区域间各类工厂的生产成本的变化梯度,丰富了梯度理论的内容。马歇尔(Marshall,1920)③提出的企业聚集产生的规模效益的梯度理论为梯度的形成和发展打下了基本的雏形。后经过赫希曼(Hirschman,1958)、威廉姆(1965)、克鲁默(Krumme)、海特(Hayor,1975)等人最终创立了区域发展梯度理论。

自梯度理论产生以来,受到了各国学者的广泛关注。人们通过各种现象的描述与比较逐步增加了对梯度的认识。此时的梯度理论认为,在国家或大地区经济开发中,反对一刀切的经济发展对策,主张按照经济发展水平划分的由高到低的几个区域,分为"先进技术"地区、"中间技术"地区、"传统技术"地区三类,先发展"先进技术"地区,让他们先掌握一定的技术,然后在帮助"中间技术"地区、"传统技术"地区发展。这是现有的梯度理论发展形成的最终结论。

二、反梯度理论的形成

随着人们对梯度理论认识的不断深入,传统梯度理论的弊端逐渐显示出来,如:第一,理论上,过度地强调了工业产品生命周期的普遍性,暗示着各地区经济发展依靠同一路径的弊端。第二,实践上,划分层次时只强调经济的作用,忽视了资源、制度等因素在划分梯度中所产生的作用。基于这些不足,一些经济学家提出了反对意见,出现了反梯度理论。

---

① 〔德〕杜能著,吴衡康(译):《孤立国同农业和国民经济的关系》,商务印书馆1997年版。

② 〔德〕韦伯著、李刚剑、陈志人、张英保(译):《工业区位论》,商务印书馆1997年版。

③ 〔英〕马歇尔著,朱志泰(译):《经济学原理》,商务印书馆1996年版。

世界范围内的反梯度理论,我们可以从匈牙利经济学家科尔内(Janos. Kornai, 1988)①在其著作《突进与和谐的增长》一书中找到最早的萌芽,他认为一个地区的经济增长并不是一个模式的增长,他认为一地区的经济增长与其自然环境、国际环境、可供利用的外部资源等有关,并采取渐进式的增长方式前进。这一理论成为后来反对传统梯度理论的依据。"反梯度理论"一词,是由中国的经济学家郭凡生(1984)②首次提出的,相继出现了刘茂松(2001)③提出"工业化反梯度理论"。

反梯度理论的转折,是从经济学家廖才茂(2002)④开始的。他认为,传统的梯度理论把经济、技术当成划分梯度的标准,会造成经济落后地区陷入梯度陷阱与落后增长。经济学家廖才茂得出来的结果得到了经济学家的一致认同,正因为反梯度理论的出现与发展,使更加全面的梯度理论的出现——广义梯度理论。

三、广义梯度理论的出现

广义梯度理论的出现,是对前面所有梯度理论的补充与说明,李国平和许扬(2002)⑤在分析了传统梯度理论在实践中的困境以及经济梯度理论在内涵关系进行了创新,首次提出了广义的梯度理论,并建立了广义梯度模型。他指出,广义梯度应该是包含自然、经济、社会、人力、生态、制度等六个方面为衡量要素划分梯度的子系统,即广义梯度系统中应该包含自然要素梯度、经济梯度、社会梯度、人力资源梯度、生态环境梯度、制度梯度等六个方面的各子系统间相互联系、相互影响、相互制约的网络关系。广义梯度理论认为,经济发展是一个动态变化、复杂的相互影响的过程,不是一个简单的过程。

广义梯度理论依靠多维的思维空间与多元化的分析方法,进一步扩大了传统梯度理论的思维和应用空间,打破了传统梯度理论在实践中的

---

① [匈牙利]科尔内著,张晓光等译:《突进与和谐的增长》,经济科学出版社1988年版。

② 郭凡生:《论国内技术梯度推移规律——与何钟秀,夏禹龙老师商榷》,刘再兴、郭凡生:《发展战略概论》,《科学管理研究编辑部》,1985年。

③ 刘茂松:《发展中地区工业化反梯度推移研究——我国产业结构调整中处理工业化与现代化关系的一种新思路》,《求索》2001年第1期。

④ 廖才茂:《低梯度陷阱与跨梯度超越——对一个发展理论的思考》,《当代财经》2002年第9期

⑤ 李国平,许扬:《梯度理论的发展及其意义》,《经济学家》2002年第4期。

局限性,具有很大的理论意义与实践意义。当然,广义梯度理论仍然还有很大的部分需要进行改善,如怎样来改善广义梯度理论的假设前提,才能使广义梯度理论的实用性与适应性更为广泛。

7.2 广义梯度理论在我国周边四省区与东盟国家间的实证研究

CAFTA框架下我国周边四省区与东盟各国在经济、社会、文化、生态及自然资源等方面的具体差异,本节将进行详细的分析。不过,在分析差异度之前,先选择衡量差异度的各类指标。具体如下:

7.2.1 梯度划分的各类指标选择

根据上述广义梯度的分析与研究,结合广义梯度理论的假设前提,综合国内已有的梯度衡量的指标体系,考虑现实数据的可获得性,我们选取

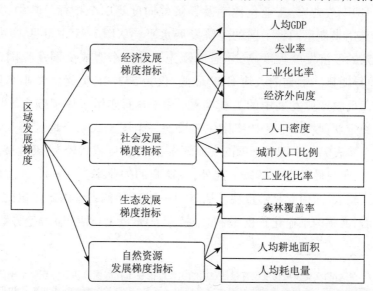

图 7-4 CAFTA 框架下我国周边四省区与东盟各国梯度划分的指标体系

了以下指标体系：

在指标选择上，我们共选用了9个子指标对梯度理论进行支撑，这9个子指标又可以归纳为四大类①，分别是：经济发展梯度指标、社会发展梯度指标、生态发展梯度指标、自然资源发展梯度指标。选取以上四大类指标是依据广义梯度的原理进行的，即综合考虑经济、社会、生态、文化、自然资源等因素对CAFTA框架下我国周边四省区与东盟十国进行区域梯度的划分。考虑到指标数据的合理性与可获得性，梯度划分指标体系的选择如图7-4所示：

7.2.2 广义梯度理论在CAFTA框架内四省十国间的实证研究结果

对CAFTA框架下我国周边四省区与东盟十国梯度的实际考察，我们主要从经济发展梯度、社会发展梯度、文化发展梯度、生态发展梯度及自然资源发展梯度五个方面分别展开。依据预期的各项指标，目前我们已基本取得2007年的数据②。现具体描述如下：

一、四省十国的经济发展呈两极化

在衡量CAFTA框架中四省十国经济发展程度时，我们主要选取了人均GDP、失业率、工业化比率及经济外向度等四个指标。其中，人均GDP是用来衡量四省十国的经济发展水平。从图7-5中可见，新加坡与文莱的经济发展程度高，并遥遥领先于其他东盟成员国及我国四省区，差异明显。缅甸的人均GDP最低，仅为533.45美元。失业率指标一方面反映产业发展中的失衡问题；另一方面亦用于体现四省十国的社会稳定状况。工业化比率则主要反映一个国家或一个地区的工业化程度。从表7-1中四省十国的失业率来看，差异度依然较大，泰国最低为1.42%，印尼最高达8.39%。此外，菲律宾的失业率为6.8%，其潜在就业风险较大，需引起足够重视。从2001—2007年四省十国工业化比率变化来看，文莱的工业化程度最高，维持在60%以上，逐年递增趋势明显；

---

① 在这里，文化发展梯度没有包括在内的主要原因在于我国周边四省与东盟十国的统计口径差距太大，另一大因素就是数据无法完全获取。不过，这并不影响课题中我国周边四省与东盟十国的梯度划分结果。

② 除越南和老挝的失业率、缅甸与文莱的工业化比率之外，2008年东盟十国与我国周边四省的经济发展梯度指标已全部获取。

马来西亚仅次于文莱,但与文莱相比,相差较大。工业化程度最低的是海南与缅甸,海南的工业化程度虽比缅甸高些,但两者相差无几(见图7-6)。经济外向度则集中体现一个国家或地区经济发展的对外贸易依存度。该指标越高,说明该国的经济增长越依赖于与国外的贸易往来与合作,也即产业结构的调整与转变越依赖于国外的经济发展状况。从图7-5中可看出,经济外向度最高的是新加坡,这与该国在亚洲的特殊经济地位不无联系。

表7-1 2008年CAFTA框架下四省十国的经济发展梯度指标

	人均GDP(美元)	失业率(%)	工业化比率(%)	经济外向度(%)
新加坡	39,266.25	2.8	27.78	360.37
马来西亚	8,142.62	3.3	47.63	160.44
印尼	2,237.72	8.39	48.13	52.13
文莱	36,223.35	3.7	—	85.13
菲律宾	1,848.02	6.8	31.65	65.6
泰国	4,107.79	1.42	45.12	129.6
柬埔寨	805.08	2.8	22.44	102.35
老挝	856.18	—	27.84	49.7
越南	1,047.54	4.64	39.73	158.2
缅甸	533.45	4	—	38.3
广东	5672.38	2.6	46.89	122.51
广西	2144.93	3.75	37.42	13.1
云南	1842.63	4.2	36.09	9.81
海南	2514.27	3.7	22.01	50.09

资料来源:根据世界银行、国际货币基金组织、亚洲开发银行数据整理而得。

综上所述,四省十国在经济方面的差异较为明显,经济发达程度最高的当属新加坡与文莱,经济发展程度偏低的是越南、柬埔寨、老挝、缅甸等东盟成员国及广西、云南、海南等地区。然而,由于新加坡的经济外向度非常高,其经济发展受到外围经济环境的影响较大,受国外冲击的可能性

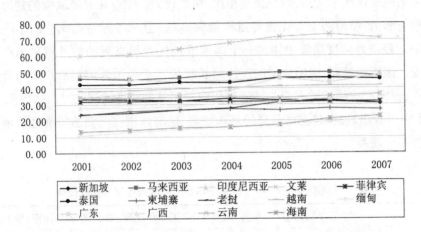

图7-6　2001—2007年东盟十国与周边四省区工业化比率变化图

资料来源:根据国研网、世界银行、亚洲开发银行数据整理而得。

较大。但从国内失业率来看,新加坡的社会很稳定,内部状态良好。相比新加坡,文莱的优势则体现于其相当高的工业化程度。而缅甸的人均GDP与工业化比率均在四省十国中排列最后,经济发展程度远远不够。我国周边四省区中经济发展最好的是广东,其工业化程度与外向度较高,整体经济发展水平在多数东盟国家之上,广西与云南两省的经济外向度极低,而海南的工业化程度不高。总体看来,CAFTA框架下四省十国的经济发展两极化现象严重。

二、人口优势明显,消费潜力巨大

社会发展梯度主要用以衡量CAFTA框架下我国周边四省区与东盟十国的社会发展状况,我们选取了人口密度、城市人口比例、工业化比率三个具体指标来进行说明。其中,人口密度可以分为三类:农业人口密度、比较人口密度、经济人口密度,在这里,我们选取的是比较人口密度,其表示的是单位土地上的平均人口(包括耕地、牧场等,牧场可以用3:1转换成耕地),主要测度农用土地的承受能力,即一国或一地区人口对农业所造成的压力。按照世界人口密度分布划分,具体有以下四个等级:

第一级　人口密集区　>100人/平方千米

第二级 人口中等区 25—100 人/平方千米

第三级 人口稀少区 1—25 人/平方千米

第四级 人口极稀少区 <1 人/平方千米

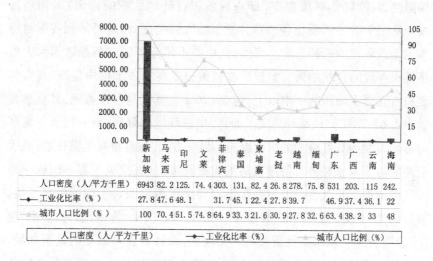

	新加坡	马来西亚	印尼	文莱	菲律宾	泰国	柬埔寨	老挝	越南	缅甸	广东	广西	云南	海南
人口密度（人/平方千里）	6943	82.2	125.	74.4	303.	131.	82.4	26.8	278.	75.8	531	203.	115	242.
工业化比率（%）	27.8	47.6	48.1		31.7	45.1	22.4	27.8	39.7		46.9	37.4	36.1	22
城市人口比例（%）	100	70.4	51.5	74.8	64.9	33.3	21.6	30.9	27.8	32.6	63.4	38.2	33	48

人口密度（人/平方千里） 工业化比率（%） 城市人口比例（%）

图 7-7 四省十国社会发展梯度指标对比图

资料来源：根据世界银行、国研网、亚洲开发银行资料整理而得。

如图 7-7 所示，CAFTA 框架下四省十国的人口密度属于第一级的依次是新加坡、广东、菲律宾、越南、海南、广西、泰国、印尼及云南，以上九个国家及省区均属于人口密集区，其中以新加坡为最，人口密集度达到了罕见的峰值。其余五个国家都属于第二级，包括马来西亚、文莱、柬埔寨、老挝及缅甸。由上可知，CAFTA 框架下四省十国的人口密度相当大，东盟的五个成员国与我国四省区都处于人口密集的级别，其余五个东盟成员国则处在人口中等区的级别。人口密度大，一方面代表着本国或本地区农业用地所需承受的压力，另一方面则显示着该区域的人口优势以及巨大的消费潜力。城市人口比例与工业化比率紧密相连。城市化人口比例在一定程度上反映着一个国家或地区的工业化程度，即城市人口比例越高，表示该区域工业化程度越高，进而加快产业结构的调整与优化。总而言之，CAFTA 框架下，新加坡的人口密度最大且全部是城市人口；柬埔寨处于人口中等区且城市人口占比最低，但该区域的众多人口所能带来的消费潜力却不容忽视。

三、生态环境发展梯度呈现巨大差异

关于 CAFTA 框架下四省十国生态发展梯度的考察,由于数据获得的局限性,只能以森林覆盖率(即森林面积占陆地面积的比例)来粗略衡量。从图 7-8 中可看出各国森林覆盖的大致情况,由此可推测各国对待本土生态环境的一种态度。当然,这里并不排除各国或各地区因为天然条件而导致的自然结果。老挝的植被覆盖率在四省十国中最高,其森林面积占其国土面积的一半以上,达 69.26%。其次是马来西亚,其森林覆盖率为 62.73%。从某种意义上而言,生态环境的好坏,对一国或一地区的可持续发展有着极大的后续影响。另一方面,政府重视生态环境,就表明政府对于未来经济可持续发展的重视程度,这直接关系着一国或一地区经济发展的长久性。若按照生态发展梯度衡量四省十国的生态环境,其排名为:老挝、马来西亚、柬埔寨、广东、广西、文莱、海南、缅甸、印尼、越南、云南、泰国、菲律宾及新加坡。在这里,森林覆盖率最低的是新加坡,其森林面积仅占陆地面积的 3.3%,这将会对新加坡未来经济社会的长远发展构成威胁。

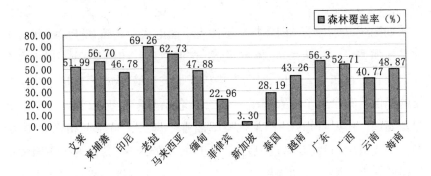

图 7-8 2008 年四省十国生态发展梯度指标对比图

资料来源:根据世界银行、国研网、四省年鉴整理而得。

四、人均资源拥有量不平衡

在这里,自然发展梯度主要从自然资源与能源两方面展开讨论,并选择了人均耕地面积与人均耗电量两大具体指标。由图 7-9 所示,CAFTA

框架下四省十国间人均资源拥有量与利用存在很大差距。从人均耕地面积指标来看,新东盟五国的柬埔寨、泰国、缅甸与老挝等四国的人均耕地面积占有量基本维持在0.2公顷左右,其中又以柬埔寨为最,达0.265公顷。此外,其余东盟成员国与我国周边四省区的人均耕地面积明显偏少,这将严重制约以后本国或本地区的长远发展。另一方面,从人均耗电量来看,最高的当属新加坡与文莱,两个国家的人均耗电量已高达8000千瓦时/人以上,相比之下,柬埔寨与缅甸的人均耗电量却不足100千瓦时/人。由此可见,柬埔寨与缅甸的城市化程度与工业化程度不高,与人均耕地面积、人均耗电量这些因素不无关系。

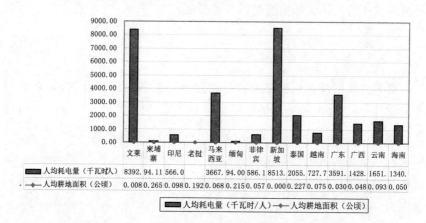

图7-9　CAFTA框架下四省十国的人均资源量对比图①

　　由上分析可知,CAFTA框架下四省十国内多多少少都会存在一些问题,同时也具备某些方面的优势。通过整合该区域内各国各省的经济、社会、资源、生态等各方面因素,可对其进行全面的统筹分析,进而实现资源的最优化配置。

---

①　资料来源:根据国研网、世界银行数据整理而得。老挝的数据没有披露,无法获取,在这里仅讨论九国四省资源利用情况。

7.3　CAFTA 框架下我国周边四省区
与东盟十国的梯度划分

本章节运用层次聚类的方法，依据人均 GDP、失业率、工业化比率、经济外向度、城市人口比例、森林覆盖率、人均耕地面积及人口密度 8 个指标，对 CAFTA 框架内我国周边四省区与东盟十国进行梯度划分，再结合各国各省区的具体实际情况进行具体分析。

7.3.1　层次聚类的过程

聚类分析的基本原理在于将对象分成不同的类别，且这些类并非事先给定，而是直接根据数据的特征确定的。聚类分析，即将相似的东西放在一起，从而使得类别内部的"差异"尽可能小，而类别之间的"差异"尽可能大。根据对象的相似度来进行分类，那么，变量间的相似系数越大，说明变量越接近。而衡量相似程度的标准可用"距离"，即将距离比较近的归为一类，离得比较远的归到不同的类。

一、聚类要素和指标选择

二、聚类过程

在这里，第 1 列 stage 代表的是样本的序列号；第 2 列和第 3 列则是给出了每一步被合并的地区；第 4 列则表示每一步被合并的两个类之间的聚类系数（又称距离）；第 5 列和第 6 列表示本步聚类中参与聚类的是原始的样本（以"0"表示）还是之前合并的小类（以除"0"之外的数表示）；第 7 列给出了每一步合并所形成的新类别下一次将在第几步中与其他类别合并。例如，表 7-3 中第一行的具体解释为：第一步最先合并的是第 2 类变量与第 11 类变量，即代表两者间的距离最为接近，相似性测度为 0.374。同时，两类变量均是原始样本，自第一步合并后与其他类别再次合并将出现在第九步。其他同理。

表7-2 聚类分析要素数据表①

聚 类对 象	人均GDP（现价美元）	失业率（%）	工业化比率（%）	经济外向度（%）	城市人口比例（%）	森林覆盖率（%）	人均耕地面积（公顷）	人口密度(人/平方米)
新加坡	36526.53	2.9	30.51	336.48	100	3.30	0.000	6583.36
马来西亚	6967.10	3.2	47.72	173.49	69.44	62.73	0.068	80.83
印尼	1915.57	9.75	46.83	43.65	50.34	46.78	0.098	124.02
文莱	31404.13	3.4	71.04	79.53	74.38	51.99	0.008	73.03
菲律宾	1624.13	6.3	31.56	75.30	64.18	22.96	0.057	297.54
泰国	3758.91	1.41	45.52	119.06	32.98	28.19	0.227	131.10
柬埔寨	626.65	2.3	26.77	110.12	20.94	56.70	0.265	81.15
老挝	693.64	2.06	30.75	47.18	29.72	69.26	0.192	26.40
越南	835.08	4.64	41.61	156.76	27.36	43.26	0.075	274.63
缅甸	350.14	4.01	21.14	19.43	31.92	47.88	0.215	75.18
广东	4961.21	2.5	48.26	142.26	63.14	56.3	0.030	526
广西	1797.25	3.79	35.89	12.11	36.24	52.71	0.048	201
云南	1537.63	4.18	36.10	14.08	31.6	40.77	0.093	114.5
海南	2130.73	3.5	22.76	45.73	47.2	48.87	0.050	237.98

　　如图7-10与表7-4所示,可知 CAFT 框架下四省区十国在所分四类梯度中各处哪个梯级。第一类有一个国家,第二类有三个国家及地区,第三类有六个国家及地区,第四类有四个国家。具体描述为:新加坡单独成一类,马来西亚、文莱、广东同属第二类,印度尼西亚、菲律宾、越南、广西、云南、海南则同属第三类,泰国、柬埔寨、老挝和缅甸则属于第四类。

----

　　① 数据主要来源于世界银行、国研网及各国各省区年鉴。由于数据获得的有限性,欠缺的几个数据运用插值法计算而来。虽然国家与省区间部分指标的统计口径稍有出入,但不影响指标所要体现的内容。

表7-3 聚类分析结果——凝聚状态表

序列号	集群合并		相似系数	第一次出现的阶段整群		下一序列号
	集群1	集群2		集群1	集群2	
1	2	11	.374	0	0	9
2	12	13	.791	0	0	4
3	7	8	1.807	0	0	5
4	12	14	2.892	2	0	6
5	7	10	4.528	3	0	8
6	9	12	7.068	0	4	10
7	3	5	10.441	0	0	10
8	6	7	15.106	0	5	11
9	2	4	21.277	1	0	12
10	3	9	28.205	7	6	11
11	3	6	42.392	10	8	12
12	2	3	62.041	9	11	13
13	1	2	104.000	0	12	0

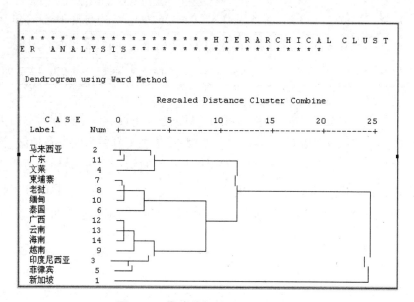

图7-10 聚类分析结果——谱系图

表7-4　聚类分析结果——分类成员表

个案	4 类集群
1：新加坡	1
2：马来西亚	2
3：印度尼西亚	3
4：文莱	2
5：菲律宾	3
6：泰国	4
7：柬埔寨	4
8：老挝	4
9：越南	3
10：缅甸	4
11：广东	2
12：广西	3
13：云南	3
14：海南	3

7.3.2　实际梯度划分

在以上聚类分析基础上，结合各国各省区的具体实际情况，可对CAFTA框架下四省十国间的梯度进行划分：

以四大梯度为考察标准，由上述聚类分析结果即可得出：新加坡处于梯度的最高层；文莱、马来西亚及广东省次之，处于第二梯度；泰国、柬埔寨、老挝与缅甸则处于梯度的最底层；其余东盟成员国与滇、桂、琼三省则均处于第三梯度。

新加坡除受客观因素限制，人均耕地面积与森林覆盖率远远落后于其他幅员辽阔的国家及地区外，其在人均 GDP 和城市化水平上占尽了绝对优势，其中，新加坡已实现完全城市化，领先于其余东盟成员国及我国周边四省区。以上两个指标是衡量一个国家或地区的发展水平及富裕程度时不可或缺的。同时，新加坡的失业率虽不是最低，但长期看来，较为稳定。因此，综合考虑新加坡国情与聚类分析的结果，可判断新加坡处于第一梯度。

文莱经济、社会、生态等总体发展情况仅次于新加坡，尤其体现在人均 GDP 与城市化水平方面。但文莱的工业化程度相当高，远远超于其他国家及地区。相较而言，马来西亚近年来的综合发展较快，在所选取的聚类指标中，虽没有特别的优势，但其综合发展情况较好，其人均 GDP 就仅次于新加坡与文莱；经济外向度仅次于新加坡；森林覆盖率稍逊于老挝，却明显高于其余东盟成员国及我国四省区。作为我国南部较为发达的一个省区，广东的各项经济、社会、生态及自然发展指标，均表现较好。广东 2007 年的人均 GDP 为 4961.21 美元，明显高于印尼、菲律宾、老挝、缅甸、越南、柬埔寨等东盟国家；失业率则维持在较低水平，就业情况较好。此外，广东的工业化与城市化程度、经济外向度等指标均在同区域中处于中等偏上水平。因此，综合考虑多种因素，并对比其他国家及地区，可判断文莱、马来西亚和广东是处于第二梯度。

相比之下，CAFTA 框架下的泰国、老挝、缅甸与柬埔寨四个国家的综合发展水平却不容乐观。泰国的人均 GDP、工业化程度、经济外向度指标表现良好，但其生态保护意识不够高，植被覆盖率偏中低下水平。此外，泰国的社会发展进程较慢，城市化程度不够高，仍需进一步大力发展。而老挝、缅甸、柬埔寨三国除森林保护较好，覆盖率较高之外，其余指标均远远落后于同区域中的其余东盟成员国及我国周边四省区。在这里，无论是通过聚类分析过程，还是通过现实考察，其结果都一致，即泰国、老挝、缅甸与柬埔寨四国同处于第四梯度。

除以上属第一梯度、第二梯度与第四梯度的国家及地区外，其余三个国家（印度尼西亚、菲律宾、越南）与三个省区（广西、云南、海南）一并列为第三梯度国家。

本章小结

本章围绕 CAFTA 框架下我国周边四省区与东盟十国间的梯度划分

而展开,且重点阐述了梯度划分的实证过程及结果分析。然而,对一个区域进行梯度划分,其必要性分析十分重要,这直接影响着梯度划分的合理性。因此,本章第一部分从经济、产业、开放度三个方面展开具体分析,为梯度划分奠定现实基础。另一方面,则是从梯度理论的演化进程,为梯度划分的实际应用奠定理论基础。

第二部分的主要内容则是关于广义梯度理论在该区域内的实证研究,其中,包括梯度划分的指标选择与实证两部分。在结合广义梯度理论的假设前提,综合国内已有的梯度衡量标准,又考虑到现实数据的可获得性,在这里,我们共选取了9个子指标对梯度理论进行支撑。这9个子指标分别是人均GDP、失业率、工业化比率、经济外向度、人口密度、城市化人口比例、人均耕地面积、人均耗电量及森林覆盖率等,从经济、社会、资源、生态四个方面综合考虑了CAFTA框架下四省十国的发展情况。在此基础上,得出四省十国经济发展两极化严重,生态发展梯度与人均资源拥有量存在较大差距,但人口优势明显,消费潜力巨大的实证结论。

第三部分则运用聚类分析的方法,对CAFTA框架内的四省十国进行梯度划分,结果为第一类国家共一个,第二类有三个国家及地区,第三类有六个国家及地区,第四类有四个国家。具体描述为:新加坡单独成一类,马来西亚、文莱、广东同属第二类,印度尼西亚、菲律宾、越南、广西、云南、海南则同属第三类,泰国、柬埔寨、老挝和缅甸则属于第四类。结合四省十国的具体发展情况,得出的结论与聚类分析下的结果是一致的。

至今为止,"产业对接"并未受到国内专家学者的一致肯定。然而,随着产业结构优化升级的渐受关注,产业转移与承接已成为产业结构优化升级的直接途径。这也意味着一国或一地区,不再简简单单作为产业转移地或产业承接地,而更注重产业的双向互动,即产业对接。在此,本课题提出以"产业对接"的方式实现 CAFTA 框架下四省区的产业结构优化升级。本章首先从理论与现实两个层面,说明产业对接是满足当下 CAFTA 区域产业合理分工的现实需要。在此基础上,更是以广西为出发点,重点阐述了广西与广东、云南两个相邻省区的产业结构协调与优化情况,由此提出四省区产业对接的具体策略,其中包括产业对接过程中的政策引导与锁定效应,总体策略及区域分工策略。

第 8 章
四省区产业结构优化升级的路径:产业对接

关于产业对接,国内专家学者的观点并不一致,褒贬不一。但事实证明,随着区域经济一体化的热潮,产业对接一词出现的频率已越来越高。特别是很多相对落后省份的地方政府都积极主动地提出了产业对接的夙愿,以期通过产业对接的平台,创建良好的产业发展环境。当前,国内呼声较高的区域经济合作包括:泛珠三角其他地区与珠三角间产业对接、长三角地区与上海的产业对接、京津唐产业对接、闽台产业对接、粤港产业对接等国内区域经济合作,而跨国度产业对接最为典型的有中国与东盟产业对接、山东与日韩产业对接等。

我国周边四省区是中国南向开放的"窗口",区位优势显著,若是能把握中国—东盟自由贸易区建成的机遇,四省区无疑将成为直接的受益者。然而,就当前我国周边四省区的产业发展的总体情况而言,其产业结构尚不合理,省际间产业合作不充分,与东盟地区间开展的产业分工合作尚处于浅层次。因此,CAFTA 框架下,如何推进四省区产业结构优化升级,实现资源的优化配置,提升整体区域产业竞争力,进而参与中国—东盟自由贸易区的跨国区域分工,成为当前亟待解决的一大关键问题。在此,本课题提出以产业对接的方式,即四省区间、四省区与东盟国家之间实现双向产业转移与承接,以期实现该区域产业的协调发展。

8.1 产业对接满足区域合理分工的现实需要

开放经济条件下的产业对接是指在区域经济一体化背景下,主要通过政府的政策和直接行动,贯彻双赢原则,适度离开市场自由竞争的"优胜劣汰"原则,体现国际经济协调的精神,以特定的国际贸易与国际投资方式来推进产业分工的行为。现阶段,产业对接也越来越多的应用在国内省区间的经济协作上,主要是通过各省区之间地方政府的协调与政策引导,在不离开市场机制作用的前提下,以特定的贸易和投资手段来实现地区间合理化的产业分工。这种产业分工包括产业间分工、产业内分工以及产品间分工,或者说是产业链上的分工。从分工内容上看,这种分工包括水平型分工和垂直型分工。产业对接可以使这些分工在地区间进行的更加合理化。

8.1.1 产业对接的理论创新

所谓的产业对接,具体指的是在开放经济条件下,贯彻转移地区与承接地区双赢的原则,人为推进产业结构空间调整的行为。相比产业转移,产业对接的内涵更为广泛,其更能体现转移地区与承接地区双边的产业分工与协调。换句话说,产业对接其实是建立在产业转移基础上的一种创新,其来源于产业转移,但又不同于产业转移。

一、产业对接的界定

简单地说,产业对接就是区域间政府在遵循市场规律基础上,为避免盲目竞争和实现共同利益,以产业政策协调和构建产业协作平台来引导企业开展产业合作,最终实现合理产业分工和区域协调发展的过程。具体可从以下几个方面做进一步的解释:

第一,区域产业分工是双方区域产业互动的结果,从最初的市场萌动到区域政府间的政策协调,是一个伟大的跨越。首先,企业的逐利性是市场导向得以发生的依据,但市场的不完全性会导致市场失灵,无法实现帕累托最优;其次,区域政府在地区发展观念上无疑注重自身利益,也导致他方利益的损伤而使得合作存在风险。建立在市场互动基础上的区域政府经济互动,交流和信任,统筹规划,避免出现零和博弈。因此,产业对接是建立在区域经济相互信任和经济互动基础上的。中国区域经济发展实践证明,没有经济互动或者只是一厢情愿,都不能完成区域合作和产业整合。经济互动为产业对接提供环境、构建平台,而产业对接则是将区域内的国际分工推向深化,增强着经济互动的纽带。

第二,产业对接是一个系统的工程。具体到某一产业的对接,这只是产业对接的子集,我们所见的区域间单个企业的合作,只能叫企业对接或者项目对接。项目对接是产业对接的有效载体。项目对接与产业对接互相依存、互相联系、互相促进。项目对接要以产业对接为基础,以国家产业政策为依据，它是产业对接的具体落脚点和归宿点。产业对接最终必须体现、落实在项目对接上，没有项目对接，产业对接就成了空中楼阁、水中之月。项目对接又必须建立在符合国家产业政策、符合当地现有产业发展实际，符合延伸产业链与提高产品技术含量与附加值等要求。这里强调产业对接的是整体对接，而且是区域之间产业互动发展的动态耦合过程。

第三，产业对接是区域经济合作的新的实现方式。一般来说，区域经济协作和融合主要包括三种形式，即商品贸易、生产要素流动和产业转移，这三种形式是一个合作深化的过程，从商品到要素再到产业的整体转移，无疑是分工和专业化的重要成果。相应的，为了实现这三种形式的合作便利，便有了区域间的关税减让、要素流动便利、投资和服务便利等合作的措施，并由此形成了互动，在此基础上通过产业政策协调和有效的产业对接实现区域经济一体化。从本质上讲，它实现了市场基础性作用与区域经济管理职能的结合。所以，产业对接是区域经济合作形式的深化，是一种崭新的区域经济合作方式。

相比产业转移，可见产业对接与之存在明显的不同。产业转移通常是指在市场经济条件下，由于资源供给或产品需求条件发生变化后，某些产业从一地区或国家转移到另一地区或国家的经济过程[①]。这个过程是在市场规律的作用下，通过微观主体（企业）理性选择，使各区域产业选择与发展的自觉调整。产业转移集中表现为企业行为。产业转移中不排除区域政府各自的转出策略和创造承接条件，但是，区域政府之间的产业政策协调和协议分工还没有形成。因此，一般的市场主导型的产业转移行为并不能简单归为产业对接，只有当产业转移建立在区域协议分工的基础上时，其才能被列为实现产业对接的其中一种方式。此外，产业对接的方式不仅限于产业转移，不同产业之间的对接、相同产业价值链对接，也是产业对接的重要内容。

二、产业对接的角色分析

产业对接其实是一种政府对企业的引导行为，是政府履行他认为必

---

① 陈建军：《中国现阶段的产业区域转移及动力机制》，《中国工业经济》2002年第8期。

要的经济管理措施。政府作为宏观调控的主体,通过理性的、科学的产业政策措施,引导企业进行投资,以促进产业的合理布局和融合发展。但产业对接最终还是企业行为。政府要为企业建立起一个通道、搭建一个平台。但政府搭台只是基础工作,关键的是要把企业的主体突出,"企业是主体的作用发挥得好,承接产业转移的效果才会好。"产业对接的目的是政府互动带动企业互动、以良性互动来实现产业的合作与共赢。那么,在产业对接中,分析政府与企业两者的角色扮演十分必要。

1. 产业对接中市场导向与政府推动的关系

政府推动和市场导向都是产业对接的驱动力量,都在推进产业对接的开展,二者的结合成为产业对接的必然要求。

一方面,市场机制是高效配置资源的机制。通过这种机制,能够优化四省区域内的资源使用效率。但在非合作博弈的情形,据博弈论的经典案例,各方可能走入"囚徒困境"。这就是大家都希望对方开放市场,自己则将市场封闭起来。其结果,形成地区间的市场分割状况,各区域总体上形成资源配置效率最差的困局。封闭会使系统走向混乱无序。就周边四省区各方来说,如果各自将自己封闭起来,不仅处于低序系列省区会走向无序,就是处于高序系列的省区,由于系统内部的交易成本的增加而伤害经济健康发展。

另一方面,由于纯粹市场机制的调节也可能带来三大问题,一是市场的自由竞争会走向垄断;二是市场的外部负效应;三是公共产品的短缺,从而出现"市场失灵",这必然会带来市场调节的低效率或无效率。因此,在四省区域合作中,应当同时发挥"市场导向"和"政府推动"两大机制的作用,以保证区域合作各方资源的高效配置。这样,区域合作机制的运行,就需要正确处理好市场主导和政府推动之间的关系。

正确处理两者间的关系,应当确立这样的原则:即市场机制是合作配置资源的基础;政府推动是打破各地方政府市场分割、建立统一的市场秩序、提供公共产品、解决"外部负效应"、在更大范围内形成市场机制配置资源的保障。

2. 政府推动和引导作用

古典经济学家亚当·斯密的"无形之手"阐明了通过市场的自由竞争最终能实现企业、产业和社会效益最大化。自由市场主义反对政府采用任何形式对产业进行干预。然而现在即使是崇尚自由市场经济的西方国家都采取政府干预的政策。在产业对接过程中,政府更是发挥着很大作用,这里的作用主要体现在推动和引导上。

（1）建立政府间的统一协调机制

所谓政府推动,主要体现在政府协调主动撤除各种妨碍区域间要素和产品流动的行政壁垒,提供无差异的公共产品方面。首先是政府之间的协调。这种协调体现在各地区中长期规划、产业发展方面、大型基础设施建设、政府间产业政策和招商政策的协调,以利于建立有序的产业转移机制。具体地说,在周边四省区一体化的背景下,各次区域政府部门要加快改革步伐,强化完善市场机制的工作,同时加强各次区域间的政策协调。

四省区政府应为企业参与市场竞争提供公平、公正、公开的政策环境,政府要尽量少地参与对企业的直接投资,对目前尚由各级政府部门掌控的公共资源,如土地的供给和税收的减免的运作等,要保持高度的政策透明性和政策的有效性,杜绝政府寻租行为和官员的腐败现象。减少政府在公共产品领域中的重复投资,避免资源浪费。

建立政策协调机制,实现四省区的地方经济政策的基本统一,这是建立平等的市场竞争机制的基础。有关经济政策的协调统一,主要包括税收政策、财政补贴政策、投资政策、引资政策、土地利用政策、开发区政策等等。

（2）改进政府职能,发挥支持和引导作用

在产业对接中四省区政府要有规范的功能定位,在市场化改革中,政府的作用必须建立在促进区域经济协调发展的市场机制基础上,其主要任务应是培育区域经济协调发展的市场机制和为市场机制发挥作用创造良好的环境,并在市场失灵或出现缺陷时,弥补市场机制的不足。例如为区域产业活动提供完善发达的基础设施环境;为产业分工过程建立制度性市场规划,规范经济运行的秩序。各省应促进省内产业集聚,建立有利于接受产业转移的区位条件,重点做好产业服务环境、交通和信息环境、信用环境、市场制度环境,营造公平、开放和富有吸引力的投资环境。清除妨碍贸易的政策障碍,打破地区封锁的格局,消除不合理的行政干预和区域内的市场壁垒。建立透明、便利、规范的投资促进机制。支持区域内企业间开展技术、生产、投资合作，形成优势互补、协作配套、共同发展的产业布局，提高整个区域的产业水平。

（3）改进政绩评价指标

不合理的政绩评价指标是区域间产业对接的重要障碍，直接导致了部分官员为了所谓的政绩而只顾区域发展的眼前利益。"唯 GDP 论英雄"和以"引资"作为考核指标的考核体系明显存在缺陷。实施产业对接或许短期不能带来经济发展甚至会使某些产业面临被整合的危险，但在未来却可以促进经济发展。而在产业对接的方式上，也存在不同的心理对策。因此，在政绩考核上，除了一些反映现实的指标，还应有反映潜在发展能力的指标，做到产业发展速度、质量、效益并重；能促进经济、社会、人口、资源、环境相协调的可持续发展的指标也应成为衡量政绩的指标。此外，充分考虑不同地区、不同层次的干部的差异性，区别对待不同地区、不同岗位、不同经济发展水平和客观条件下干部的业绩。本着以促进区域间产业对接、提升整体产业竞争力的原则来看待产业对接的考核。

综上所述，在区域经济合作中，政府部门的作用是不可或缺的，四省区次区域政府政策的协调统一，对于推进四省区产业合作具有重要的意义，是四省区产业合作的主要推动力量。

（4）企业主导

区域产业对接是一个比较大的概念，尽管政府在产业对接中发挥着重要的推动和引导作用，但市场的主体是企业，产业对接的最终实现还依赖于企业间的对接、项目间的对接来完成。随着国际化和市场化的进程的加速，区域合作和市场化的主要动力逐渐将由各类企业来承担，与此相适应，区域产业对接的主要推进力量也在逐渐由各级政府部门转向企业。因此区域产业对接的主导力量应该是企业而不是政府。产业对接外在表现为区域间同一产业或关联产业的合作，具体体现为区域间企业在各生产要素如资金、技术、设备、劳动力等方面的对接合作。

企业之间的产业对接有时被称为企业对接，准确地说，它与产业对接是不同的概念。产业对接强调通过政府的推动和引导作用而形成以企业为载体的区域间产业合作现象。而企业对接仅仅是企业之间的合作行为，它可能是某种产业对接体现，也可能是一般的企业合作行为。但无论是哪种情况，产业对接无论采取哪种形式，都要遵循市场经济规律，发挥企业的主体作用。纵观各经济区域发展的过程，推动区域合作的主导力量是市场，是企业。政府只能从宏观上加以引导。在产业对接的大戏中，政府只能当当导演，唱戏的还是作为市场主体的企业。因此，企业一定要有产业对接的紧迫感、责任意识，要实现优势互补，错位竞争，直至经济一体化，还有很长的路要走。

　　企业在实施产业对接中应注意几个问题。第一，由于政府的推动引导作用可能会采取一系列的优惠政策，消除区域间合作障碍，因此企业要抓住时机，适时进行对接；第二，要根据自身发展需要有计划、有目的地进行产业对接，切勿一味相应号召而采取不切实际的行动最终导致利益损失；第三，企业在对接过程中要正确认识到自身的价值和不足，通过产业对接扬长避短，实现资源整合和整体竞争力的提高，建立在损害某一方的基础上的对接不仅不能实现双赢，而且会为长远产业对接树立障碍。

　　三、产业对接的模式分析

　　驱动力量的主体不同，所采取的资源配置方式就不同，所实现的产业对接效果就不同。区域产业合作有以下三种不同的驱动模式。

　　1. 政府推动区域间的产业合作

　　政府为了实现本国家或地区的经济健康快速发展，往往根据实际需要，通过经济、行政甚至是法律手段来指导或强制执行资源分配状况。这种典型的政府主导的行政一体化合作模式的是计划经济环境下的区域经济关系，如 20 世纪 50、60 年代通过国家行政命令的形式或者首先进行行政区划的规划，在行政区划的统一部署下开展区域产业合作，进行资源的调配。也就是通过明显的垂直领导关系来实现区域产业合作。这在一定程度上能缩小地区差距，体现了实现均衡发展的目的。如今，广东在本省内部进行产业协调和规划发展，江苏在开发苏北地区的产业对接等，都收到了较好的效果。从这个角度来说，通过建立较大的行政区域来促进大行政区域内的区域合作有一定的可行性，而且是一种比较省事的做法，应该能够事半功倍解决区域间产业不协调问题。但是，这种合作模式有三个难以解决的问题：第一，可能对市场机制造成损害，从而和市场化改革的方向形成冲突。第二，即使建立了更大的行政区，它依然面临原有区域的产业对接和利益协调问题，仍然存在矛盾和冲突。第三，所建立的大行政区与另外的大行政区之间的区域问题可能更加突出，其与中央政府的关系定位也将成为一个难题。因此,在已经进行了多年的市场化改革的情况下,再来采用这种以行政协调为主的区域经济合作模式显然是不合适的。

2. 市场推动区域间的产业合作

市场是资源配置基础方式,通过微观主体(企业)的相互竞争和理性决策,市场能够合理有效的实现资源配置。从中国经济发展和改革开放的趋势来看,开放市场,撤除贸易和要素壁垒,减少地方政府对本地经济的干预功能,切断地方政府和本地企业家的从属关系,真正形成由市场主导的区域产业发展和区域间产业对接,以此去促进区域分工与产业合作,可能是实现区域间产业合理分工与合作的更好选择。但是,在目前马上采取这种区域经济合作模式显然也是不现实的。首先市场本身不是万能的,市场配置资源具有盲目性、滞后性,在现实中往往损害欠发达区域的利益,使欠发达地区长期处于比较劣势的地位而陷入比较优势陷阱。其次,中国还处在体制转型和经济发展的过程中,市场机制本身还很不完善,我们面临的市场是一个功能不完全的不完全竞争市场,是一个正处于发展过程中的市场,在这种情况下,单靠市场(微观主体)的力量,会加剧区域不平衡现状,造成更严重的经济问题和社会问题。充分发挥各级地方政府指导本地区域经济发展的作用,依旧是推动区域经济发展不可忽视的重要环节。改革开放以来的实践证明,单纯靠市场的调节无法实现产业对接中共赢的目的。

3. 政府推动与市场导向相结合的驱动模式

中国正处于转型经济时期,如何打破地区之间的行政壁垒,促进产品和要素的流动,推进区域经济合作,加快全国统一市场的形成是改革和发展的重要课题。因此采取政府推动、市场导向、企业主导的区域经济合作模式应该是更好的选择,其基本运行理念是:不再简单的依靠行政、计划和政府间的协调的手段,而是将政府的作用集中在撤除区域行政壁垒,提供区域无差异的公共产品,包括无区域歧视的各种规章、规范、规则、规制、政策、措施等等方面,创造要素跨区域自由流动的外部环境,同时在更多的方面,充分利用市场机制的作用,将企业推上促进区域经济一体化的前台,利用企业内地域分工的力量,促进地域间要素的流动与整合,推动地域分工的形成,推动地域产业结构的调整和升级,达到企业发展、地域发展和经济一体化的多赢目标。

通过以上阐述和分析，不难看出，政府推动、市场导向、企业主导的区域经济合作模式无疑是当前区域合作的正确选择。产业对接的提出，正是基于目前区域政府之间通过经济互动、发挥市场配置作用来实现产业合作的实践模式，提倡通过政府推动形成区域间经济互动，企业根据市场导向开展产业对接活动，最终实现区域间合理产业分工的途径。

8.1.2 我国周边四省区开展产业对接的必然性

出于产业结构升级和优化的考虑，部分地区提出了"产业对接"的构想，并很快在全国掀起了产业对接的浪潮。对于发达地区来讲，通过与内地的产业对接，可以实现其在生产要素的整合和生产能力的转移，为其产业结构升级和实现专业化、现代化服务；落后地区对产业对接更是翘首以盼，期望通过产业对接来实现地区的发展。尽管当前各个地区对于产业对接的概念和实质内容还有不同的看法，但以区域间产业政策协调通过区域间政府引导促进产业合作的理念已经深入人心。在长三角、珠三角的一体化进程中，区域政府的作用日益明显。泛珠三角的合作更为区域政府之间的产业协调开辟一条新的道路。从目前实施进程上看，广东省内珠三角与东西两翼的产业对接还是比较成功的，促进了产业结构的升级和优化。

一、我国周边四省区实现产业对接的客观基础

从地缘来说，中国—东盟自由贸易区的建立把四省区推到了南向开放的风口浪尖，四省区面临前所未有的机遇和挑战。在加快与东盟国家合作的过程中，各省区采取了积极的态度和高涨的热情，纷纷推出加强与东盟合作的行动。而四省区之间的政策似乎很不默契的，甚至有不和谐行动。这使得四省区在与东盟的合作中整体实力低下。地方政府之间的利益趋向不同导致内耗的现象早已存在，但面临对外竞争环境的变化，四省区只有加强产业合作，在产业对接中提升整体竞争力，才能在长期的区域合作中获益。下面着重分析四省区的产业发展比较，分析其合作和竞争的需要。

1. 存在着产业梯度转移的客观需要

从人均国民生产总值来看，周边四省区经济梯度性非常明显。广东

以41166元高居榜首,远远高于其他三个省区,这也反映出广东已经进入工业化阶段。海南以19254元排在第二,虽然与广西、云南差距不大,但已经属于较高一个层次。广西、云南属于第三层次,工业化处于起步阶段。在四省区中,经济发展水平呈现梯度性差异,这种差异为产业梯度转移奠定了良好的基础。

从三次产业构成来看,广东的产业结构最为合理,第一产业所占比例5.1%,已经达到中等发达国家水平;第二产业49.2%,表现出其制造业的发达程度;第三产业45.7%,服务业水平已经取得很大成果,但仍需进一步提高。海南产业结构不合理,其优势旅游业服务业造就了海南在第三产业的较高比例,农业特色也相对明显,第一产业的比例相对较高,但第二产业明显发展滞后。广西和云南的第一产业都占相当大的比重;第二产业尽管有一定比例,但多属于资源型工矿业;第三产业也是依靠旅游等资源性服务为主,其竞争力也不强(见表8-1)。

表8-1　2009年四省区经济发展基本情况

省区	生产总值	第一产业增加值	第二产业增加值	第三产业增加值	三次产业结构	人均生产总值(元/人)
广东	39482.56	2010.27	19419.70	18052.59	5.1：49.2：45.7	41166
广西	7759.16	1458.49	3381.54	2919.13	18.8：43.6：37.6	16045
海南	1654.21	462.19	443.43	748.59	27.9：26.8：45.3	19254
云南	6169.75	1067.60	2582.53	2519.62	17.3：41.9：40.8	13539

资料来源:据国研网。

2. 存在着开展省际产业合作的条件

周边四省区劳动生产率差异大,产业发展不均衡。如表8-2所示,广东在第二产业、第三产业都具有相对较高的产出率,但其第一产业的产出率远低于海南。广西三次产业产出率都是比较低的,表现出整体经济水平的落后,特别是第三产业产出率远低于其他三个省区;海南第一产业产出水平较高,第二、第三产业仍然落后。云南第一产业效率更低,其第二产业的产出水平也是建立在资源性产品和卷烟业的基础之上。

四省区不同产业的产出率差异说明相互之间在各个产业的合作空间非常大,这种产出率的层次差异也是四省区加强合作的基础。在第二产业发展上,广西、海南、云南都应加快与广东的产业对接,把吸引资金技术、承接产业转移与发展地方优势特色产业结合起来,积极推进区域间企业的合资合作。在第一产业上,广西、云南应该多多借鉴海南发挥现代化农业产业化的经验,从海南引进先进的技术和管理经验,促进亚热带农业的发展。在第三产业上,更要加强资源整合,广东的信息化、物流现代化优势应当进一步发展并带动其他三省区相关行业的发展;四省区的旅游合作、旅游资源整合已经成为一项重要课题。

表8-2 劳动生产率差异大,产业结构发展不平衡

产业/省份	广东	广西	海南	云南
第一产业	8081	5297	13361	3530
第二产业	70830	44869	48593	60186
第三产业	38852	14701	26087	22096

资料来源:2006年各省统计年鉴。

3. 存在着加强产业分工、突出特色产业、发挥比较优势的必要

各省区的发展轨迹存在差异,其支柱产业表现出不同的特点。广东和海南发展的现代化程度较高,其支柱产业都具有现代化特征。广东的电子信息、饮料食品、电器机械等都是市场化发展后的产物。海南的汽车、医药、海洋产业、热带高效农业也都属于新兴产业。广西与云南的产业依托于原有的工业基础,尽管在生物技术等领域有所突破,但主要还是传统产业和资源产业的扩张,其现代化水平和创新能力都比较低。通过广东的资金和技术支持,用信息化和现代管理手段来改造广西、云南的产业,带动两地新兴产业的发展,将成为产业合作的重要内容(见表8-3)。

从另一方面看,四省区的产业结构系数表明,广东与广西、广东与云南、广西与云南的产业同构比较严重(见表8-4)。在产业同构问题上,学术界有不同的看法。一是产业同构造成资源浪费、恶性竞争,不利于区域经济合作的深入;另一种是,产业同构分析的大口径产业同构现象与具体

細化产业的同构是截然不同的,不会阻碍区域合作。而逐渐被人们接受的事实是,在相同的产业发展目标引领下,区域间的产业同构是区域间产业发展细化的基础,特别是在相同产业不同环节的发展,是产业合作深化的表现,也是产业对接的基点。关键是在产业竞争中确定合作的方向,寻找合作的切入点。

表8-3 周边四省区产业结构表

省(区)	三次产业结构类型	所处产业发展阶段	支柱产业	优势和特色产业
广东	二三一	工业化的中后期阶段	电子信息、饮料食品、纺织服装、电器机械、石油化工、建筑材料、印刷业等	电子信息、电器机械、石油化工等
广西	二三一	工业化的初期向中期过渡的阶段	汽车、食品加工、有色金属、能源、建材等	有色金属、水电、制糖等
云南	二三一	工业化初期向中期演变的过渡阶段	烟草、生物、旅游业、矿产业、以水电为主的电力产业等	烟草产业、生物技术、水电、旅游业等
海南	三一二	工业化的初期阶段	汽车、医药、信息、油气化工和农产品加工等	海洋产业、旅游业、热带高效农业等

表8-4 2009年周边四省区三大产业结构相似系数

类别	广东	广西	海南	云南
广东	1.0000	0.9526	0.8234	0.9659
广西	0.9526	1.0000	0.9153	0.9988
海南	0.8234	0.9153	1.0000	0.9911
云南	0.9659	0.9988	0.9911	1.0000

面对区域一体化的加速发展,为了协调各国、各地区之间的经济利益,区域间的国际合作越来越趋向于加强沟通与协调,从产业规划和产业合作的角度不断优化区域产业结构,突出特色产业和优势产业,体现强大的区域竞争力和产业竞争力。这些具有产业对接特色的协调与合作,大大促进了分工与合作的效率。

二、我国周边四省区实现产业对接存在的问题在长三角、珠三角的一体化进程中，区域政府的作用日益明显。泛珠三角的合作更为区域政府之间的产业协调开辟一条新的道路。而从目前实施进程上看，广东省内珠三角与东西两翼的产业对接是比较成功的。

1. 周边四省区产业对接中存在的问题

周边四省区之间在经济互动上已经表现出较多努力，产业对接的良好形势已经初现端倪，但就互动关系本身而言，还没有达到区域间产业协调的目的，产业对接也只是美好愿望而难以真正实现。正如前面分析所讲，四省区尽管在消除行政、建立统一市场方面卓有成效，但在实质性的产业对接方面却始终没有打开局面。

（1）利益争夺现象较明显

滇、桂、琼、粤四省区直面东盟市场，随着中国—东盟自由贸易区的建成，其面临共同的发展机遇和挑战。为争取国家政策支持，维护本省区的利益，抢占开拓东盟市场的先机，四省区间不可避免地会出现利益争夺现象。比如广西和云南，虽然两省区的工业结构相似系数算不上最高，但两省区三大产业结构相似系数最高，区位条件极其相似。因而，在与东盟国家发展商贸关系、开展经济合作时，两省区都自诩是中国连接东盟最便捷的通道，力争"桥头堡"的定位。但事实证明，构建四通八达的交通网络，仅凭单个省区的力量是不够的。另一方面，广东作为四省区中产业发展水平最高的省区，其部分产业需要进行产业转移，以实现产业结构的优化升级。然而，在产业承接地的选择上，广东拥有较多选择，并非海南、云南或广西不可。因此，这就在一定程度上导致滇、桂、琼三省区的私下竞争，以争取吸纳更多的适合产业，创建产业发展的良好环境。

（2）自成产业体系，缺乏相互合作

相比广东，滇、桂、琼三省均属资源型省区，其产业的发展大多依托于省区内的各种资源，地方特色尤其明显。比如，云南的烟草业、海南的燃气生产与供应业、广西的食品制造业及加工业。由于缺乏先进的技术、充足的资本、专业的人才，滇、桂、琼三省区的优势型产业与潜力型产业大都立足于现有的客观条件，而不十分注重省区之间的相互合作。然而，区域产业的协调发展强调的是省区间的分工与合作，资源的自由流动。当前，虽有部分产业从广东逐渐转移至广西、云南与海南，但省区间的产业合作仍不充分。而这也是周边四省区间实现产业对接的一大影响因素。

（3）利益补偿机制缺失

区域产业结构的优化升级不可避免地带来各省区内产业结构的调整，进而导致部分个人或利益群体的利益受损。例如，广东将部分产业转移至广西，广西会因此而受益，但广东却因产业转出而导致部分当地人士丧失就业机会。可见，区域产业结构优化升级过程中，区域整体目标的实现势必会影响甚至牺牲局部利益，那么该如何补偿这部分受损群体？现今仍没有出现一个统一的、较为完善的利益补偿与协调机制。因此，这就在一定程度上影响四省区间产业对接的推进。

2. 泛珠三角经济互动对产业对接的启示

泛珠三角的经济互动形式为产业对接的开展提供了良好的开端，各省区在产业间的合作得到进一步加强。因此，区域合作中政府的推动作用必不可少，政府在引导企业开展具体产业活动上具有不可替代的作用。

（1）建立长效合作机制

产业对接的实现仍然存在障碍，依然是由于地区间利益不一致而导致重复博弈。因此，要建立更好的长效合作机制，必然要求成立一个更加强有力的常设机构，才能保证泛珠合作的思路、纲要和框架协议的不断完善和这些协议能否有效落实。欧盟便是很好的例证，其他的区域合作也是因为缺少强有力的政府推动或者缺少强有力的上级机构而处于不理想的合作状态。毕竟，中国现有的经济活动依然离不开强势政府。没有中央政府的支持，很多问题仍难以协调解决。

（2）完善利益协调制度

区域间产业对接的发展将从具体产业出发，逐渐实现功能性产业对接，最终实现制度性产业对接。在这个循序渐进的过程之中，区域间利益协调与利益补偿机制的建立是产业对接顺利开展的必然要求。如何建立利益补偿机制成为区域产业对接不可回避的重要问题。

国际区域经济组织无不利用市场、法律、社会契约等手段对区域经济合作进行调节和约束，欧盟还形成了统一货币欧元。因而，在周边四省区的区域经济合作中，政府不应该仅仅停留在为企业间的投资合作牵线搭桥，更重要的是为整个区域经济的发展和合作进行总体规划和统筹协调。如统一布局和建设跨区大型基础设施和公用设施，协调规划产业发展，加强区域资源整合力度和协同发展能力，避免行政分割、低层次竞争、重复建设、产业趋同、资源浪费等种种弊端。只有这样才能实现真正意义上的产业对接。无论对于泛珠合作还是中国东盟合作，周边四省区的产业对接都是一种有益的尝试和期待收获的试验田。

三、我国周边四省区实现产业对接的方式选择

CAFTA 框架下的产业对接包括两个方面：一是省区间的产业对接；二是四省区与东盟间的产业对接。而根据每一产业对接参与对象的不同，其所选择的产业对接方式亦会存在较大差别。关于产业对接的方式方法，选择较多，其中主要包括以下几种：产业内贸易与专业化分工；相互直接投资；产业协作。下面以广东和广西为例来说明省区间的产业对接方式。广西与广东山水相连，共饮一江水，两省区有着天然的地缘与亲缘优势。此外，广西有着丰富的资源，广东有着先进的技术、充足的资本，因此，产业对接将会是两广产业分工趋向合理化的有效途径。

1. 两广产业内贸易与专业化分工

现今国际产业和产业链分工不断地深化、细化是一种大趋势，而这种趋势也可以影响两广的产业发展方式。本课题将这种趋势影响下的产业发展方式分为两种：一种是产业链高端与低端的分离；一种是产品生产工序的分离。

第一种方式，主要是将产业链中研发、设计、营销与生产分离，也可说是一种价值链的分离。目前，广东经过改革开放 30 多年的发展，工资、土地、能源等要素价格不断上涨，现在广东的土地可以用寸土寸金来形容，使得广东的劳动密集型产业或劳动密集型部门的境遇越来越难，亟待转移出去，为高技术产业或部门提供充足的发展空间。所以，即便是一个资本或低技术密集型的产业，也要有劳动密集型的生产部门来支撑，那么为了节约资源，发挥要素禀赋优势，将其中劳动密集型的产业或部门，以及资金密集型产业中的劳动密集型生产环节转移到广西，利用广西的要素禀赋优势，该产业或部门将会形成一种低成本优势。这种方式可以通过委托生产来完成，也可以是合资合作生产来完成。而这个过程则是两个地区进行产业内贸易的过程。

第二种方式，主要是通过"组装式"来实现该产业或产品的发展。目前，国际采购盛行，其内涵便是集所有低成本优势为一身，从而打造该产业或该产品的低成本优势。这种方式同样适用于国内省区之间进行低成

本的采购,然后组装。如广东的电子或机械产业已经得到充分的发展,技术越来越先进,但是一个整套的电子或机械产品部件繁多,若是由单个企业来完成全部工序,则耗时费工,而且不能有效的利用和配置资源。所以,广东的电子或机械产业可以只生产其中需要高端技术的部件,一些外延的规范化的部件就可以分包或是委托加工生产,在广西找到合适的供应商,形成一种良性的委托加工或合作生产的贸易关系。从而可以实现规模化生产,充分利用资源禀赋,不仅实现了广东产业的结构优化,也促进了广西的产业结构升级。

2. 两广直接投资

投资对一国的产业结构调整有着重大的影响,同样,投资对一个地区而言也具有相同的影响产业结构调整的效果。直接投资是一个地区产业向外转移的重要手段,可促进本地区产业的升级。

从 GDP 来看,广东远高于广西,在吸引外资能力增强的同时,也已经具备对外直接投资的条件和能力;从技术条件来看,广东经过 30 多年的外向型经济发展,已经积累了一定的资本和技术要素,从而大量生产技术都是成熟型、劳动密集型和传统资本密集型的,相对于广西而言具有技术上的比较优势,适合转移到广西发展;随着科技的迅速发展,广东产业结构升级的需求愈加迫切,同时向外转移过剩的生产能力,为新产业的发展提供空间的压力也越来越大。因此,广东以投资的方式进行产业转移不仅可以促进广西的技术进步与产业结构升级,还可以缓解广东的资源与能源紧张的压力,提供更加丰裕的资源与要素禀赋,促进其实现产业结构的升级。

产业转移以直接投资的形式来体现主要是通过直接投资在广西设厂或是通过并购、合资等形式,在广西发展该产业。而随着资金的投入,伴随而来的是广东的先进生产工艺与技术的移入,从而提高该产业的技术含量,提升了产业结构。瑞典经济学家缪尔达尔的地理性二元经济理论提出,产业集中超过一定限度后,往往出现规模报酬递减现象,如广东的食品加工与轻纺工业已经发展到几近饱和的状态,呈现规模不经济趋势,所以应退出广东地区,寻求低成本高市场需求的地域来发展。而广西自身拥有一定的产业基础和要素禀赋优势,并且临近东盟大市场,有充足的市场空间,正是广东这些产业转移的最佳选择。而通过广东的产业转移,广西在原有的产业基础上实现了加工工艺和技术的提高，从而实现产业结构的优化升级。

3. 两广的产业协作

产业协作顾名思义，主要就是指为了各区域产业的协调发展而进行的合理分工与合作。这是一种属于区域经济范畴的界定。

广东与广西的产业协作是从政府职能角度出发，根据国家的经济规划，地方政府采取有效的协调措施，促进双方经济朝着均衡化方向发展，进而促进产业结构升级。在泛珠三角的背景下，可以说两省区属于区域合作的范畴，可以通过该区域的产业政策与合作机制来促进两省区的产业协作，实现两省区产业结构的合理化和高级化的发展。在泛珠三角合作区域内，两省区的产业协作是属于区际的产业协作，在不违反市场机制作用的情况下，通过地方政府的协调或是企业与政府之间的协调，更加合理的进行产业对接，使得双方的产业都朝着高级化发展。

通过以上章节对两省区产业结构的分析，我们知道两省区存在产业梯度，同时在资源和能源上也存在互补性。所以通过产业协作，资源互补，可以促进两省区产业结构的优化升级。而这种产业协作是以产业政策为导向而实现的。我们知道，广东为了实现产业结构升级，应对愈加剧烈的国际竞争，很多产业急需转移出去，而广西又希望借广东产业转移这股东风推动广西的产业结构升级。只是凭借产业的载体企业自身的利益驱动不足以使广东的产业转移到广西，这便需要政府的介入，通过制定一系列的产业发展支持和优惠政策，构建承接产业转移的政策平台，及时有效的沟通对话，实现广东产业向广西转移及广西有效承接广东产业转移，达到互惠互利、共同实现产业结构升级目标的效果。

具体而言，产业协作可以以下几种方式来进行，第一种是供销型的产业协作方式，通过两省区的政府与企业或以政府为媒介的企业之间的协作，形成上下游稳定的供销关系；第二种是专业化分工型的产业协作，主要是从产业链的延伸角度出发，通过政府协调促进企业间生产外包、组装和零部件生产等在区际间的分工，从而促进广西的加工制造产业的发展；第三种是投资合作型的产业协作方式，可以通过两省区政府的引导，促使两省区的企业共同投资以股权方式合作，通过投资产生的生产工艺与技术的外溢效应，促进该产业的升级；第四种是技术合作型的产业协作方式,通过政府的政策倾斜与协商,引进广东省某些先进的技术项目,双方的企业进行合作,以技术研究开发带动两省区企业的创新能力,从而以创新带动产业结构的升级。

此外,产业协作也是两广应对东盟的产业发展的一个重要方式。两广尤其是广东与东盟在工业化水平、产业结构及资源禀赋上存在很大的互补性,而广西即便是与东盟个别国家有产业的重合性,但是这些都可以通过产业协作分工来实现多方的共赢。

四、我国周边四省区与东盟实现产业对接的空间

我国周边四省区面对东盟这个大市场,在区位、资源等方面有很大的优势,有利于实现四省区与东盟其他国家的产业对接。

1. 广东与东盟的对接

在广东与东盟的产业对接中,广东有得天独厚的地缘人缘优势。东南亚各国遍布华侨,其中由多以粤籍为主,并在当地经济合作中占据重要地位,同文同种为发展双边经贸关系奠定了文化基础。另外,广东地处东亚板块与东南亚板块的结合位置,是两个板块之间物流、人流、资金流、信息流的必经之地。最重要的是,广东作为世界上主要的工业制造中心之一,与东盟在制造业和技术结构方面存在着巨大的互补空间,这是同为东盟之临的广西和云南所不具备的。与广西与云南相比,广东有经济优势;与以长三角为中心的东部相比,广东有地缘优势,与东盟之间的运输距离最短,并有诸多深水良港与东盟通航,运输费用在全国范围内具有明显的竞争优势。

2. 广西、云南与东盟的对接

广西、云南是西部地区联系东盟的主要门户,与毗邻国家关系密切。在西南各省区中,广西与云南的区位优势最明显。云南陆上同缅甸、老挝、越南直接接壤,并且境内的澜沧江出境后流经缅、泰、柬、越等国,将云南与这些国家通过水道相连。大湄公河次区域合作中的交通对接,中老缅泰越柬各国共同协力,把澜—湄航道真正建设成为国际水运大通道。开通成品油运输,湄公河内河港口之间开通定期高速快客航班。云南的努力是:以景洪港为龙头,在景洪港沿岸一线,建立具有国内先进技术的江河型客货船维修、制造、船检工业服务体系;在景洪建立澜沧江—湄公河国际海员培训基地,提高沿岸各国海员技术水平与安全驾船水平;在沿

岸各国政府的大力支持下,在上湄公河航道加快建立航道维护管理体系；为确保航行安全和应对突发事件,建立澜沧江—湄公河河上搜救机构和服务体系。广西西南与越南接壤,沿海的防城港市、钦州市、北海市与越南的广宁、海防、太平、河南等10多个省市从陆海通道进入越南和其他东盟国家十分便利。

另外,云南、广西在矿产资源开发、能源利用等领域与东盟也有很强的互补性。东盟需要广西的铅锌矿、滑石矿、重晶石、锰等,广西、云南需要东盟的锑矿砂、铁矿砂以及一些液化类化工原料与石油制品等。在亚热带农业作物培育、旅游观光项目等很多方面,东盟与两省也有很大的合作空间。而且,就目前来看,广西、云南作为桥头堡的物流基地作用还没有发挥出来。总的来说,云南、广西与东盟发展经贸关系的潜力还有待于进一步挖掘。

3. 海南与东盟的对接

海南地处南海,与周边的东南亚国家之间隔海相望,地理位置相当优越；海南直面南海运输大通道,海上交通十分便利；岛内物产丰富,热带高效农业独具特色；旅游资源得天独厚,各项配套设施日臻完善；海洋面积大,资源种类多,挖掘潜力大。近年海南与东盟国家已经着手发展农业生物技术、食品加工、海水养殖方面的科技交流与合作,并取得了积极的效果。

随着自由贸易区的深化,海南与东盟的合作领域会更加广泛。首先,海南可以考虑与东盟有关国家进行合作,发展海洋产业,改变大陆型经济发展模式,培育新的经济增长点。其次,在合作与竞争中提升海南的旅游业,自由贸易区的建设,有助于海南吸引更多的国内外游客,采用国际标准提升产业水平。三是大力发展热带高效农业,依托当地市场,扩大投资规模建设农业园区和流转中心,提升竞争力。

总之,周边四省区都有与东盟国家发展经贸关系的相似性区位优势,都在某一程度上有成为"通道"、"周边"、"中转站"或"桥头堡"的条件。但侧重点不同,适应性也不同,相互间呈现着相互补充与相互竞争的两重关系,各省区要充分发挥自身优势、通过产业对接来提升整体产业竞争力。

8.2　CAFTA 框架下广东与广西的产业结构升级

国内外产业转移的历史证明,每一次的产业转移都会促进欠发达地区和发达地区的产业结构升级。因此,在产业结构升级中,产业梯度转移扮演着重要的角色,可以说是一种推动力,两广经济发展水平、生产要素禀赋以及分工的地位等的差异决定了二省产业梯度的不同。另一方面,二省水陆相连的地理条件和共处"泛珠三角合作"区域的现实情况,这些都为实现两广产业顺利对接奠定了基础。

8.2.1　两广产业梯度基础比较

产业梯度的概念是与国家或地区间经济发展程度、产业结构状况以及生产要素禀赋状况的差异密切相关的。张可云认为,从区域经济学的角度来看,梯度是区域间经济发展差距在地图上的表示。戴宏伟博士认为,产业梯度是国家或地区间在生产力水平上的阶梯状差距。那么笔者认为,产业梯度就是国家或地区间经济发展程度不同、生产要素禀赋差异、产业分工地位的不同而在产业结构水平上形成了有高低之分的阶梯状差异。经济发展程度的不同,主要体现在 GDP、人均 GDP、消费水平等宏观指标数据上;从广义上说,生产要素禀赋差异包括国家或地区间的土地、资本与技术、管理、劳动力等要素禀赋的不同从而形成的高低层次之分,而在这其中,技术是决定梯度的一项重要的指标,也是提升产业梯度阶段水平的一个重要的推动力;产业分工地位的不同,主要是指各国或地区根据自身的资源禀赋不同,从而形成不同的比较优势,并以此来参与国际分工,从而形成在国际分工中不同的地位。

一、两广经济发展水平的梯度分析

2009 年广东省全省生产总值 39482.56 亿元,人均生产总值达 41166 元。广西区全年生产总值(GDP)达到 7759.16 亿元,人均生产总值达到 16045 元。可以看出,两省区在经济总量上存在悬殊的差距。从 GDP 上看,广东的 GDP 是广西的 5 倍多,即使是从人均 GDP 而言,广东的人均

GDP 也是广西的两倍多。

二、生产要素禀赋梯度差异分析

对生产要素禀赋的分析主要是从资本、劳动力、土地以及技术四个方面进行。主要是因为这四方面是产业梯度转移的四个重要因素。

1. 资本与劳动力、土地方面的梯度差异

2009 年广东省全年全社会固定资产投资 13353.15 亿元。从投资主体看，全年国有经济投资 4199.04 亿元，非国有经济投资 9154.11 亿元。其中民营经济投资 6958.25 亿元。从三次产业看，全年第一产业投资 130.25 亿元，第二产业投资 4458.17 亿元，其中工业投资 3214.87 亿元，第三产业投资 8764.73 亿元。全年实际利用外商直接投资 195.35 亿美元，外商投资企业项目平均规模 291 万美元，合同外资额千万美元以上新批和增资项目 1007 个，合同外资额 153.47 亿美元。而广西区全年全社会固定资产投资 5706.70 亿元，区外境内到位资金 615.42 亿元，实际利用外资 7.11 亿美元。中间直接利用外资 10.35 亿美元。从资本运作上看，广东有丰厚的资金基础及庞大的资本运作能力，而广西在发展上相对为后起之秀，所以在资本运作上与之有较大的差距，从而与之形成一种资本丰裕程度上的差距。

2009 年，广东省全年在岗职工工资总额 3698.33 亿元，比上年增长 13.8%。在岗职工年平均工资 36355 元，增长 9.8%。广西全区就业人员 2849 万人，增长 1.8%。在岗职工年平均工资 28302 元，增长 10.3%。从工资水平上，我们可以看出，两省区在劳动力的成本上存在很大的差距，形成劳动力要素禀赋的梯度差异。以上部分中，部分数据已经更新。

从经济学的角度分析，以上数据分析结果形成了一种两省区要素价格的差异，而要素价格的差异则会影响不同地区资本—劳动力的比率。既定技术水平下，资本劳动力的边际技术替代率可表示为：$C(K / L) = -\Delta K / \Delta L$，即在产量不变的前提下，减少劳动投入所增加的资本投入。其中 $C(K / L)$ 代表资本劳动边际技术替代率，ΔK 代表增加收入的资本价格，ΔL 代表减少投入的劳动力价格。

对于厂商来讲，只有在资本的价格与它所替代的劳动的价格之间存在差额的情况下，才更多地使用资本，更少地使用劳动。而且，只要这种差额存在，厂商就会不断地用资本替代劳动，直到这种差额消失。即：

$C(KL) = -\Delta K \ / \ \Delta L = 1$

假设单位劳动价格为 1，单位资本价格为 k，则：

$C(K \ / \ L) = (-\Delta K \ / \ k) \ / \ (L1) = -K \ / \ L \cdot (1 \ / \ k)$

因为，$-\Delta K \ / \ \Delta L = 1$，所以 $C(KL) = 1 \ / \ k$

而资本的价格不变，或者说，资本的价格对任何产业的需求来说是相同的。因此资本劳动边际技术替代率高的的产业，即资本—劳动力比率高的产业的劳动力价格高于低资本—劳动力比率产业的劳动力价格。也就是说，资本劳动力比率越高，劳动力的价格就越高。

从动态来看，即从经济发展的角度来考察，无论是发达地区还是欠发达地区，资本的增长率总是会高于劳动力的增长率。为了分析的方便，在此假定各种产业的资本—劳动配置率不变。那么随着经济的发展，发达地区和欠发达地区的新增资本—劳动力比率呈现出提高的趋势。发达地区和欠发达地区的新增资本和劳动力不会均衡、同比例地配置于各产业，从上述公式分析我们知道，资本—劳动力比率越高、劳动力的价格越高。所以，发达地区的新增资本和劳动力将更多的配置于资本—劳动力比率高的产业。并且，在利益的驱动下，资本—劳动力比率低的产业的生产要素也向资本—劳动力比率高的产业流动，从而引起资本—劳动力比率低的产业丧失比较优势，主要是要素价格的上升，最终引致此产业的衰退。而欠发达地区将把新增的资本和劳动力配置于发达地区已丧失比较优势，而在本地区比较优势渐趋增强的产业。因此，由经济发展所引致的要素供给结构和价格的变化，是发达地区向欠发达地区产业梯度转移的重要原因之一。

此外，欠发达地区与如广西的土地价格，以及同质货币具有较高的购买力，也能够降低初始投入费用，在折旧率相同的情况下，显然广西要比广东发展这种产业的费用成本要低很多，因此可以从比较优势培育成较强的竞争优势。

综上便是两省区资本、劳动力、土地要素禀赋差异为两省区产业的梯度转移奠定的一个良好的梯度基础。

2. 技术要素禀赋的差异

技术既可以寓于其他生产要素之中，也可以是相对独立的存在。前者表现为劳动力所具有的知识和技能，以及生产设备中所隐含的能生产出质量更好、效率更高的产品的能力。后者表现为成套的技术文献、编制好的程序，以及其他作为技术说明的文字、图像等信息资料。在现实经济社会中，技术独立存在的形态越来越明显，一些企业专门生产技术，技术作为独立的商品通过实现产权的转移，技术的独立存在形式对产业经济的影响越来越大。此外，现在而言的技术，不仅包括传统意义上的生产技术，还包括先进的管理经验和管理技术。因此，在考虑技术时，也要考虑到其独立存在形式对产业经济的影响。

　　到 2006 年末，广东省大中型工业企业拥有技术开发机构 1083 个，全省从事科技活动人员 39 万人，科技活动经费使用总额 530 亿元，科学研究与试验发展（R&D）经费支出 290 亿元，民营科技企业 8000 家，从业人员超过 100 万人，技工贸收入 5500 亿元。全省累计认定高新技术企业 4673 家，高新技术产品产值 15548 亿元，新增国家高技术产业化示范工程项目 11 项。纳入省级财政支持重点产业技术创新项目计划的重大技术装备研制项目 54 项，总资助金额 9425 万元，项目总投资 9.68 亿元。全省拥有被认定国家级企业（集团）技术中心（含深圳）27 家。

　　到 2006 年末广西全区城镇单位各类专业技术人员 97.10 万人。自治区安排科学研究与技术开发计划项目 857 项，资助经费 14950 万元。其中科技三项经费 13500 万元；自然科学基金、青年科学基金专项经费 950 万元；自治区主席科技资金 500 万元。取得省部级以上科技成果 427 项，其中应用技术成果 401 项，软科学成果 9 项，基础理论成果 17 项。专利申请量 2784 件，授权专利 1442 件，共签订技术合同 247 项，技术合同成交金额 0.92 亿元。

　　由上述数据我们可以看出，广东与广西相比，企业的自主研发能力较强，企业自建或政府扶持建立的自主研发机构进行的颇有成效，企业从事科技研发的工作人员也较多，也就是说，广东的高知识、高技术产业的发展要远高于广西。在技术进步上领先广西，与广西形成一个知识、技术等先进要素的一个梯度差异。

　　三、产业分工地位差异分析

　　1. 产业基础差异

　　广西一般而言都是资源开发性产业，广东大多为制造业。广西主要工业产业：机械工业、有色金属制品业、食品加工业、建材业、电力工业。

广东主要工业产业:纺织服装业、电子信息业、机械工业、食品加工业、医药业、造纸业、石油化工业、汽车工业和建筑建材业。

两广主要产业具体情况如表8-5所示:

表8-5 2009年广西与广东主要工业产品产量

广西			广东		
产品名称	计量单位	产量	产品名称	计量单位	产量
成品糖	万吨	824.08	成品糖	万吨	121.09
卷烟	万箱	137.3	卷烟	万箱	252.42
发电量	亿千瓦时	922.99	发电量	亿千瓦时	2666.4
其中:火电	亿千瓦时	428.58	其中:火电	亿千瓦时	2157.62
水电	亿千瓦时	494.41	水电	亿千瓦时	580.78
原煤	万吨	587.6	原油	万吨	1345.14
粗钢	万吨	1003.09	粗钢	万吨	1111.56
钢材	万吨	1179.79	钢材	万吨	2285.51
水泥	亿吨	6435.27	水泥	万吨	10028.93
十种有色金属	万吨	110.08	十种有色金属	万吨	28.76
其中:电解铝	万吨	52.94	纱	万吨	36.08
氧化铝	万吨	455.29	布	亿米	29.11
锌	万吨	37.75	呢绒	万米	42.00
汽车	万辆	118.45	汽车	万辆	113.08
小型拖拉机	万台	23.88	轿车	万辆	100.51
发酵酒精	万吨	58.08	程控交换机	万线	1630.11
机制纸及纸板	万吨	238.72	微波通信设备	台	3094.00
硫酸	万吨	216	微型电子计算机	万台	1046.99
烧碱	万吨	35.40	半导体集成电路	亿块	96.45
化肥(折100%)	万吨	94.14	房间空调器	万台	4119.34
内燃机	万千瓦	无数据	彩色电视机	万台	4092.79
——	——	——	家用电冰箱	万台	1058.47
——	——	——	家用洗衣机	万台	338.8
——	——	——	微波炉	万台	4430.73

资料来源:http://data.acmr.com.cn

从表中我们可以看出广西的优势产业是有色金属，以及依靠自然资源优势的农产品加工，包括制糖和发酵酒精。但是，依靠自然资源优势不多，而依靠品牌优势的卷烟、软饮料、中成药，就更是大不如广东了。

从原材料工业产业的对比上看，就钢材超过粗钢的倍数而言，广东远超过广西，说明广东的加工工业发达。水泥工业产业本来是广西有优势的产业，但广东生产的水泥由于本省需求量大，生产量也就大大超过广西。因此，就重工业与加工工业而言，两省也存在着很大的梯度差异。

就轻纺工业产业而言，还是广东比较强。然而，若要分析趋势，轻纺工业产业对广东来说已经是日薄西山、亟待转移的产业了。但广西的轻纺产业基础却很薄弱，根本没有发展起来。

从电器产业方面看，广东的电子电器产业发展遥遥领先于广西，甚至说，电子电器产业在广西根本就没有发展起来。产业基础极其薄弱，八、九十年代开办的电器企业都没有得到良好的发展，无疾而终了。因此，两省区的电子电器产业之间有着较大的差异。

综上所述，我们可以看出，工业产业在广西没有得到很好的发展，产业基础相对薄弱。尤其，加工工业、电子电器产业等方面更是没有良好的产业基础。因此，形成了广东与广西两省区之间的产业基础上的差异，形成了明显的产业基础梯度。

2. 参与国际产业分工的程度差异

2009 年，广东省全年进出口总额 6111.18 亿美元，其中出口额 3589.56 亿美元，进口额 2521.62 亿美元，实现贸易顺差 1067.94 亿美元，比上年减少 180.9 亿美元。从贸易方式看，一般贸易出口 1098.16 亿美元，增长 50%（下降）；加工贸易出口 2083.90 亿美元，增长 19.0%。从出口商品看，机电产品出口 2501.36 亿美元；高新技术产品出口 1393.74 亿美元；服装、纺织品出口 354.6 亿美元；鞋类、家具及其零件、塑料制品等轻纺产品出口分别增长 12.6%、24.6% 和 12.6%。从进出口市场看，与主要贸易伙伴的双边贸易保持较快增长。进出口贸易额中，香港 1199.09 亿美元，美国 808.76 亿美元，欧盟 738.49 亿美元，日本 534.88 亿美元，东盟 633.03 亿美元，分别增长 25.2%、19.1%、19.6%、8.8% 和 19.6%（2009 年出口是下降趋势的）。

可以看出广东的国际市场主要在香港和美国，但是随着中国—东盟自由贸易区的进程加快,广东与东盟的贸易也在加速发展。

广西区全年外贸进出口总额 142.02 亿美元,增长 7.28%。其中,出口 83.71 亿美元,增长 13.9%;进口 58.35 亿美元,减少 0.9%。实现贸易顺差 25.36 亿美元。从贸易方式看,一般贸易额为 92.08 亿美元,加工贸易额为 1.30 亿美元。广西对东盟的出口额为 36.17 亿美元,香港 7.57 亿美元、日本 2.42 亿美元、欧洲 10.13 亿美元、美国 8.15 亿美元。

同样,我们可以看出广西参与国际分工的份额很小,而且广西的来料加工制造产业并不发达,加工贸易在贸易比重中所占甚小。主要市场在亚洲,其中最主要的市场是东盟。从两省区参与国际市场分工的程度可以看出,广东要比广西的产业国际化程度要大很多。从而,在参与国际分工上形成了一个梯度。

8.2.2 两广产业梯度转移的现实条件

在上一节分析了两广产业梯度的差异,另外两省先天的地理条件以及"泛珠三角合作"区域内政策机制等也为两省区的产业转移创造了便利。同时中国—东盟自由贸易区的建立、缓解贸易摩擦的需要以及广东与东盟国家的产业梯度也可能导致广东的部分产业越过广西直接转移到东盟国家。

一、两广间的产业梯度是产业梯度转移的基础条件

通过对两广之间存在的梯度分析,包括经济发展梯度要素禀赋梯度以及参与国际分国际分工的程度梯度,我们可以看出,两广在这些方面存在阶梯性的差异,为广东的产业向广西的产业转移提供了一个现实基础。

经过改革开放 30 多年的经济发展和积累,广东的经济总量远远的大于广西,与广西在经济水平与人民生活水平上形成了一定的差距。从而形成了一种资本丰裕度上的差异,为广东向广西的产业转移提供了要素禀赋方面的条件。从两广的产业基础看,广西的工业化程度本身并不高,工业化主要集中在资源性产业方面,没有培育出有实力的加工制造业,也就是工业制造业基础较差,而广东经过改革开放的洗礼,受国际分工因素等的影响,制造业也得到了充分的发展,基本掌握了先进的水平,而且制造业在广东呈现饱和过剩的趋势,所以为两广的产业转移提供了产业基础。

总之,两广的产业转移符合产业梯度转移的规律,是一种合乎两省区发展需要的趋势。

二、两广水陆相连的空间条件为两广梯度转移提供了区位优势

两广山水相连,人文相通,风俗习惯相近,两地人大多都会说广东话,进行产业转移的障碍相对比较小。就地理位置而言,广西地处中国南疆,东接广东,与越南接壤,在中国西部中,是唯一的沿江沿海又沿边省区,拥有防城港、钦州、北海三个港口城市,是西南地区最便捷的出海通道和对外开放的重要门户,也是我国东西部经济重要的接合部,对广东珠三角地区参与西部大开发,与西部开展联合协作,有着较强的区位优势,广西处于中国与东盟的接合部,为珠三角地区的企业提供了一个进入东盟良好的物流平台。近几年,区政府大力建设区内交通体系,已经形成完善的公路交通网,基本形成了以港口为龙头,南昆铁路、湘桂铁路、桂海高速公路、南梧高等级公路和西江干支流为主干,各种方式相配合的综合性交通网络。便捷交通运输网络,为广东向广西的产业转移提供了便捷的物流条件,有利于降低转移成本。

三、共处"泛珠三角合作"区域内为两广梯度转移提供了政策机制条件

泛珠三角合作2004年6月正式开始实施。合作各方第一年签署框架协议、达成共识,第二年制定规划纲要、进一步明确方向,第三年制定专项规划、组织实施,第四年扩大合作领域、推进项目实施,泛珠合作制定了紧密的制度规划与安排,为合作各方紧张有序地进行合作提供了制度基础。

而广东与广西双方都处在这个有效的合作机制当中,双方可以利用泛珠三角合作的政策规划与制度安排,为广东向广西的产业转移,以及广西有效的承接广东的产业转移提供了制度保障和政策支持。在这个过程中,广西政府表示了高度的重视,并提出了很多优惠政策与配套基础设施,来促进双方的产业转移与承接的进程。为加快双方的产业发展提供了政策上的有利条件。

四、广东部分产业可能越过广西直接转移到新东盟国家

随着中国—东盟自由贸易区的建设与"两廊一圈"、"泛北部湾区域合作"的构建,广东获得西进南拓的经济腹地与发展空间,并将带动整个

东西两翼的发展。广东作为世界主要的制造工业产业中心之一,与东盟在制造业和技术结构方面存在巨大的互补空间,通过加强与东盟的产业对接,可以扩展广东的国际发展空间。另外,广东与东盟国家之间也存在产业梯度,尤其是东盟新四国,例如老挝、越南等国家,对缓解广东的资源瓶颈有很大的助益,而且他们也有比较低廉的劳动力,对广东的产业向外转移有很大的吸引力。由于产业梯度的存在,广东可以将产能过剩、劳动密集型的产业转移到他们那里去,发达国家对东盟内陆地区有特别优惠的关税,而且中国在国际上现在面临着贸易摩擦的多发期,在发达国家都面临着贸易壁垒,现在广东已有部分产业在实施向东盟新四国的产业转移了,将纺织品等劳动密集型的产业转移到那里。比如越南的鞋到墨西哥增量是300%多,经调查产地是越南,但实际上还是中国的企业,所以广东的某些产业在应对贸易壁垒时,可以利用东盟国家的政策优势绕道走。这也是东盟国家能够吸引广东产业转移的优势。

由于广西与东盟新四国在资源、劳动力等方面存在一定的相似性,并且某些产业的产业基础都是相对比较薄弱或是没有发展起来的,如纺织业、软饮料业、电子电器业等,尤其是在新东盟国家中广西与越南的产业发展水平很相近,所以在吸引广东的产业转移上具有一定的竞争性。因此,面对东盟的有力竞争条件,广西若要顺利承接广东的产业转移,必须要创造良好的投资环境、产业配套环境以及便利的物流条件,打造良好的产业基础条件。通过自身的努力尽量为吸引广东的产业转移创造有利条件。

8.2.3 两广产业梯度转移的实现方式

对于产业转移的方式,选择很多,可以是产业链中产品生产的转移,也可以是产业局部甚至整体的转移。各省区可根据其具体情况确定其产业转移的方式,既实现省区之间的产业转移,也要实现向东盟其他国家的产业转移。

一、产业转移的类型

产业在空间上的转移的本质是产业、产业中部分产品,甚至是某一产品中的部分生产环节,在既定的经济发展水平下,寻求最适合其产业生存和发展的地区,可以是市场导向的,即生产成本最低,也可以是政府产业政策导向的,优惠的经济政策和产业发展政策。据此,产业的空间转移可分为以下几种类型。

第一种类型是产业链中的上游产品转移至有比较优势的地区,而下游产业仍留在原产地。如纺织业中的纺纱和织布转移到棉毛产区,或是织布与制造转移到劳动力价格较低的地区。重型机械工业的原材料生产加工转移到矿产资源富集之地等。

第二种类型是产业的核心部件仍留在原产地,而将技术需求简单的零部件及装配环节转移到劳动力成本低,需求潜力较大的地区。如现在一些电子部件产品,可能其中某些零件就是通过采购、委托加工,或是通过合作、合资等方式在劳动力价格低、生产成本低的地区设厂生产,然后统一组装可能又在另外的分厂。这是一种高效配置资源、利用要素禀赋差异的一种产业链条上的空间转移。

第三种类型是某一地区的原有产业,整体或局部地外迁至经济发展程度较低的另一地区。这主要是由于这种产业已经在原产地的产业竞争中失去优势,而且这种产业的生产过程很难分离,因而需要整体或局部的迁移,只在原产地保留技术开发、产品设计、营销渠道等可以与生产过程分离的环节。像美国、日本等的一些知名品牌的产品,在其本国进行研发、产品设计等环节,然后通过在生产成本较低、生产制造类产业比较优势明显的地区设厂来完成其生产制造过程。

第四种类型是受比较利益的驱动,某些重合产业更适合在其他地区发展。因此,在此推动力下,某一地区的原有产业转移至另一地区,从而形成一种地区经济只能和产业生产重心的转移过程。比如说造纸类产业,日本的土地面积本来就小,森林覆盖面积更小,所以日本便将它的造纸也都转移到具有丰富森林资源的地区,并且,通过对快速生长林的培植,用一批种一批,这样这个产业才更有竞争力,才能更持久的生存发展。

二、两广产业梯度转移的方式选择

首先,结合国际产业转移的经验,利用 CAFTA 和 CEPA 两个框架的有利条件,构筑粤、港、澳——广西——越、老、缅、柬的产业梯次,阶段性的实施产业转移。具体而言,就是先实现广东向广西的产业转移和广西对广东产业转移的有效吸收,然后再逐步实现广西向东盟新四国的产业转移,广西可以像"亚洲四小龙"那样做一个"二传手",从而实现广东、广西与东盟新四国的产业结构的调整升级。

其次,在产业结构升级中最重要的因素就是技术。技术是决定地区产业水平的关键。因而技术转移构成产业转移的主线。接受转移是推动产业结构升级和扩张的重要因素。当代技术转移的一个重要方式就是区域间在生产和技术上的分工与协作。由于技术可以单独存在,也可以寓于其他要素之中,所以技术的转移也可以分为两种方式,一种是以独立形式存在为特征,双方可以在技术开发和技术利用方面进行联合协作;也可以是在不同环节的分解开发,即双方各自集中完成其中的某部分的开发生产环节,通过组装式流动,实现总体技术的完善;还可以单独的进行技术转让或技术贸易,在一方已成熟的技术,在另一方而言则是新技术,那么可以进行技术转让或通过贸易方式来实现另一方技术的进步。另一种方式,是以资本为技术的载体,一方面可以是通过设置分厂而从公司内部进行生产工艺技术的转移;另一方面通过投资并带来先进的管理经验与技术,以及配套的人员培训系统,都是对该产业的技术的提升。

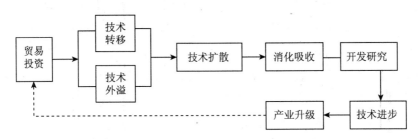

图 8-1　技术转移促进产业结构升级的路径示意图

从具体实施方式上参考产业转移的四种类型,利用广西的比较优势来承接广东的产业转移。如广东的纺织业、食品加工等轻工业也已经出现停滞不前的现象,发展上出现饱和的态势,而广西在这方面的发展基础较差,但相对而言有劳动力要素方面的优势,又临近东盟这个大市场,有便捷的物流条件,广东可以将这批产业先行转移到广西来,而这种转移不仅是资金的转移,也是生产工艺的转移。虽然,在此可能遇到东盟新四国的竞争,但是从更大的市场范围来看,将产业转移到广西,此产业面向的是两个市场:一个是国内市场,可以利用广西内陆运输优势,开拓西北部的市场;另外一个市场便是东盟市场,广西的最大贸易对象就是东盟国家,经过多年的贸易往来,为双方的产业发展创造了很好的人文、物流及市场条件。因此,这种产业转移路径是可行的。另一方面,两广现有的重合产业,在广东发展已经成本较高,产业发展空间受到约束,出现规模不经济现象,可以通过投资或技术合作的方式将产业转移到广西,进而实现规模经济的效果。比如广西的一些传统产业,已发展的有一定的规模基础,但是要实现产业的优化升级,还需要技术改造,那样便可以通过广东的资金或技术的投入实现这一改造。当然,还可以是产业链、生产工艺的转移,在某一产业中,广东生产核心部分,而广西生产周边部分,通过组装可以节省成本,保证质量,使此产业更有竞争力,这也是许多发达国家的国际产业运作模式。待广西累积和培育足够的技术基础,便可实现核心部分的转移或是自主研发。上述主要是制造业的转移。由于广西的制造业还没有很好的发展,所以其在承接广东的制造业转移上存在很大的发展空间。这种路径可以说是通过投资或低技术的转移来完成的,也可以是产业转移影响产业升级一个重要方面。此外,还可以利用广西的资源优势,如能源与矿产资源,实现两广的产业转移,这主要是针对广东的由于多年的经济扩张使得对能源与资源的需求不断扩大,但是其内部供应却十分有限,所以广东可以将能源与资源开发转移到广西,利用广西丰富的资源,为其提供充足的能源与资源的供应,如"西电东送"的实施等。

广东应根据产业调整和升级要求,调整经营重心,由制造中心向品牌、研发、销售中心转移,制造部分通过外包、外购与委托加工的方式,逐渐将珠江三角洲地区的产业向粤东、粤西、粤北及周边省区转移,与周边地区通过良好的分工合作、优势互补将逐步形成互动的产业发展格局:珠三角将利用技术、资金、市场、信息担当研发销售中心的角色,而周边地区利用原料、燃料、水电、土地和劳动力等方面的优势担当生产基地的角色。

承接珠三角和粤港澳的产业转移,通常首先表现为资本的转移,只有产业资本相对集中地转移到其他省区具有一定优势的区域和产业之中,才能有效促进相关产业高速规模化地发展,并再次形成强大的发展动力。

8.3 CAFTA 框架下广西与云南的产业结构协调

作为连接中国与东盟最便捷的陆上通道与海上通道,广西与云南的战略性地位不分伯仲。为把握中国—东盟自由贸易区的重大机遇,抢占开拓东盟市场的先机,广西与云南都积极在商贸、投资、经济、金融等方面,与东盟国家开展互动往来与合作。然而,两省区却相对忽略了相互间的内部合作。滇、桂、琼、粤四省区作为一片直面东盟市场的整体区域,若是省区间的产业结构无法协调,出现恶性竞争的现象,势必会降低该区域产业的整体协调度与竞争力。由以上章节分析可知,广西与云南工业结构相似度虽不算最高,但其三大产业的结构相似系数却是四省区中最高的,达0.998,两省区的产业同构化现象明显。因此,面临着中国—东盟自由贸易区深入发展的重大机遇与挑战,如何协调广西与云南两省区的产业结构显得至关重要。

8.3.1 滇桂两省区的产业结构特征

广西与云南的产业结构既存在共性,又存在差异性。本节将从横向差异度、纵向发展趋势、产业结构高度化入手,具体分析滇、桂两省区的产业结构特征。

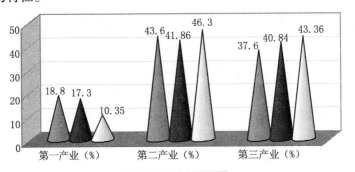

图8-2 2009年广西与云南三大产业比重图

资料来源:经国研网数据整理而得。

一、横向差异度不明显

由图8-2可见,2009年,广西的三大产业比重为18.8∶43.6∶37.6;云南的三大产业比重为17.3∶41.86∶37.6,两省产业结构相同,均为"二三一"模式。且从三大产业具体比重来看,可知广西与云南各大产业的差异度不明显。2009年,广西第一产业比重为18.8%,略比云南高出1.5个百分点;广西第二大产业比重为43.6%,云南则为41.86%,相比之后,差异不大。若与全国三大产业各自所占比重相比,可知广西与云南的第一产业比重过大,明显高于全国10.35%的比重;广西与云南的第二产业比重与全国平均水平相当;不过云南的第三产业所占比重明显低于全国43.36%的比重。横向比较来看,云南与广西"二三一"的产业结构相同,三大产业所占比重差异不大。这意味着广西与云南的工业化进程相差无几,两省区均开始步入工业化中期阶段。

二、产业纵向发展趋同

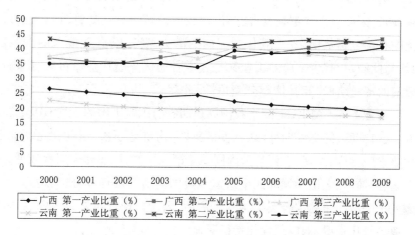

图8-3　2000—2009年广西与云南的产业结构变动趋势图

由图8-3可知,广西与云南的产业结构变动趋势相近。就第一产业而言,2000—2009年间,广西与云南的第一产业所占比重出现逐年下降趋势,且广西的变动趋势较为明显,其十年间的降幅大于云南。就第二产业而言,2000—2009年间,广西与云南第二产业所占比重有所上升,但明显广西的第二产业发展势头更为强劲,尤其自2005年以来,其增幅近

10%左右。而云南第二产业的发展则比较缓慢。就第三产业而言,整整十年间,广西与云南第三产业所占比重的波动较大,其中,云南第三产业的发展在 2004 年出现了较大的转折点,并保持平稳发展,而广西第三产业的发展较不稳定,特别是在 2004 年跌至近十年来的最低点。不过,发展至 2009 年,广西与云南的三大产业所占比重的变动已逐渐趋同,差异不大。

三、"低度化"特征明显

由第六章分析可知,广西的优势产业包括食品制造业及加工业、专用设备制造业、通用设备制造业以及非金属矿物制品业;云南的优势产业则包括烟草加工业、有色金属加工业、黑色金属加工业及印刷记录媒介复制业。由此可知,云南与广西的优势产业大都以资源型产业为主,产品附加值较低,内含技术成分较少,"低度化"特征显著。这与广西、云南丰富的资源、稀少的先进技术与专业人才等因素不无联系。但这也从一定程度说明两省区存在着互补性。然而,从广西、云南的潜力型产业中又能发现,两省区部分产业重叠,可能会出现较大的竞争。比如,广西百色市是全国有色金属基地之一,其作为广西的潜力型产业,有着极大的发展前景,与此同时,有色金属加工业又是云南省的优势型产业。可见,广西与云南的产业结构"互补性"与"竞争性"并存。

综合考察 CAFTA 框架下我国周边四省与东盟十国的人均 GDP、失业率、人口密度、经济外向度、森林覆盖率、人均耕地面积、工业化比率等七大要素后,可以发现,广西与云南同属于第三梯度,所属梯度层次较低,除泰国、柬埔寨、老挝和缅甸四个东盟成员国同属第四梯度外,其他六个东盟成员国与广东的综合实力均强于广西、云南。由此可知,广西、云南的产业高级化程度不高,低度化特征明显。

8.3.2 滇桂两省区的产业结构协调

基于上述广西与云南产业结构的比较分析可知,滇桂两省产业结构"低度化"与"同构化"并存,差异性与互补性共存。而前述章节也已证明,广西与云南的工业结构相似系数不高,但三大产业结构的相似系数却非常之高。可以说,滇桂两省间的产业趋同现象主要存在于三次产业的宏观结构中,并没有渗入工业行业内部的中观结构以及工业内部具体优势产业的微观结构。也即,滇桂两省产业结构虽有一定程度上的趋同性,但没有严重的同构现象。从当前滇桂两省的产业布局来看,其基本上建立在两省资源差异与比较优势基础上,尽管部分产业会在将来出现不同程度的竞争,但只要竞争适度,应该就不会出现恶性结果。现针对以上滇桂两省的产业结构分析,提出相关的发展战略。

一、科学选择主导产业,避免省区间恶性竞争

选择地区主导产业不再是新颖的话题,但也不会是过时的话题。地区主导产业不仅能带动所在地区经济的发展,还能推动产业结构向更高层次演进。确定地区主导产业是避免地区产业结构趋同的重要措施,同时也是贯彻执行国家产业政策的具体步骤。参照国内外理论研究成果,选择主导产业必须遵循一定的原则或标准,具体包括区域动态比较优势原则、收入需求弹性高原则、生产潜力标准(一般用技术进步来表示)、产业关联度、竞争力标准、可持续发展要求等,综合考虑各种影响因素。对毗邻省区广西与云南而言,两省区都属于资源型大省,而诸多资源种类相同,这就不可避免地造成两省区间的部分产业相同或类似。最为典型的当属有色金属加工业。有色金属加工业既是云南的优势型产业,同时又是广西的潜力型产业。面临东盟这同一出口市场,为避免省区间同一产业的恶性竞争,云南与广西在选择是否将其作为本省区主导产业时,应运用科学合理的方式方法,遵循一定的原则或标准,综合考虑本省区内部因素与外在条件。否则,势必会造成产业重叠,资源浪费,甚至两省区的恶性竞争。因此,主导产业的选择科学与否非常重要。

二、正确认识产业同构,错位发展主导产业

产业同构并不等同于恶性竞争。只能说,在产业同构背后,若没有较为完善的引导与发展机制,那么产业同构的结果必然是重复建设与恶性竞争。然而,产业同构这一词汇,并不存在褒义或贬义。因为,产业同构只是产业发展过程中的一个现象,是产业集群形成的一个条件,如何引导产业同构向良性发展才是重点。因此在市场机制运作下,建立合理的价格体系,创造公平竞争的市场环境,这才是解决问题的关键所在。市场这只"无形的手"可以起到调配资源的作用,同时,也使得分工更趋合理化。CAFTA 框架下,滇桂两省区产业发展进程中极有可能出现主导产业重叠的产业同构现象,尤其可能出现在有色金属矿采选业、医药制造业、专用

设备制造业等行业。那么,如何实现两省区间主导产业的错位发展,这就需要双方在一定程度上的妥协。

三、规范地方政府行为,消除趋同体制根源

实践充分证明,地方政府行为选择是否规范与优化直接决定着区域产业结构趋同的治理效果。为此,适时处理地区利益格局同产业结构调整的关系,约束和规范地方政府行为就成为迫在眉睫的任务。一是在地方政府决策主体的观念意识上,要及时树立"大市场"的观念,强化地方局部利益服从区域整体利益的"一盘棋"思想。二是要求各地依据产业政策与区域产业政策相结合的原则,科学制定区域产业发展政策,并切实加强对其执行情况的检查与监督。三是促进微观企业经营机制的转换,加强区域间经济合作与横向联合,实现微观生产要素的优化配置。四是及时转换区域产业结构调整思路,由传统的适应性调整转向战略性调整,推动产业结构的良性化与高度化。

8.4 CAFTA 框架下我国周边省区实现产业对接的策略

在产业对接过程中,市场、政府以及企业各扮演着不同的角色,在产业对接中,市场和政府起推动作用,企业起主导作用,另外政府对产业对接还有引导作用。正确分析三者在产业对接中的角色,使其发挥有效作用,对于产业对接中产业对接策略的制定具有重要意义。

8.4.1 产业对接中政府作用于政策引导

一、产业转移中的政府作用

政府力量合理介入市场失灵和不足的领域和环节,对于推进区域合作必不可少。产业布局中的协同有序原则需要正确发挥政府在产业结构调整中的指导、规范、协调、服务的职能。克拉克等经济学家曾指出,政府可以通过向企业提供充分的信息而影响企业的迁移,政府的影响还能使未来的工业布局比较接近区域规划目标。

政府在制定政策时,应有意识地依据各地区的现实条件和区位优势向不同的产业倾斜。对于经济基础好的广东应积极引导外资投向技术资金密集型产业,而在相对落后的广西仍以劳动密集型产业为主。将投资政策、产业政策和区域发展政策三者综合考虑并有机结合,既有利于广东省顺利地实现产业升级,又可以带动广西产业的发展,实现双赢的效果。

广东省政府应该重视对技术创新与传统产业技术改造的扶持和引导,进行产权制度改革,恰当组织劣势企业转移。而作为产业吸收方的广西政府应该积极寻找项目、资金,加强与广东在科教文卫、基础设施与投资环境等方面的合作,发挥本地比较优势,把发展特色经济作为调整产业结构的基本原则。

二、产业结构优化升级中的政府作用

产业结构升级在一定程度上要遵循市场机制主导的产业演进规律。然而,市场机制存在信息不对称与不完全性,所以,需要必要的政府职能的介入来完善与补充。

首先,政府的介入需要遵循一定的市场机制规律。在区域经济发展中,政府的作用是不可忽视的,但是要建立在市场机制充分有效的基础上,政府的干预要符合市场经济的发展要求。如果一味将"理想"产业标准(高附加值、高技术等)来指导地方产业的发展布局,将会影响本地区比较优势的发挥,从而形成一种大量资源禀赋的高成本消耗,资源不能优化配置,使本地区永远走在赶超的途中,架空而行,最终精疲力竭,基础产业没有发展好,高端产业没有发展起来,政府还耗费了大量的资金与资源。所以,政府在介入地方产业结构升级的发展过程中时,要注意行为决策与市场的接轨,充分考虑地方的比较优势与市场需求等影响产业结构升级的因素,从而在指导区域产业结构升级过程中发挥积极的作用。

其次,政府参与调节产业结构过程,主要是选择和指导调整的正确方向,采用正确的政策手段。政府政策导向主要是确定地区经济未来发展的规划,明确鼓励、支持的产业发展方向,通过制订计划以及财政、金融、税务、工商管理、招商引资、交通运输、出入境管理等方面的一系列产业政策,引导和鼓励市场主体发展优势产业,培育支柱产业,改造和调整传统产业。通过各项法规来规范市场主体行为和交易行为,创造良好的市场公平、高效的机制平台。

再者,在产业调整过程中,政府可以通过职能的发挥为市场主体营造良好的条件。政府的职能主要体现在管理与服务两方面。管理主要体现在公共事务、关系重大的产业发展战略的制定与引导、协调各区域之间产业发展的关系、做好产业发展规划;服务的职能则体现在,政府利用信息资源与政策资源等优势,为产业发展提供有效的制度安排、为产业的良性发展提供政策平台、为维护稳定的市场秩序和正当竞争环境而服务。在此过程中,政府通过投资加强基础设施建设,为产业结构调整提供良好的硬件条件,并且着力构建良好的投资环境与经营环境。良好的投资环境要求政府提供的公共设施能满足投资需求,要求政府制定的政策合理办事高效,市场能够发挥资源配置的基础性作用。

三、CAFTA 框架下政府产业政策的调整方向及相关措施

1. 政府产业政策的内涵

政府利用产业政策通过对资源在各产业间配置过程的干预,利用市场机制,弥补和修正其失误与不足,从而通过使资源配置合理化和产业结构高度化获得经济发展。20 世纪 80 年代后,世界各国普遍接受了产业政策这一概念,并充分利用这一政策加强政府对经济结构和产业结构的干预与调控。产业政策是国家根据国民经济发展的内在要求调整产业组织形式和产业结构,从而提高总供给的增长速度,并使供给结构能够有效地适应需求结构要求的政策措施。产业政策一般包括以下几个方面的基本内容:第一,产业发展及其结构优化的目标。包括主要产业的发展水平、发展速度、规模和质量,以及各产业之间的联系方式与程度、发展的时序与结构模式的选择和确定等等。第二,产业发展及其结构配置与调整的基本原则和手段。主要是指为实现产业政策目标而采取的各种政策原则、政策措施、政策工具及其配合状态等等。第三,制定和实施产业政策的基本原则或规则。包括政策调整的时机和条件,产业政策实施过程中的检查、效果评价及反馈的方法等等。

政府的产业政策调控,除了考虑到经济因素外,还要考虑到非经济因素,如国家的政治稳定、经济统一、国防安全、社会公平和民族团结等等。一般而言,中央政府制定国家经济的中、长期发展规划及相关的产业政策;而地方政府则是在结合本地区的实际情况下,贯彻实施中央政府制定的各项经济政策,并且根据中央的政策来制定本地区中、长期经济发展规划

及实施措施。

2. CAFTA 框架下两广产业政策的调整

通过分析总结，我们知道在中国—东盟自由贸易区的背景下，广东与广西面临着难得的机遇，同时也面临着来自于各自发展程度相当的国家的挑战。如何利用机遇，迎接挑战，为各自产业发展提供更好的空间，创造更有竞争力的优势，将成为两省区发展产业、制定政策的首要问题。笔者认为，调整产业发展战略，实现两省区的产业结构升级是两省区之间进而与东盟国家之间实现合理化产业分工以及多方产业经济协调发展的必经之路。

产业政策作为调整产业发展目标、产业发展进程、模式以及长期规划的一种手段，必须与市场机制相结合，共同作用来影响产业结构的调整。同时，产业政策的制定还要与其他经济政策、国际发展关系相适应。

在 CAFTA 这个背景下，面对东盟这个大市场，两广与其有很大的互补互惠空间，产业政策应向良好的协作方向倾斜。两广政府的政策应着重在产业的转移与对接方面。加强区域利用的协调与协作，为产业转移与承接的有序、高效进行提供制度平台。政府的产业政策应倾向于为两省区的产业对接提供优惠措施，并为两省区进一步的产业合作奠定政策基础。

广东的产业政策应鼓励主导产业的发展，合理安排成熟产业的向外转移，对转移产业给予适当的补偿，做好协调工作。以产业政策为手段，引导生产要素向高技术产业流动，提高广东的自我创新能力，从而实现产业结构的升级。在面临东盟大市场时，比较优势更加明显，可以在多领域进行合作与分工，进一步促进相关产业的发展。所以，广东的产业政策还要着重国际产业发展关系的协调。

广西通过中国—东盟博览会这个平台，与东盟国家交往频繁，建立了良好的合作关系。因此，广西虽与东盟国家在产业结构上有很大的重合性，但是，可以通过政府的产业政策协调，进行产业内分工，从而促进双方的产业对接。此外，广西可以借广东向外转移产业之势，通过产业政策的协调与提供优惠的产业政策支持，引导部分广东的产业转移向广西，制定好应对对接的策略，发挥广西的比较优势，引进广东的资金与技术，从而提高相关产业的技术含量，实现产业结构升级，进一步与东盟国家形成产业梯度,从而可以进行更加广泛与深入的合作,促进双方的产业结构进一步升级,实现互惠互利的合作结果。

8.4.2 落后地区产业对接中面临的锁定效应

锁定效应,简单地说就是主体在相当长的时间内被定位在劣势水平并不能改变的现象,在产业对接中,锁定效应对落后地区的产业发展产生负面影响。产业对接的双方要通过制定正确合理的防范锁定效应的对策使锁定效应最小化。

一、锁定效应

锁定效应是新经济学的一个重要命题。常用的例子是我们熟知的电脑键盘字母排列问题,QWERTY……我们会以为这种排列是最合理的,最有效的。但实际上,1873年,这种键盘排列的发明其实是为了减慢打字的速度,因为如果打字速度太快的话,当时的打字机就很容易卡住。后来采用这种排列方式的打字机大量生产出来,很多打字员开始学习这个系统,这就促成更多的打字机公司采用这种键盘……直到今天成为键盘标准。锁定效应能够将一些偶然事件扩大成不可逆转的命运。

现在,锁定效应多用于形容企业和用户被某项产品或服务锁定,在相当长的时间内不能改变的现象。特别是指企业和用户被锁定在一种"劣"技术路径上,虽然市场有更好的技术可以获得,但市场很难自发实现这种技术迁移。原因有二:一是"转移成本"过大,企业的连续投入和消费者为这些产品的累积开支使转向一种新的技术标准要承受巨大的转移成本;二是即使转向新的技术标准对企业和消费者都有好处,但由于缺乏集体行动的协调机制,无法实现技术的迁移,每个人都不愿意自己先采用新的技术标准,因为一旦其他人没有跟进就会沦为"信息孤岛"。

二、落后地区产业对接中面临的锁定效应

1. 外来优势企业对本地企业的产业链锁定

在实现产业对接的过程中,落后地区的企业很难摆脱产业链末端的命运。发达地区企业往往凭借本身管理、技术等高位资源征服落后地区的自然资源、廉价人力等低位资源而始终处于产业链的高端和处于该产业的主导地位,落后地区的相关企业就被长期锁定在产业链的低端。落后地区想要在产业链高端发展的企业,难以在"干中学"当中成长起来,往往被来自外地的企业吃掉。中国吸引外资的实际情况就是很好的例证。尽管对接之后 GDP 有了很大发展，但由于利润已被攫取，人民的福利水平很难得到实际的提高，产业发展落入比较利益陷阱。产业对接的目标更是难以实现。

2. 外来经济对落后地区政策的锁定

产业对接是一种政府对企业的引导行为，是与其他地区相互作用机制和协调博弈过程等。落后地区政府在主动实现产业对接的过程中，其政策和行为容易被锁定。产业对接是政府主动地梳理本地区的产业，根据产业发展特点和发展趋势去创造一系列的通道以实现与区外产业间的合作与发展。在这个过程中，政府将出台很多制度安排和契约安排，这些优惠措施都有可能导致长期交易的无效率。特别是政府为了实现所谓的产业对接目标，就很有可能制定不利于本区企业发展的政策措施，甚至是产权配置。如今中西部很多地区为了达到既定的 GDP 目标或引资目标，竞相推出优惠政策，本质上就是在损害当地企业的发展条件。外来经济充分利用这些优惠政策的同时，极力攫取更多的特权，得不到满足就以取消合作、撤资相威胁，严重扰乱了公平竞争的市场秩序。这些协议或措施一旦被锁定，短期之内就难以更改，对本地产业的危害可想而知。

三、防范锁定效应的对策

1. 在产业对接中采取正确的策略和规划

就产业对接的意愿来看，落后地区更迫切需要产业的开发与整合，而这些地区发展缓慢的原因远不只是缺乏资金和技术。地方政府和部分企业的短视行为也是其长期落后的原因，在实现产业对接的过程中，如果发展的思路没有改变、经营的理念没有改变，服务的意识没有改变，就很难在竞争性的对接中取得双赢，最后只能沦落为优势企业的附属。产业对接，是要在对接中增强本地产业的实力和核心竞争力，绝不是为了实现一般意义的促进就业和企业代工。

我国东部地区承接国际产业转移的过程中出现的很多问题都足以借鉴，特别是产业结构问题、环保问题、城市布局问题等，都应尽量事前处理好。产业对接要实现的是本地区快速、持续的发展，生态效益、综合效益要提高到突出地位。应彻底摒弃唯 GDP 论高低、唯外资利用额论业绩的思想。

落后地区产业对接的目的是实现本地产业经济的发展和整体实力的提高,这必然要求在对接前就充分了解所长所短,根据实际情况确定对接策略和对接方式。在产业对接中始终注意主动性的发挥、内生经济质量提高和尽量减少对合作对象的依赖。

2. 克服在产业对接上的自闭政策

中西部很多地区都在翘首期盼与东部地区的产业对接,前几年口号喊得异常响亮,可后来呢? 珠三角的产业对接对象,上游是香港,下游是粤北山区;江苏的产业对接对象,上游是英美外资,下游是苏北地区;山东的产业对接对象,上游是日韩,下游是鲁中鲁西;福建更是,整天忙于闽台对接,闽粤对接。由于发达地区热衷于省区内的产业对接或是强调对接更先进的地区,使得东部与中西部对接几乎被搁置。这种自闭政策还是以区域自我为核心的发展观的延续,这种政策性更强的行为违背了市场主导的原则,损害国内分工与产业转移的效益。发达地区要腾出发展空间,实现产业升级,就必须摒弃产业对接的自闭政策,重视与前沿欠发达地区的产业对接。

3. 避免产业对接的恶性竞争

中西部落后地区对接发达地区的意愿强烈,但必须保持清醒的头脑。一定要看清当前的形势,切勿一味的竞相提出优惠政策。一厢情愿的对接很难成功,只是给投机分子提供了可乘之机。在给予优惠政策时,一定要考虑靠本地企业的承受能力,考虑到本地资源环境的承受能力,防止实现"产业对接"的同时,损害本地实体经济的利益与发展。

4. 巩固自我的优势和特色,实现"逆向锁定"

理论上,资本、技术等高位资源容易锁定土地、一般劳动力等低位资源,现实情况有所不同。如今,资本和技术在某些领域已经不是稀缺资源,落后地区的自然资源、土地却相对稀缺,成为资本和技术追逐的对象。当珠三角出现"民工荒",中西部地区的劳工便开始吸引劳动密集型产业的目光。因此,落后地区也有自己的优势和特色,应该大力培育自身的优势产业和特色产业,增强自身吸引力,增强高位资源对本地区的依赖,从而将合作对象锁定为忠实伙伴,实现"逆向锁定"。

8.4.3 周边四省区产业对接的总体策略分析

中国—东盟自由贸易区的建立，无疑为我国周边四省区的发展提供了更加广阔的空间，但也可能会加剧四省区之间的恶性竞争，四省区要利用市场和政府的双重作用，对产业对接进行总体协调。

一、构建合理分工体系

在具体的产业对接中要做到"基础产业协调发展、新兴产业共同发展，支柱产业互补发展"。基础产业，主要指能源、电力、交通以及大型的原材料工业，如大型的钢铁工业等，应该从规模经济和区域经济一体化的角度，协调发展，以防止出现地区分割，各搞一摊和过度竞争。新兴产业如，电子通讯设备制造、生物医学工程、计算机软件、新材料等，应该集中四省区的合力共同发展，既有竞争也有合作，才能发展更快。对于那些在各省区都有一定规模的形成产业化的产业，如汽车产业（广东、广西、云南）、能源开发（广西、云南）、机械制造（广东、广西）等应该鼓励进行产品的差别化竞争和合作，进而形成以水平分工为主的产业分工体系，提高区域产业国际竞争力和区域创新能力。

二、以市场为导向，发挥各方产业优势

以"谁有优势谁牵头"的原则，发展生产要素综合或专业性市场，扶持发展专利转让、技术服务、技术咨询、技术研发等各类技术市场；要依托中心城市，完善资本市场体系。并且，大力培养市场经营主体，坚持自由贸易、公平竞争、市场准入等原则，取消一切妨碍商品和生产要素自由流动的体制性、政策性限制，消除地区封锁、市场分割和行政垄断等行为。四省区加强农产品在东盟市场的开拓、出口、展示展销等领域的合作，共同建立区域统一畅通的鲜活农产品运输"绿色信道"。在工商行政方面，协议约定，鼓励、支持投资者相互投资与经营，享受同等的市场准入优惠政策。共同消除市场壁垒实现商品和生产要素的自由流通。建立企业信用信息共享机制，实行企业黑名单警示通报制度，对列入市场禁入名单的企业，禁止其在区域内开展经营活动。

三、建立四省区产业协调机制和利益补偿机制

从理论上讲，产业对接的目的是实现合理分工与协调发展，因此每个地区都会有真正属于自己的收益，而且能够体现出分工带来的生产效率

的提高。但现实问题恰恰是利益占有、利益分配不合理,由此产生的区域国民收入差异扩大和分配"马太效应"愈演愈烈。区域经济合作中,要处理好产业协调问题实现产业对接,必须有一套切实可行的利益补偿机制。欧盟的经验告诉我们,实现产业化特色分工是协调与合作的最好归宿。欧盟的产业对接主要以水平型产业合作为主,随着欧盟东扩的不断进行,其垂直型分工对接也逐渐开展。其区域合作和产业分工合作之所以成功,一是由于其有良好的协议性分工制度和利益补偿机制,二是其有行之有效的组织机构保证制度、政策和科学性以及强制实施。周边四省区的合作也应当向着这个方向发展,当然,中央政府出面协调是比较理想的途径,但全部制度和机制的实现终究在四省区进行落实,四省区的心态和合作意愿始终起着至关重要的作用。作为经济水平较发达的广东,应当尊重其他地区的发展,在与其他省区合作的过程中以产业对接的方式实现共赢,在提升自身产业竞争力水平的同时,促进其他省区优势特色产业的发展。各方应当在产业对接中共同合作、合作共赢,在动态耦合中实现区域产业协调发展和经济社会的全面发展。

四、双向的梯度推移

能否抓住机遇,关键在于两个方面:一要全面搭建梯度推移平台,构建高效的产业及生产要素转移通道,借由区域合作快速推动海南省经济结构调整和产业结构升级。二要尽快改变教育经费不足、教育发展相对滞后的局面,高度重视科技、教育、文化及人力等资源的区内整合和区间流动。一方面促进各省区之间产业的正向梯度推移,即经济的发展趋势是由发达地区向次发达地区,再向落后地区推进,处于高梯度地区的产业会自发地向处于较低梯度上的地区转移;一方面促进各省区之间产业的反向梯度推移,即以超越现有生产力发展水平的方式推移,即在一些有条件的欠发达地区可以引进、使用与发达地区同样水平的先进技术、装备,在某些产业和领域形成技术高地,通过辐射与带动进而实现生产力的跳跃式发展。通过双向的梯度推移为全面深度的经济合作创造条件。

五、推进产业对接的要点

第一,坚持国内国外两个市场一起抓。努力消除体制性障碍,打破地区封锁,尽快建立起统一开放、竞争有序、高效规范的无壁垒市场。第二,加强对区域产业结构的研究,从产业的互补性以及产业结构调整的客观需要出发,选准地区之间的产业对接点。第三,广东将支持优势企业参与西部省区矿产、能源、煤炭、农业和旅游资源的开发和利用。第四,大力推进"9+2"地区存量资产的优化重组。积极推进通过企业并购、产权转让、股权置换等方式,将互补性强的资产聚合在一起,形成新的产权结构和新的生产力,进一步提高存量资产的运营质量和效益。第五,积极引导广东企业与"9+2"地区高等院校、其他科研机构与各省区有关院校、研究机构结成技术创新联盟;加强产、学、研的合作,建立科技创新的工作体系。第六,联手发展流通服务领域新的业种、业态,有计划地发展一批现代化的跨地区大型连锁超市、购物中心、物流配送中心和中高级批发市场。推进服务业的合作,重点是物流业、会展业、咨询业、分销业和餐饮业的多种形式合作。

8.4.4 推进四省区产业发展的区域分工策略

泛珠三角地区将根据新的要素成本区域格局和市场格局,形成新的产业格局。

一、优化产业的空间布局

根据前面的分析,泛珠产业发展,已经形成了以粤、港、澳为主的高梯度地区,包括云、桂的中梯度地区,和琼省的低梯度地区。由于各个区域所处的经济发展阶段、现有的产业发展基础和技术水平不同,需要确定不同的发展目标和发展重点。

1. 粤、港、澳先发展地区

发挥港澳连接国际市场的优势,重点发展面向内地省区的金融及资本市场服务、物流航运服务、商贸及对外贸易服务、旅游服务、信息及企业咨询服务等高增值的现代服务业。整合粤、港、澳在物流和金融及资本市场等方面的优势,构建面向泛珠各方的珠三角现代服务体系。抓住国际产业转移和分工的机遇,着眼于提高珠三角整体国际竞争力,加快传统产业的转移,大力发展高技术产业和现代装备制造业,尽快实现珠三角的整体转型,构建国际化的现代制造业中心。同时利用其国际网络和现代服务体系,形成泛珠三角品牌、研发、设计和销售的中心。

2. 滇、桂加快发展地区

利用现有的产业基础和资源开发条件,积极承接东部沿海的产业转移,扩大产业的整体规模;整合各地产业、科技教育及人力资源,加强与粤、港、澳地区的合作,大力发展机械等装备制造业、电子信息产业、化学工业,利用新技术改造提升传统产业,积极培育名牌产品和知名企业,围绕"产品输出"的阶段性战略目标,提高产业的整体实力。以信息化带动工业化,同时积极利用香港世界水平的生产服务体系,加快企业经营及管理系统与国际接轨的步伐,全面加快产业的改组改造和结构升级,尽快完成工业化任务,并向经济的现代化迈进。

3. 琼追赶发展地区

由于这些地区产业发展的整体规模较小,因此,当前及今后一段时间,其主要任务是围绕当地特色资源的开发,加快产业的发展。积极创造条件,争取尽可能多地承接沿海地区的产业转移;加强与区域各方的合作,引进资金和技术,实施资源的深度开发,培育本地的骨干支柱产业;注意后发展地区在追赶发展过程中的急功近利,实施资源与环境的可持续发展。

二、培育区域主导产业

泛珠三角是一个建立在开放、自愿、市场推动基础上的区域合作,具有高度的经济开放性。它毗邻东盟地区,处于中国—东盟自由贸易区的前沿。这种与国际市场交往密切的开放性区域,需要凭借其参与国际分工的便利,培育区域主导产业和骨干支柱产业。

在现代装备制造领域,我国目前处于进口替代的发展阶段。广东已具有较强的产业基础和比较雄厚的技术实力。随着丰田、尼桑、日产三大汽车生产基地的建设,广东已形成中国最大的汽车制造基地之一。此外,广东的电气机械及器材制造已发展到相当的规模。

三、培育区域优势产业或特色产业

区域优势特色产业,一般是依托本地资源,历经长期的开发建设而形成的,具有资源的独特性,乃至独占性,因此,也是一个区域比较具有竞争力的产业,基本上成为了当地的骨干支柱产业。如云南、广西的能源工业、金属矿冶炼及压延加工业、非金属矿的采掘加工业,各地具有特色的旅游产业、农副产品加工业等。近年来,国家在南海沿岸的广东、广西、海南等地布局了大型石化项目,又形成了新的特色产业。

由于泛珠三角各省区的经济发展水平和发展模式不一样,所以区域产业整合要根据各省区的生产要素供给规模、种类、经济发展水平、产业结构来确定产业协调发展的目标，主要通过吸纳和扩散，配合资源优势互补来实现产业的分工合作。

根据产业优势、资源优势和经济发展的互补性，可以将泛珠三角经济区大致划分成三个板块，来培育区域产业优势。一是南部沿海板块：广东与福建、海南、广西的合作：可发展临海经济，包括临海工业、港口经济、海洋经济等。二是京广、京九沿线南端板块：广东与江西、湖南的合作：可进行农产品、有色金属、特色产品开发和合作，发展特色经济。三是大西南板块：广东与云南、四川、贵州、广西的合作。可以发展能源、矿产、旅游、中药材经济。面向东盟的周边省区包括南部沿海板块与大西南板块。实际上广东与其他三个周边省区的产业合作有两个类型，一是共同协调临海经济产业发展；二是参与西南省区的西部大开发。

这些围绕资源开发形成的重要产业，目前大都停留在层次较低的产品加工制造层面，基本属于为发达省区提供初级产品阶段，由此造成了区域之间在产业利润分割方面新的不平衡。需要整合区域内的各方面资源，鼓励下游产品生产企业尽可能靠近原材料及初级产品供应地，展开新的产业布局，使落后地区的特色产业在新一轮的区域分工中，得到更大的发展。

四、共同促进区域产业的转移

珠三角技术密集型和资金密集型产业的快速发展，使劳动密集型的传统产业生存空间越来越小，比较利益越来越低。而且随着新一轮国际产业转移的加快，广东迫切需要腾出发展空间，珠三角的产业转移已是大势所趋。为此，泛珠各方需要尽快制订推进产业转移与承接的共同政策。一方面，珠三角及其他发达的地区，要结合产业转型，制订鼓励和扶持发展的产业政策、限制和淘汰的产业政策，鼓励转移产业的政策，利用政策手段，推进本地劳动密集型产业的加速转移；另一方面，其他欠发达的地区，要制订承接产业转移的各方面政策措施，包括财政政策、金融政策等。同时，也要制订针对高污染性企业转移的限制政策，确保产业的有序转移和承接，实现本地经济的可持续发展。

泛珠共同发展基金的建立，可采取股份制的办法，由各地方政府出资入股，根据各方经济规模大小，确定相应的份额。积极吸纳民间资本进入,扩大基金的规模。同时,利用香港资本市场,面向全球融通资金。基金的运作,要严格按照国际经济惯例操作。在基金的使用和投放上,学习欧盟的办法,充分体现各方政府的区域产业政策意图,使其达到应有的效果。

五、共建区域创新体系

为区域内各城市人才资源的共享与共同开发创造条件。按照"优势互补、互惠互利、合作共生"的原则实行科技资源的开发共享,建立泛珠三角区域创新协作体系。重点突出提高制度自主创新能力,区域科技综合实力,营造创新大环境三个环节,以建立适应产业和经济发展要求的开放型区域创新体系。

本章小结

对于前沿省区的产业分工与合作,一直没有形成统一的分工与协作机制,如今在如火如荼的 CAFTA 经济合作形势下,各省区之间恶性竞争和不平衡矛盾会更加突出。在此,本章围绕 CAFTA 框架下我国周边四省区协调产业发展和促进产业结构优化升级的路径—产业对接展开论述。第一部分首先从产业对接的界定、市场、政府以及企业在产业对接中扮演的角色、产业对接的模式三个层面对产业对接进行了进一步的说明。然后分析了我国周边四省之间以及四省区与东盟国家开展产业对接的必然性、四省区产业对接中存在的问题以及实现产业对接的方式的选择等问题。

第二部分着重阐述了 CAFTA 框架下两广的产业结构升级。两广经济发展水平、生产要素禀赋、在区域分工中地位等方面存在很大差异,从而产业梯度明显。另外两广具备水路相连的先天地理条件,这些都是实现两省区之间的产业转移的充分条件。两广政府要做好两省区之间产业对接的政策协调,引导产业转移的进行,实现产业结构的优化升级。

由于广西与云南两省的产业结构相似度最高,重复布局和恶性竞争极易发生。因此,第三部分着重分析了广西与云南的产业结构协调问题。

滇桂两省产业结构的共同特征是横向差异不明显、纵向发展趋同、低度化明显，为实现在经济合作区域内的合理分工，两省区要正确认识产业同构，科学正确选择主导产业，以防主导产业错位发展。另一方面，政府也要充分发挥能动性，消除两省同体制根源。

第四部分的主要内容是四省区实现产业对接的策略分析。产业对接是在政府的引导下进行的，作为发达地区政府要引导成熟产业向外转移，欠发达地区政府要积极引导发达地区的产业转移进来。同时产业转移中，落后地区要做好防范锁定效应的工作。另外制定周边四省区产业对接的总体策略，要推进泛珠产业发展的区域分工，从而在与东盟国家产业合作的进程中更有能力去利用资源和整合产业结构，更好地与东盟实现产业对接。实现前沿省区协调发展、产业优化升级，提高区域整体的竞争力。

参考文献

1. Dominick Salvatore:《国际经济学》,清华大学出版社 2004 年版。

2. Young Allyn. *Increasing Returns and Economic Progress*. The Economic Journal,1928(38).

3. 亚当·斯密:《国民财富的性质和原因的研究》,商务印书馆 1972 年版。

4. Deardorff A. V. 1998. *Fragmentation Across Cones*. R ISE Discussion Paper. No. 427.

5. 杨小凯、黄有光:《专业化与经济组织》,经济科学出版社 1999 年版。

6. 杨小凯、张永生:《新兴古典经济学与超边际分析》,社会科学文献出版社 2003 年版。

7. 李靖:《新型区域产业分工研究综述》,《经济经纬》2009 年第 5 期。

8. 魏后凯:《走向可持续协调发展》,广东经济出版社 2001 年版。

9. 卢锋:《产品内分工》,《经济学(季刊)》,北京大学出版社 2004 年 4 月第 1 期。

10. 张辉:《全球价值链理论与我国产业发展研究》,《中国工业经济》2004 年第 5 期。

11. Antràs,P11 Firms, *Contracts, and Trade Structure*. Quarterly Journal of Economics. 2003,118(4).

12. Spencer,B1 J11 *International Outsourcing and Incomplete Contracts*. NBER Working Paper,2005.

13. 杨永红:《中国与东盟主要国家间产业内分工探讨》,《广西大学学报(哲学社会科学版)》2006 年 4 月 28 期。

14. Krugman, P. ,*Increasing Returns and Economic Geography*. Journal of Political Economy,1991,99:483-499.

15. R. Venkatesen. *Strategy Outsourcing*：*To Make or not to Make*. Harvard Business Review,1992,11-12.

16. U. Walz. *Transport Costs*,*Intermediate Goods*,*and Localized Growth*. Regional Science and Urban Economics,1996,26:671-695.

17. T. J. Sturgeon. *What Really Goes on inSilicon Valley? Spatial Clustering and Dispersal in Modular Production Networks*. MIT Working Paper,2003.

18. C. C. Fan,A. J. Scott.，*Industrial Agglomeration and Development*：*A Survey of Spatial Economic Issues in East Asia and a Statistical Analysis of Chinese Regions*.

19. M. Fujita. *The Development of Regional Integration Ineastasia*：*from The Viewpoint of Spatial Economics*. Review of Urban&Regional Development Studies,2007,19:2-20.

20. J. Mayer. *Industrialization in Developing Countries*：*Some Evidence from a New Economic Geography Perspective*. UNCTAD Discussion Paper, 2004.

21. M. Fujita, *TMori. Frontiers of the New Economic Geography*. IDE Discussion Papers,2005.

22. 何帆:《关于新型工业化道路的思考》,国家经贸委综合司编:《专家谈走新型工业化道路》,经济科学出版社 2003 年版。

23. 陈建军、肖晨明:《中国与东盟主要国家贸易互补性比较研究》,《世界经济研究》2004 年第 8 期。

24. 白雪洁:《日本确立"产业内分工体系"对我国新型工业化道路的影响》,《现代日本经济》2005 年第 1 期。

25. 黄良波、郭勇、王海全:《金融支持中国与东盟新成员国劳动密集型产业分工与合作研究》,《金融理论与实践》2009 年第 8 期。

26. 西蒙·库兹涅茨:《各国经济增长(中文版)》,商务印书馆 1985 年版。

27. H. 钱纳里等:《工业化和经济增长的经济学(中文版)》,四川人民出版社 1988 年版。

28. H. 钱纳里等:《发展的形式 1950—1970(中文版)》,中国财政经济出版社 1989 年版。

29. 胡琦:《产业结构变动的经济增长效应——产业结构理论演进与发展》,《湖北经济学院学报》2004 年第 3 期。

30. 佐贯利雄:《日本经济的结构分析（中译本）》,辽宁人民出版社 1987 年版。

31. 小宫隆太郎:《日本的产业政策（中译本）》,国际文化翻译出版公司 1988 年版。

32. 埃兹拉·沃格尔:《日本的成功与美国的复兴（中译本）》,上海三联书店 1985 年版。

33. 崔玉泉、王儒智、孙建安:《产业结构变动对经济增长的影响》,《中国管理科学》2000 年第 3 期。

34. 胡树林:《论产业结构与经济增长的关系》,《当代经济》2001 年第 8 期。

35. 刘伟、李绍荣:《产业结构与经济增长》,《中国工业经济》2002 年第 5 期。

36. 毛健:《经济增长中的产业结构优化》,《产业经济研究》2003 年第 2 期。

37. 朱慧明、韩玉启:《产业结构与经济增长关系的实证分析》,《运筹与管理》2003 年第 2 期。

38. 管丹萍、范恒君、杨从平:《广西产业结构与经济增长关系的实证研究》,《发展改革》2007 年第 4 期。

39. 涂岩:《产业结构调整与区域经济发展互动研究——以珠江三角洲地区为例》,《经济与社会发展》2010 年第 3 期。

40. 苏东水:《产业经济学》,高等教育出版社 2000 年版。

41. 张立厚、陈鸣中、张玲:《石龙镇产业结构优化的系统仿真分析》,《工业工程》2000 年第 3 期。

42. 胡荣涛:《产业结构优化升级的区域差异性分析》,《经济经纬》2007 年第 2 期。

43. 杨公仆:《产业经济学》,复旦大学出版社 2005 年版。

44. 薛声家:《基于投入产出模型的产业结构优化》,《暨南学报(哲学社会科学版)》2003 年第 1 期。

45. 刘春山:《六部门动态优化模型在吉林老工业基地产业结构优化

升级中的运用》,《东北亚论坛》2006 年第 5 期。

46. 张建华、李博:《KLEMS 核算体系与产业结构优化升级研究》,《当代经济研究》2008 年第 4 期。

47. 温国才:《我国产业结构调整与优化的对策初探》,《暨南学报(哲学社会科学版)》2002 年第 2 期。

48. 岳军:《制度创新:中国产业结构优化的出路所在》,《山东大学学报》2003 年第 5 期。

49. 宋天松、淳悦峻:《关于推进产业结构优化升级的思考》,《安徽农业科学》2007 年第 35 期。

50. 胡荣涛:《产业结构优化升级的区域差异性分析》,《经济经纬》2007 年第 2 期。

51. 王亚平:《新阶段产业结构优化升级的方向与政策》,《宏观经济管理》2008 年第 7 期。

52. 苏勇、杨小玲:《资本市场与产业结构优化升级关系探讨》,《上海财经大学学报》2010 年第 4 期。

53. Akamatus Kaname: *A Historical Pattern of Economic Growth in Developing Countries*, The Developing Economies, Preliminary Lssue, No11, 1962.

54. Raymond Vernon. *International Investment and International Trade in the Product Cycle.* Quarterly Journal of Economics,1966,5.

55. Kojima K. *Reorganizational of North-South Trade: Japan's Foreign Economic Policy for the 1970's.* Hitotsubashi Journal of Economics, 13: 2,1973.

56. [美]阿瑟·刘易斯著,乔依德译:《国际经济秩序的演变》,商务印书馆 1984 年版。

57. Dunning J. H. ,*The Paradigm of International Production.* Journal of International Business Studies,1988.

58. [阿根廷]劳尔·普雷维什:《外围资本主义:危机与改造》,商务印书馆 1990 年版。

59. Helpman,*A Simple Theory of International Trade with Multinational Corporation*,Journal of Political Economy,1984(92):451—471.

60. Glickman, N. and D. P. Woodward. *The Location of Foreign Direct Investment in the United States*: *Patterns and Determinants*, International Regional Science Review. 1988(11):137—154.

61. Wheeler, D. and A. Mody. *International Investment Location Decision*: *The Case of U. S. Fims.* Journal of International Economics. 1992 (33):57—76.

62. Dicken P. , *Global transfer*: *the internationalization of economic activity.* 2nd ed. New York: Guilford Press, 1992.

63. [日]关满博:《东亚新时代的日本经济——超越"全套型"产业结构》,上海译文出版社 1997 年版。

64. 卢根鑫:《试论国际产业转移的经济动因及其效应》,《学术季刊》1994 年第 4 期。

65. 邹篮、王永庆:《产业转移:东西部合作方式和政策研究》,《特区理论与实践》2000 年第 3 期。

66. 李国平:《外商对华直接投资的产业与空间转移特征及其机制研究》,《地理科学》2000 年第 4 期。

67. 汪斌:《国际区域产业结构分析导论———一个一般理论及其对中国的应用分析》,上海三联书店,上海人民出版社 2001 年版。

68. 陈刚、张解放:《区际产业转移的效应分析及相应政策建议》,《华东经济管理》2001 年第 2 期。

69. 陈建军:《区域产业转移与东扩西进战略》,中华书局 2002 年版。

70. 魏后凯:《产业转移的发展趋势及其对竞争力的影响》,《福建论坛(社会经济版)》2003 年第 4 期。

71. 陈刚、陈红儿:《区际产业转移理论探微》,《贵州社会科学》2001 年第 4 期。

72. 潘伟志:《产业转移内涵机制探析》,《生产力研究》2004 年第 10 期。

73. 吴晓军、赵海东:《产业转移与次发达地区经济发展》,《当代财经》2004 年第 6 期。

74. 石奇:《集成经济原理与产业转移》,《中国工业经济》2004 年第 10 期。

75. 邓旭敏:《西部地区承接产业梯度转移困境的思考》,《企业家天地》2007 年第 9 期。

76. 翁乾麟:《产业转移理论与区域经济发展——兼论贺州市产业转移问题》,《学术论坛》2007 年第 12 期(总第 203 期)。

77. 陈计旺:《区际产业转移与要素流动的比较研究》,《生产力研究》1999 年第 1 期。

78. 郑燕伟:《产业转移理论初探》,《中共浙江省委党校学报》2000 年第 3 期。

79. 顾朝林:《产业结构重构与转移——长江三角地区及主要城市比较研究》,江苏人民出版社 2003 年版。

80. 王文成、杨树旺:《中国产业转移问题研究:基于产业集聚效应》,《中国经济评论》2004 年第 8 期。

81. 邹积亮:《产业地区转移的理论研究与实证分析》,武汉大学硕士学位论文,2004 年。

82. 许新宇:《新经济下的我国产业梯度转移》,《科技创业月刊》2005 年第 7 期。

83. 李松志、杨杰:《国内产业转移研究综述》,《商业研究》2008 年第 2 期(总第 370 期)。

84. 王辉堂、王琦:《产业转移理论述评及其发展趋向》,《经济问题探索》2008 年第 1 期。

85. 谈文琦:《中国东西部经济合作的产业对接模式研究——GIS 和统计分析视角》,华东师范大学硕士学位论文,2006 年。

86. 黄秀香:《东西部产业合作模式探讨》,《福建金融管理干部学院学报》2006 年第 3 期。

87. 信虎强:《产业对接理论及其在 CAFTA 进程中我国前沿省区的应用》,广西大学硕士学位论文,2008 年。

88. 周亚明:《湖南与港澳珠三角现代化服务业对接研究》,《湖南社会科学》2006 年第 4 期。

89. 严正:《闽台产业对接与海峡西岸经济区建设》,《中共福建省委党校学报》2006 年第 7 期。

90. 何文:《广西融入泛珠三角经济圈的"五个对接"》,《改革与战略》

2006 年第 4 期。

91. 辛慧祎:《广西北部湾经济区与东盟产业对接的战略与对策》,《东南亚纵横》2009 年第 11 期。

92. 孟懿靖、袁涛:《CAFTA 进程中广西与东盟物流产业对接研究》,《东南亚纵横》2009 年第 12 期。

93. 李世泽:《发挥广西在中国—东盟产业对接中的核心带动作用》,《当代广西》2010 年第 5 月上半月号第 9 期。

94. 杨小凯、黄有光著,张玉刚译:《专业化与经济组织——一种新兴古典微观经济学框架》,经济科学出版社 1999 年版。

95. 吴小丁:《现代竞争理论的发展与流派》,《吉林大学社会科学学报》2007 年第 5 期。

96. [英]科斯:《企业的性质》,盛洪编:《现代制度经济学(上卷)》,北京大学出版社 2003 年版。

97. 罗斯托:《从起飞进入持续增长的经济学》,四川人民出版社 1988 年版。

98. 胡俊文:《"雁行模式"理论与日本产业结构优化升级》,《亚太经济》2003 年第 4 期。

99. 汤斌:《产业结构演进的理论与实证分析》,西南财经大学博士学位论文,2005 年。

100. 李孟刚,蒋志敏:《产业经济学理论发展综述》,《中国流通经济》2009 年第 5 期。

101. 阳昌寿:《区域主导产业理论与实证研究》,西南财经大学博士学位论文,2001 年。

102. 汪新军:《区域主导产业的选择和培育》,浙江大学博士学位论文,2006 年。

103. 于刃刚:《主导产业论》,人民出版社 2003 年版。

104. 中国人民银行海东中支课题组:《区域产业布局理论与海东工业发展探析》2009 年第 1 期。

105. 付桂生、翁贞林:《试论产业布局理论的形成及其发展》,《江西教育学院学报(社会科学版)》2005 年第 1 期。

106. 龚仰军:《产业结构研究》,上海财经大学出版社 2002 年版。

107. 胡彬、孙海鸣:《二元经济理论的发展演变及现实启示》,《上海财经大学学报》2004 年第 2 期。

108. 陈丹宇:《长三角区域创新系统中的协同效应研究》,浙江大学博士学位论文,2009 年。

109. 陈计旺:《地域分工与区域经济协调发展》,经济管理出版社2001 年版。

110. 程虹:《跨企业协同信息管理竞争力》,中国社会科学出版社2006 年版。

111. 陈宁化:《分工同区域经济增长和空间结构的关系》,西安交通大学硕士学位论文,2008 年。

112. 郑凯捷:《分工与产业结构发展》,复旦大学博士学位论文,2006 年。

113. 陈福来:《论现代竞争理论与我国的市场秩序建设》,《经济纵横》2005 年第 1 期。

114. 周一珉:《区域产业分工的机理研究》,浙江师范大学硕士学位论文,2009 年。

115. 毛艳华:《泛珠江三角洲的产业分工与协调机制研究》,《中山大学学报(社会科学版)》2005 年第 1 期。

116. 聂辉华:《新兴古典分工理论与欠发达区域的分工抉择》,《经济科学》2002 年第 3 期。

117. 张建:《区域产业分工演进与东亚经济合作》,吉林大学硕士学位论文,2007 年。

118. 车维汉:《"雁行形态"理论及实证研究综述》,《经济学动态》2004 年第 11 期。

119. 曹阳:《区域产业分工与合作模式研究》,吉林大学博士学位论文,2008 年。

120. 樊福卓:《区域分工:理论、度量与实证研究》,上海社会科学院研究生学位论文,2009 年。

121. 陈秀山:《现代竞争理论与竞争政策》,商务印书馆1997 年版。

122. 汪斌、赵张耀:《国际产业转移理论述评》,《浙江社会科学》2003年第 6 期。

123. 汪斌:《国际区域产业结构分析导论———一个一般理论及其对中国的应用分析》,上海三联书店 2001 年版。

124. 娄晓黎:《产业转移与欠发达区域经济现代化》,东北师范大学博士学位论文,2004 年。

125. 庞娟:《产业转移与区域经济协调发展》,《理论与改革》2000 年第 3 期。

126. 曹荣庆:《浅谈区域产业转移和结构优化的推进路径》,《浙江师范大学学报》2002 年第 4 期。

127. 王辉堂、王琦:《产业转移理论述评及其发展趋向》,《经济问题探索》2008 年第 1 期。

128. 虞晓平:《产业区域转移与承接研究:理论与实证》,浙江师范大学硕士学位论文,2009 年。

129. 李世泽:《一轴两翼:泛珠———东盟产业对接的新平台》,《视野》2007 年第 5 期。

130. 张孝锋:《产业转移的理论与实证研究》,南昌大学博士学位论文,2006 年。

131. 宋丽娜:《CAFTA 框架下两广产业梯度转移研究》,广西大学硕士学位论文,2008 年。

132. 俞国琴:《中国地区产业转移》,学林出版社 2006 年版。

133. 喆儒:《产业升级———开放条件下中国的政策选择》,中国经济出版社 2006 年版。

134. 胡荣涛:《产业结构与地区利益分析》,经济管理出版社 2001 年版。

135. 戴宏伟:《产业梯度产业双向转移与中国制造业发展》,《经济理论与经济管理》2006 年第 12 期。

136. 信虎强:《产业对接理论及其在 CAFTA 进程中我国前沿省区中的应用》,广西大学硕士学位论文,2008 年。

137. 陈秀山,张可云:《区域经济理论》,商务印书馆 2004 年版。

138. 任太增:《比较优势理论与梯度产业转移》,《当代经济研究》2001 年第 11 期。

139. 王蔚:《产业对接中承接地方政府分析》,兰州大学硕士学位论文,2009年。

140.蔡玮:《长三角经济一体化中的"产业对接"模式探讨》,南京师范大学硕士学位论文,2005年。

141.于冬晨:《区域经济一体化下的产业对接探析》,广西大学硕士学位论文,2007年。

142.《粤桂共同签署更紧密合作关系框架协议》,南海网,2010年9月17日。

143.新华网 http://www.yn.xinhuanet.com/topic/2009-04/24/content_16344356.htm,2009年4月24日。

144.《琼桂签署农业合作协议 共同打造国家热带农业基地》,http://www.foods1.com/content/993941/,2010年9月16日。

145.《加强泛珠三角区域合作 拓展中国—东盟共同市场》,《人民日报》2005年6月11日。

146.《云南五年投资上千亿建设公路交通》,新华网2008年2月21日。

147.《中老泰通道铁路建设启动,云南国际大通道呼之欲出》,中国新闻网2010年6月24日。

148.《桥头堡建设提速云南水运,通航里程将达3100公里》,《云南日报》2010年7月21日。

149.《西部大开发10年,云南航空事业快速发展》,商务部网站2010年7月26日。

150.《云南航空强省雏形显现》,《中国经济时报》2009年9月29日。

151.郭克莎:《中国:改革中的经济增长与结构变动》,上海三联书店1996年版。

152.王岳平:《开放条件下的工业结构升级》,《经济管理出版社》2004年版。

153.周振华:《产业结构优化论(当代中国经济探索丛书)》,上海人民出版社1992年版。

154.[苏]多勃罗文斯基:《日本经济效率问题(中译本)》,北京出版社1980年版。

155.李京文:《生产率与中美经济增长研究》,中国社会科学出版社

1993 年版。

156. H. 钱纳里等:《工业化和经济增长的比较研究(中译本)》,上海三联书店 1989 年版。

157. M. 赛尔奎因:《生产率增长和要素再配置》,工业化和经济增长的比较研究,上海三联书店 1991 年版。

158.《"十一五"节能减排目标是政府对人民的庄严承诺》,"人民网环保频道"2007 年 11 月 29 日。

159. 邹锡兰、许社功:《海洋经济连续 15 年居全国首位 广东渔业寻求"深蓝 GDP"》,《中国经济周刊》2007 年第 7 期。

160.《广西壮族自治区 2009 年国民经济与社会发展统计公报》,2009 年。

161. [德]杜能(著),吴衡康(译):《孤立国同农业和国民经济的关系》,商务印书馆 1997 年版。

162. [德]韦伯(著),李刚剑,陈志人,张英保(译):《工业区位论》,商务印书馆 1997 年版。

163. [英]马歇尔(著),朱志泰(译):《经济学原理》,商务印书馆 1964 年版。

164. [匈牙利]科尔内(著),张晓光等(译):《突进与和谐的增长》,经济科学出版社 1988 年版。

165. 郭凡生:《论国内技术梯度推移规律——与何钟秀,夏禹龙老师商榷》,刘再兴,郭凡生:《发展战略概论》,科学管理研究编辑部 1985 年版。

166. 刘茂松:《发展中地区工业化反梯度推移研究——我国产业结构调整中处理工业化与现代化关系的一种新思路》,《求索》2001 年第 1 期。

167. 廖才茂:《低梯度陷阱与跨梯度超越——对一个发展理论的思考》,《当代财经》2002 年第 9 期。

168. 李国平、许扬:《梯度理论的发展及其意义》,《经济学家》2002 年第 4 期。

后　记

经济发展的核心在于产业发展。长期以来,无论在历史演变过程中,还是在理论研究领域中,都无不证明产业结构的合理与否决定着一国或一地区经济发展水平的高低。云南、广西、广东、海南四省区地处华南、西南结合部,是我国面向东盟地区的重要门户与前沿地带,是维护西南边疆稳定的中坚力量。随着区域经济一体化的强劲势头,中国—东盟自由贸易区已实现高速运行。双边商贸、经济、政治、文化等全方位的合作,也将为中国与东盟国家带来更多的机遇与挑战。早在2007年,党的十七大报告就已明确指出:"要加快转变经济发展方式,推动产业结构优化升级,坚持走中国特色新型工业化道路。"而今,中国南向门户的对外开放,无疑是为云南、广西、海南等欠发达地区的发展提供了机遇,更是为广东的二次腾飞创造了条件。

在开放经济条件下,云南、广西、广东及海南凭借其先天的区位优势,成为中国—东盟自贸区的直接受益者。然而,受经济基础、资源禀赋、政策支持等多方面因素的制约,当前四省区产业发展的层次不一,差异明显。云南、广西与海南三省区的煤、有色金融、旅游资源丰富,但缺乏足够的资金、技术、人才、政策,导致工业仍处于初级阶段,产业结构层次低下,高附加值产品少,自主创新动力不足,产业竞争力不强。相较之下,广东的工业起步较早,在四省区中属其工业化水平最高。然而,土地、资源、人口、环境等"四大问题"现已成为广东不得不面对的事实,"靠投资拉动、靠资源消耗、靠环境污染"的老路如今已难以为继。由此可见,四省区的产业发展程度虽存在差异,却都面临着产业结构不合理的相同问题,而四省区产业结构优化升级的问题已迫在眉睫。

为此,基于开放条件下区域合作全面化的现实背景,在国家能够给予的政策支持下,如何以产业结构调整为契机,实现滇、桂、琼、粤四省区产业结构的优化升级,成为本书的研究意义所在。在本书中,我们试图通过完善四省区间的统一分工与协调机制，以推进滇、桂、琼、粤四省区的产业结构优化升级；以 CAFTA 框架为"底盘"，通过产业对接的方式，将东盟十国作为四省区之外产业转移与承接的目标地；充分利用优势互补原理，推进双边产业分工与合作，进而以四省区产业结构优化升级为契机，探寻四省区参与国际分工，实现中国—东盟区域产业协调发展的全新路径。

本书是国家社会科学基金重大项目《CAFTA 进程中我国周边省区产业政策协调与区域分工研究》的阶段性研究成果。本课题组负责人李欣广教授全过程策划、组织、实施了本课题的研究与专著的著述工作，并对全书进行了最后的审定；课题组成员古惠冬、秦岚、韦克俭、徐梅、樊凡、秦建文、黄绥彪、王中昭等课题研究并做了很多艰苦细致的工作；课题组成员方婷、施锦、宋丽娜、信虎强、王燕、韦诗卉、王珊珊等以其具备的理论功底与实践经验，为本课题的圆满结题和专著的出版共同做出了极大努力。研究过程中参阅了大量文献资料，收集了大量的现实数据，历时四年时间，本课题终得以完成。在此，我们向所有为本课题研究、专著出版付出艰辛劳动、奉献过人智慧、做出默默努力的同志以及我们所参阅资料的作者表示衷心的感谢！

回顾历时数年的研究历程，我们仍感到没有充分将本课题所包含的所有问题都研究深透。限于课题组成员知识水平与实践经验，本课题存在缺点与不足之处在所难免，因此，我们期待各位专家与读者的批评指正。

李欣广

2010 年 12 月于广西南宁

责任编辑:骆 蓉
封面设计:周涛勇

图书在版编目(CIP)数据

产业对接理论与产业结构优化/李欣广 著.-北京:人民出版社,2011.12
ISBN 978－7－01－010283－2

Ⅰ.①产… Ⅱ.①李… Ⅲ.①产业结构优化-研究-中国 Ⅳ.①F121.3

中国版本图书馆 CIP 数据核字(2011)第 194776 号

产业对接理论与产业结构优化

CHANYE DUIJIE LILUN YU CHANYE JIEGOU YOUHUA

李欣广 著

人民出版社 出版发行
(100706 北京朝阳门内大街 166 号)

北京市文林印务有限公司印刷 新华书店经销

2011 年 12 月第 1 版 2011 年 12 月北京第 1 次印刷
开本:700 毫米×1000 毫米 1/16 印张:21
字数:341 千字

ISBN 978－7－01－010283－2 定价:42.80 元

邮购地址 100706 北京朝阳门内大街 166 号
人民东方图书销售中心 电话 (010)65250042 65289539